"十三五"国家重点出版物出版规划项目 | "一带一路"与文化发展研究系列丛书

范 周 主编

21 SHIJI
ZHONGWAI WENHUA JIAOYU DE JIAOLIU
YU RONGHE FAZHAN

21世纪中外文化教育的交流与融合发展

◎ 杨树雨 著

知识产权出版社
全国百佳图书出版单位
——北京——

图书在版编目（CIP）数据

21世纪中外文化教育的交流与融合发展/杨树雨著. -- 北京：知识产权出版社，2020.12
（"一带一路"与文化发展研究系列丛书/范周主编）
ISBN 978-7-5130-7339-4

Ⅰ. ①2… Ⅱ. ①杨… Ⅲ. ①文化教育—国际交流—研究—中国、国外—21世纪 Ⅳ. ①G40-055

中国版本图书馆CIP数据核字(2020)第252013号

内容提要

本书以"一带一路"构想为背景阐述中外文化教育交流，始于中华民族与古丝绸之路沿线国家文化教育交流，重点落在中华人民共和国成立以来与"一带一路"沿线几十个国家的文化教育交流上。特别展现了21世纪以来我国对外文化教育交流成果，"一带一路"国际合作高峰论坛与2013年提出"一带一路"构想以来对外文化教育交流的辉煌成就。

责任编辑：李石华　　　　　　　　　　　责任印制：孙婷婷

"一带一路"与文化发展研究系列丛书　　　　　范　周　主编

21世纪中外文化教育的交流与融合发展　　　杨树雨　著
21 SHIJI ZHONGWAI WENHUA JIAOYU DE JIAOLIU YU RONGHE FAZHAN

出版发行：知识产权出版社有限责任公司	网　　址：http://www.ipph.cn
电　　话：010-82004826	http://www.laichushu.com
社　　址：北京市海淀区气象路50号院	邮　　编：100081
责编电话：010-82000860转8072	责编邮箱：lishihua@cnipr.com
发行电话：010-82000860转8101	发行传真：010-82000893
印　　刷：北京中献拓方科技发展有限公司	经　　销：各大网上书店、新华书店及相关书店
开　　本：720mm×1000mm　1/16	印　　张：17.75
版　　次：2020年12月第1版	印　　次：2020年12月第1次印刷
字　　数：280千字	定　　价：68.00元

ISBN 978-7-5130-7339-4

出版权专有　　侵权必究
如有印装质量问题，本社负责调换。

序

"一带一路"倡议是以习近平为核心的新一代中国领导人所提出的深刻影响全球现代化进程的新世界观,更是承贯古今、连接中外、造福沿途各国人民的伟大事业,充分彰显了中国作为一个爱好世界和平和倡导建立人类命运共同体的负责任大国形象,赢得了国际社会的高度关注和积极响应。

复兴古丝绸之路、和平发展新丝绸之路离不开文化的润养积淀,同时也为文化的创新发展带来了全新的视角和无数的可能。这套由10本专著组成的"'一带一路'与文化发展研究体系列丛书"正是在这一个重要历史进程中,首次全面论述"一带一路"文化发展议题的系列成果,凝结了中国传媒大学文化发展研究院多位学者专家的思想智慧,体现出作为高端文化智库服务于国家重大发展战略的责任与担当,以及多年不懈的学术积累和实践检验。从2015年6月受当时文化部委托规划编制《文化部"一带一路"文化发展行动计划(2016—2020年)》,到2019年12月承担北京市社科基金重大项目《习近平总书记关于"一带一路"的重要论述研究》,中国传媒大学文化发展研究院始终与时俱进地把握"一带一路"内涵,力求树立文化引领经济的高度自觉,促进"一带一路"建设与文化的互通共融。

"一带一路"作为连接欧亚各重要文明历史的中心线路,沿线文化资源极具区域特点和民族特色,首要任务是如何选择重点领域和规划发展方式。作为首部"一带一路"(国内段)沿线特色文化产业资源梳理分析和总结的专著,《"一带一路"特色文化产业发展模式研究》从国际合作、区域协同发展的角度探索特色文化产业发展路径、模式和机制。《"一带一路"背景下我国文创产业园区建设路径研究》以境外文化产业园区为研究对象，尝试解决境外文化产业园区建设的优劣条件、运营机制、文化折扣、产业合作、发展障碍、政策红利和文化习惯等多方面的问题。

在当今全球化语境下，"一带一路"沿线国家和地区深厚的历史文化积淀是各国文化交流合作潜藏的资源富矿，也为文化产业各个门类的发展跨越国界与传统，打通文化疆域"新丝路"提供了广阔的空间。《"一带一路"背景下中国影视产业发展研究》从影视产业全产业链的角度，深入探讨如何抓住"一带一路"提供的战略机遇，特别是面对"互联网＋"以及新技术更迭所带来的挑战与竞争，推动中国影视产业发展，建立健康的国际化影视产业生态。《"一带一路"背景下中国演艺产业发展研究》则提出建立中外演艺产业持续互动合作机制，共同拓展"一带一路"演艺产业发展的新思路、新模式、新手段、新产品，对共建"一带一路"产生正面积极的影响。《"一带一路"国际合作高峰论坛办会模式的新思考》在文化会展业蓬勃发展的时代背景下，聚焦于论坛这一信息生产交换场域和社交媒介，以及满足利益相关者需求的重要平台，结合世界经济论坛、博鳌亚洲论坛等国内外典型案例，从论坛的国际组织化、议题酝酿与设计、嘉宾的社区设计、媒体传播、论坛智库成果等方面提出建议。《21世纪中外文化教育的交流与融合发展》在回顾中国与"一带一路"沿线国家文化教育交流历史与成就的基础上，对中国特色优秀文化教育与世界各国文化教育特色融合发展进行了展望。

"一带一路"建设是一项需要沿线国家和地区长期共同努力才能完成的综合系统工程，《和而不同——丝路区域文化治理研究》与《"一带一路"沿线国家文化法律政策比较研究》两本书正是着眼于大文化治理观，尤其是在以法治思维和法治方式确保"一带一路"建设的长期稳定发展方面，提供了重要的学术镜鉴。前者基于"一带一路"沿线国家与地区文化治理研究和实践，提出了建设"一带一路"文化治理体系的前瞻性思考。后者则从宏观和微观两个层面探讨了"一带一路"沿线国家文化创意产业法律和政策，既覆盖表演艺术和音乐、文化遗产、文学和图书馆、架构和空间规划、电影、视频和摄影等方面，又对文化遗产、文化艺术数字化、语言保护和社会参与文化产业等各文化领域的政策进行了比较。

回顾历史，绵延丝路而行的丝绸、陶瓷、香料、茶叶、金属、纸张等都属于物质商品，而从深层次上传播的是背后的手工制作技术及生产生活方式，这些有形无形的文化遗产至今仍在丝路沿线人们的日常生活中传承和传播着，成为东西方交流最直接的载体和民心相通的历史见证。《丝路重生——"一带一路"文化遗产的创意营造》基于"一带一路"与文化遗产的共生关系，深入阐释其文化遗产价值构建问题，揭示其认知、保护、传承以及永续利用的紧迫性和现实意义。《丝路非遗的价值发现与重塑》则基于当代非遗生产性保护及相关业态融合发展的状况，试图以更为动态、辩证的视角去判定非遗价值取向和重塑方向，从而在继承和发展中保留文化精神、民族智慧、审美传统等核心特质。

文明因多样而交流，因交流而互鉴。特别是当今世界正处于应对全球性危机和实现长远发展的历史转折点，文化必须也必将成为共建"一带一路"的纽带和支撑，构建"一带一路"文化共同体的重要意义就在于发掘历史和现实文化资源的价值，推进不同主体的文化共享和共建，发挥政治、经济、文化的联结效应。从搭建交流平台到化解文化冲突，再到加深理解互信，最终实现民心相通。这也是我们作为理论研究者孜孜以求的目标与砥砺前行的动力。

是为序。

2020 年 12 月

前　言

　　文化是一个非常广泛和最具人文意味的概念。广义的文化是人类在社会历史实践过程中所创造的物质财富和精神财富的总和，包括物质文化、制度文化和心理文化三个方面。物质文化是指人类创造的物质文明，包括交通工具、服饰、日常用品等，它是一种可见的显性文化；制度文化和心理文化分别指生活制度、家庭制度、社会制度以及思维方式、宗教信仰、审美情趣，它们属于不可见的隐性文化，包括文学、哲学、政治等方面的内容。狭义的文化是指人们普遍的社会习惯，如衣食住行、风俗习惯、生活方式、行为规范等。

　　文化是一个国家、一个民族的灵魂。文化兴国运兴，文化强民族强。没有高度的文化自信，没有文化的繁荣兴盛，就没有民族的伟大复兴。要实现中华民族的伟大复兴，就必须坚持中国特色社会主义文化发展道路，激发全民族文化创新创造活力，建设社会主义文化强国。

　　教育是培养人的社会实践活动。广义的教育泛指一切有目的地影响人的身心发展的社会实践活动。狭义的教育主要指学校教育，即教育者根据一定的社会要求和受教育者的发展规律，有目的、有计划、有组织地对受教育者的身心施加影响，期望受教育者发生预期变化的活动。教育是人类社会特有的社会现象，是随人类社会的产生、发展而产生、发展起来的，即有人类社会就有教育。

　　教育是一个国家、一个民族振兴发展的基本手段和途径，也是人的全面发展和个性化发展的最基本途径，人类的发展史有教育伴随，因教育兴旺。

　　文化教育在本书所表达的更多的是与两者相关的人类社会活动。国家间文化教育交流在深层意义上说，是各个国家的人民之间的情感交流、心灵交流、智慧交流、友好交流。国家间文化教育交流活动是建立和增进国家关系的重要渠道，是外交活动的先行者和重要组成部分。文化教育交流能推动国家的发展和进步，促进国家文化的发展和繁荣。积极促进各国间的文化教育交流，对于建立和平、和谐的世界具有十分重大的意义。

在本书中，笔者更多地想阐述在中国和"一带一路"沿线国家之间的文化和教育相关交流活动的梳理、总结、分析的基础上，弘扬人类社会古丝绸之路互通互助的伟大合作精神，以促进"一带一路"沿线国家的文化教育交流、和平友谊和繁荣发展。

中国的文化教育源远流长，而"一带一路"伟大倡议构想的提出毕竟才有几年的时间，它还在演化的过程中，如地域上的扩展、内容上的拓展，人类命运共同体理论的内涵还在不断地丰富。所以，从2000多年前的古丝绸之路漫长历史开始到近几年的"一带一路"倡议构想的丰硕成果，具有很多的信息不对称性，可能会使本书中某些部分显得冗长或繁杂，而另一些内容不够丰满和深刻，又加之笔者的时间和水平有限，本书必然会有许多不足之处，还请读者予以批评指正和谅解。

目 录

第一章 "一带一路"文化教育交流背景 ……………………………………（1）
  第一节 历史的辉煌与现代的需求 ……………………………………（2）
  第二节 "一带一路"倡议 ………………………………………………（6）

第二章 中华民族与古丝绸之路沿线国家文化教育交流 ……………（19）
  第一节 秦汉至唐陆上古丝绸之路文化教育交流 …………………（20）
  第二节 宋元海上古丝绸之路文化教育交流 ………………………（28）
  第三节 明清海禁政策下的文化教育交流 …………………………（32）
  第四节 中国新文化教育诞生期的教育交流 ………………………（44）

第三章 中国与"一带一路"相关国家文化教育交流 …………………（53）
  第一节 东北亚国家文化教育交流 …………………………………（54）
  第二节 中国与东盟的文化教育交流 ………………………………（58）
  第三节 中国与中亚 5 国的文化教育交流 …………………………（65）
  第四节 中国与南亚 8 国的文化教育交流 …………………………（69）
  第五节 中国与西亚 15 国的文化教育交流 ………………………（74）
  第六节 中国与独联体 7 国的文化教育交流 ………………………（81）
  第七节 中国与中东欧 16 国的文化教育交流 ………………………（88）
  第八节 中国与西欧国家的文化教育交流 …………………………（100）

第九节　中国与部分非洲国家的文化教育交流 ……………………（108）
　　第十节　中国与美洲、大洋洲国家的文化教育交流 ……………（111）

第四章　我国 21 世纪教育交流与国际合作政策 ………………………（119）
　　第一节　我国 21 世纪对外教育交流政策与现状 ………………（120）
　　第二节　我国与国际组织文化教育交流和加入相关国际条约……（149）

第五章　我国在跨区域合作组织、国家群体及会议中的交流 ………（159）
　　第一节　跨区域合作组织的交流 …………………………………（160）
　　第二节　我国与国家群体的交流 …………………………………（168）
　　第三节　专题会议的交流 …………………………………………（186）

第六章　"一带一路"国际合作高峰论坛与文化教育交流成就 ………（209）
　　第一节　"一带一路"国际合作高峰论坛 …………………………（210）
　　第二节　"一带一路"倡议提出以来主要成果与战略意义 ………（230）
　　第三节　唱响"一带一路"经济带文化教育交流与合作 …………（232）

第七章　展　望 …………………………………………………………（243）
　　第一节　"一带一路"倡议下文化教育交流的发展原则 …………（244）
　　第二节　"一带一路"倡议下文化交流的发展对策 ………………（247）
　　第三节　"一带一路"倡议下教育交流的发展对策 ………………（252）
　　第四节　"一带一路"倡议下的旅游发展 …………………………（257）
　　第五节　"一带一路"倡议下的科技创新发展 ……………………（259）
　　第六节　"一带一路"远景 …………………………………………（261）

主要参考资料 ……………………………………………………………（271）

后　记 ……………………………………………………………………（273）

第一章 "一带一路"文化教育交流背景

随着中国"一带一路"倡议的正式实施,世界的目光又重新回到了丝绸之路这一古老的文明与文化之。"一带一路"是一种倡议,也是一种美好的愿景,更是促进世界文化教育交流的希望之路。

第一节　历史的辉煌与现代的需求

一、亘古走来

中华文化源远流长，有 5000 多年的文明历史，传统文化丰厚。自古以来中国就是一个重视文化教育发展和交流的大国，也是一个自我学习和向世界各国先进文化教育学习的学习大国。2000 多年前，我们的先辈穿越草原沙漠，开辟出连通亚欧非的陆上丝绸之路；我们的先辈扬帆远航，闯出连接东西方的海上丝绸之路。多条连接亚欧非的贸易和人文交流通路被后人统称为"丝绸之路"。千百年来，丝绸之路精神推进了人类文明进步，是促进沿线各国繁荣发展的重要纽带，是东西方交流合作的象征，是世界各国共有的历史文化遗产。

公元前 140 多年的中国汉代，张骞出使西域，打通了东方通往西方的道路，完成了"凿空之旅"。中国唐宋元时期，陆上和海上丝绸之路同步发展。15 世纪初的明代，中国著名航海家郑和七次远洋航海，留下千古佳话。

古丝绸之路跨越埃及文明、巴比伦文明、印度文明、中华文明的发祥地，跨越佛教、基督教、伊斯兰教信众的汇集地。不同文明、宗教、种族求同存异、开放包容，携手绘就共同发展的美好画卷。酒泉、敦煌、吐鲁番、喀什、撒马尔罕、巴格达、君士坦丁堡等古城，宁波、泉州、广州、北海、科伦坡、吉达、亚历山大等地的古港，就是记载这段历史的"活化石"。

古丝绸之路不仅是一条通商易货之道，更是一条知识交流之路，人类伟大文明之路。沿着古丝绸之路，中国将丝绸、瓷器、漆器、铁器传到西方国家，西方国家也把胡椒、亚麻、香料、葡萄、石榴传入中国。沿着古丝绸之路，佛教、伊斯兰教以及阿拉伯的天文、历法、医药传入中国，中国的四大发明、养蚕技术也传向了世界。

二、当代出发

进入 21 世纪，在以和平、发展、合作、共赢为主题的新时代，面对复苏乏力的全球经济形势，以及纷繁复杂的国际和地区局面，传承和弘扬丝绸之路精神更显重要和珍贵。

（一）提出"一带一路"倡议构想

2013 年 9 月和 10 月，中国国家主席习近平在出访中亚和东南亚国家期间，先后在哈萨克斯坦和印度尼西亚提出共建"丝绸之路经济带"和"21 世纪海上丝绸之路"（以下简称"一带一路"）的倡议，得到国际社会高度关注。"一带一路"建设的核心内容是促进基础设施建设和互联互通，对接各国政策和发展战略，深化务实合作，促进协调联动发展，实现共同繁荣。

习近平主席提出"一带一路"倡议是基于对世界形势的观察和思考。当今世界正处在大发展、大变革、大调整之中。新一轮科技和产业革命正在孕育，新的增长动能不断积聚，各国利益深度融合，和平、发展、合作、共赢成为时代潮流。与此同时，全球发展中的深层次矛盾长期累积，未能得到有效解决；全球经济增长基础不够牢固，贸易和投资低迷，经济全球化遇到波折，发展不平衡加剧；战乱和冲突、恐怖主义、难民移民大规模流动等问题对世界经济的影响突出。和平赤字、发展赤字、治理赤字，是摆在全人类面前的严峻挑战。

面对挑战，各国都在探讨应对之策，也提出很多很好的发展战略和合作倡议。但是，在各国彼此依存、全球性挑战此起彼伏的今天，仅凭单个国家的力量难以独善其身，也无法解决世界面临的问题。只有对接各国彼此政策，在全球更大范围内整合经济要素和发展资源，才能形成合力，促进世界和平安宁和共同发展。

"一带一路"建设根植于历史，但面向未来。古丝绸之路凝聚了先辈们对美好生活的追求，促进了亚欧大陆各国互联互通，推动了东西方文明交流互鉴，为人类文明发展进步做出了重大贡献。我们完全可以从古丝绸之路中汲取智慧和力量，本着和平合作、开放包容、互学互鉴、互利共赢的丝路精神推进合作，共同开辟更加光明的前景。

"一带一路"源自中国，但属于世界。"一带一路"建设跨越不同地域、不同发展阶段、不同文明，是一个开放包容的合作平台，是各方共同打造的全球公共产品。它以亚欧大陆为重点，向所有志同道合的朋友开放，不排除、也不针对任何一方。

"一带一路"建设的倡议提出以来，全球100多个国家和国际组织积极支持和参与"一带一路"建设，联合国大会、联合国安理会等重要决议也纳入"一带一路"建设内容。

（二）发起和召开两届"一带一路"国际合作高峰论坛

2017年5月14日至15日，由中国发起的首届"一带一路"国际合作高峰论坛在北京开幕。1500多名中外嘉宾，其中包括850多位外方嘉宾，涵盖130多个国家、70多个国际组织等参加了会议。中国国家主席习近平出席"一带一路"国际合作高峰论坛并主持领导人圆桌峰会。31个国家的元首和首脑在会上一起发表了《"一带一路"国际合作高峰论坛圆桌峰会联合公报》，"一起飞向辽阔的蓝天"成为与会者的共同愿望。

大会的盛况和取得的丰硕成果充分说明了习近平主席创造性提出的"一带一路"倡议构想深得世界人民之心，符合世界各国可持续健康发展的迫切需求，引起了世界上大多数国家及领导人的共鸣和赞同。坚持不懈，一步一个脚印地贯彻执行《"一带一路"国际合作高峰论坛圆桌峰会联合公报》，必将使世界各国以更快的步伐走向和平发展和包容性、可持续繁荣的大同目标。

2019年4月25日至27日，第二届"一带一路"国际合作高峰论坛在北京成功举行。论坛的主题是共建"一带一路"、开创美好未来。论坛期间举行了高峰论坛开幕式、领导人圆桌峰会、高级别会议、12场分论坛和1场企业家大会。包括中国在内，38个国家的元首和政府首脑以及联合国秘书长、国际货币基金组织总裁共40位领导人出席圆桌峰会。来自150个国家、92个国际组织的6000余名外宾参加了论坛。

论坛期间，习近平主席出席高峰论坛开幕式并发表主旨演讲，全程主持了领导人圆桌峰会，同与会各国领导人举行了双边会见。在习近平主席的亲自主持和引领下，与会各方就共建"一带一路"深入交换意见，普遍认为"一带一路"是机遇之路，就高质量共建"一带一路"达成广泛共识，取得丰硕成果。这些共识和成果集中体现在领导人圆桌峰会一致通过的联合公报和中方作为主席国汇总发布的成果清单中。

该论坛成果主要体现出六大亮点：一是确立高质量共建"一带一路"目标，指明合作方向；二是构建全球互联互通伙伴关系，推动联动发展；三是取得丰硕务实成果，体现互利共赢；四是搭建地方及工商界对接新平台，拓展合作机遇；五是完善"一带一路"合作架构，打造支撑体系；六是发挥元首外交引领作用，深化双边关系。

（三）"一带一路"大事记

2013年9月，习近平访问哈萨克斯坦时提出共同建设"丝绸之路经济带"。

2013年10月，习近平在印度尼西亚国会发表演讲时提出共同建设"21世纪海上丝绸之路"。

2013年12月，习近平在中央经济工作会议上提出，推进"丝绸之路经济带"建设和建设"21世纪海上丝绸之路"。

2014年3月，《政府工作报告》提出抓紧规划建设"一带一路"。

2014年11月，习近平在APEC峰会上宣布，中国将出资400亿美元成立丝路基金。

2015年2月，"一带一路"建设工作领导小组成员首次亮相。

2015年3月，《推动共建丝绸之路经济带和21世纪海上丝绸之路的愿景与行动》发布。

2016年8月，推进"一带一路"建设工作座谈会召开。

2017年3月，中国推进"一带一路"建设官方网站"中国一带一路网"上线。

2017年3月，"一带一路"写入联合国决议。

2017年5月，首届"一带一路"国际合作高峰论坛在北京举行。

2017年6月，中国首提"一带一路"海上合作设想。

2017年10月，"一带一路"写入《中国共产党章程》。

2018年1月，中拉共同发表《"一带一路"特别声明》，"一带一路"倡议正式延伸至拉美。

2019年4月，第二届"一带一路"国际合作高峰论坛在北京召开。

第二节 "一带一路"倡议

一、习近平主席构思"一带一路"光明合作发展之路

习近平主席站在新世纪全球经济发展和各国和平共处以及世界人民生活普遍改善的高度,提出了"丝绸之路经济带"和"21世纪海上丝绸之路"的伟大构想,为世界可持续包容性繁荣发展做出了重大贡献。

(一)丝绸之路经济带建设畅想将使古丝绸之路传统友好焕发青春

2013年9月,习近平主席先后对土库曼斯坦、哈萨克斯坦、乌兹别克斯坦、吉尔吉斯斯坦进行国事访问。习近平主席此行,沿着古丝绸之路,以卡拉库姆大漠中的绿洲阿什哈巴德拉开序幕,从穆尔加布河岸边的马雷,到世界上最年轻的首都阿斯塔纳;从阿拉套山麓的"苹果城"阿拉木图,到古丝绸之路上的重要枢纽塔什干;再从"东方璀璨的明珠"撒马尔罕,到天山脚下的山城比什凯克。

访问期间,9月7日,习近平主席在阿斯塔纳的纳扎尔巴耶夫大学发表重要演讲,深刻阐述了他的"丝绸之路经济带"构想:"丝绸之路经济带总人口近30亿,市场规模和潜力独一无二。""我们要全面加强务实合作,将政治关系优势、地缘毗邻优势、经济互补优势转化为务实合作优势、持续增长优势,打造互利共赢的利益共同体。"[1]政策沟通、道路连通、贸易畅通、货币流通、民心相通,使欧亚各国经济联系更加紧密、相互合作更加深入、发展空间更加广阔。以路为轴,以地为纸,以合作为画笔,一幅中国同中亚友好合作的宏大画卷跃然纸上。这是

---

[1] 杜尚泽. 梦想,从历史深处走来——记习近平主席访问中亚四国和共建"丝绸之路经济带"[EB/OL]. (2013-09-13)[2017-03-25]. http://news.xinhuanet.com/world/2013-09/13/c_117349709.htm.

一条互尊互信之路,一条合作共赢之路,一条文明互鉴之路。

习近平主席在中亚四国之行期间谈古论今,从古丝绸之路到丝绸之路经济带,勾画出中亚各国非常急需的建设蓝图。中亚四国自苏联解体以来,由于资源、技术、人才、交通、通信等方面的基础条件比较薄弱,经济发展缓慢,亟待寻求一条适合于本国快速发展之路,迫切需要中国的资金、技术和人才的支持。因此,丝绸之路经济带的提出,正好点燃了中亚四国的兴奋点,必然受到他们的热烈欢迎和积极支持。

中国与中亚四国的长期友好交往,有利于我国西北边境的安全稳定,有利于我国西北边疆的经济建设和人民生活条件的改善,有利于我国基础设施建设的产能释放。因此,一带建设有利于中国与中亚四国的合作共赢。

(二) 21 世纪"海上丝绸之路"使沿南海诸国搁置争议合作开发

2013 年 10 月 3 日上午,中国国家主席习近平应邀在印度尼西亚国会发表重要演讲。习近平主席说:"东南亚地区自古以来就是'海上丝绸之路'的重要枢纽,中国愿同东盟国家加强海上合作,使用好中国政府设立的中国—东盟海上合作基金,发展好海洋合作伙伴关系,共同建设 21 世纪'海上丝绸之路'。中国愿通过扩大同东盟国家各领域务实合作,互通有无、优势互补,同东盟国家共享机遇、共迎挑战,实现共同发展、共同繁荣。"❶

南海历来就是中国的领海,主权不容置疑。但东南亚个别国家在领海问题上持有争议,甚至强占我国岛屿、岛礁,并不惜借助于国际组织为自己争利。中国历来倡导搁置争议共同开发的南海周边国家合作发展思路。习近平主席提出共同建设"21 世纪海上丝绸之路"正是我国这一长期倡导方针在新时期的创新思路,特别符合南海周边国家的共同利益,也符合东盟各国的长期利益,因此受到东盟大部分国家的热烈欢迎。

几年来的南海周边国家形势发展的事实说明,习近平主席"一带一路"倡议构想和我国坚持的南海建设方针,确实起到了团结南海周边国家协商解决争议,以合作为途径,共同发展本国经济的作用。包括菲律宾在新总统上台后,也体会到搁置争议合作开发对菲律宾经济发展的好处,转向以积极的态度与中

---

❶ 习近平. 中国愿同东盟国家共建 21 世纪"海上丝绸之路"[EB/OL]. (2013-10-03)[2017-03-23]. http://news.xinhuanet.com/world/2013-10/03/c_125482056.htm.

国开展合作。

（三）"一带一路"肩负着推动人类文明创新的现实担当

"一带一路"对人类社会发展的现实意义非常重大，主要体现在如下四方面。

第一，推动全球化向更加包容性方向发展。传统全球化由海而生，沿海地区、海洋国家先期发展，内陆国家较为落后，形成了巨大的贫富差距。传统的全球化被认为是由欧洲开辟，被美国发扬光大，形成了"西方中心论"，导致东方从属于西方等负面效应。如今，"一带一路"鼓励和带动西部开发以及中亚、蒙古国等内陆国家的开发，在国际社会推行全球化的包容性发展理念。

第二，推动欧亚非大陆人类文明发展和再铸辉煌。东西方两大文明经过历史上的丝绸之路联系在一起，直至奥斯曼土耳其帝国崛起切断了丝绸之路，欧洲才被迫走向海洋。继阿拉伯人开辟海运之后，进一步加速了丝绸之路的衰落，东方文明走向封闭保守。

第三，"一带一路"建设的时代创新。"一带一路"建设不只是陆上与海上古丝绸之路地理范围内的简单翻版，而是以古丝绸之路的合作精神为统领，广泛拓展的多方位建设。在地域上，已经不局限于亚非欧古丝绸之路沿线国家，还包含了对其他各大洲、各国参与的开放性。

第四，交往内容和联通途径已经今非昔比。在内容上，已经不局限于古丝绸之路的经贸交往，当今"一带一路"建设还包含了基础建设、政治、文化、教育、科技、和平、健康、援助等非常广泛的共建领域；在联通上，不仅超越了车马和木船时代，而且不局限于汽车与公路、火车与铁路、轮船与港口、飞机与机场，还包含了具有新世纪科技特征的以计算机与互联网技术为基础的现代通信技术网络和物联网络、以新能源为亮点的电力输送网线和石油天然气现代输送管理管线、以旅游、留学、出国就业为亮点的民心相通网络。

二、《推动共建丝绸之路经济带和21世纪海上丝绸之路的愿景与行动》成为点燃世界经济与文化发展强劲活力的火炬

经国务院授权，国家发展改革委、外交部、商务部于2015年3月28日联合发布了《推动共建丝绸之路经济带和21世纪海上丝绸之路的愿景与行动》（以下简称《愿景与行动》)。

《愿景与行动》是在习近平主席 2013 年 9 月和 10 月出访中亚四国和在印度尼西亚国会发表重要演讲提出的"一带一路"建设伟大构想下催生的,该构想为《愿景与行动》奠定了基调。《愿景与行动》代表着中国政府的愿景和行动,属于国家行为,在世界上具有很大的影响,受到世界各国的热议和密切关注。

《愿景与行动》强调,共建"一带一路"符合国际社会的根本利益,彰显人类社会共同理想和美好追求,是国际合作以及全球治理新模式的积极探索,将为世界和平发展增添新的正能量。共建"一带一路",本质上是以新的形式使亚欧非各国联系更加紧密,互利合作迈向新的历史高度;其意义是顺应世界多极化、经济全球化、文化多样化、社会信息化的潮流,秉持开放的区域合作精神,致力于维护全球自由贸易体系和开放型世界经济;其目的是促进经济要素有序自由流动、资源高效配置和市场深度融合,推动沿线各国实现经济政策协调,开展更大范围、更高水平、更深层次的区域合作,共同打造开放、包容、均衡、普惠的区域经济合作架构;其任务是致力于亚欧非大陆及附近海洋的互联互通,建立和加强沿线各国互联互通伙伴关系,构建全方位、多层次、复合型的互联互通网络,实现沿线各国多元、自主、平衡、可持续的发展。

三、诸多资金点燃"一带一路"启明灯

(一) 丝路基金成为资金族之核

2014 年 11 月 4 日,中共中央总书记、国家主席、中央军委主席、中央财经领导小组组长习近平主持召开中央财经领导小组第八次会议,研究丝绸之路经济带和 21 世纪海上丝绸之路规划、发起建立亚洲基础设施投资银行和设立丝路基金。这是"丝路基金"首次出现在公众视野。

2014 年 11 月 8 日,在北京举行的"加强互联互通伙伴关系"东道主伙伴对话会上,习近平宣布,中国将出资 400 亿美元成立丝路基金,为"一带一路"沿线国家基础设施、资源开发、产业合作和金融合作等与互联互通有关的项目提供投融资支持。

2014 年 11 月 9 日,在亚太经合组织工商领导人峰会上,习近平发出邀请:丝路基金是开放的,可以根据地区、行业或者项目类型设立子基金,欢迎亚洲域内

外的投资者积极参与。

习近平主席在2014年11月以密集的三次会议和讲话着手安排落实丝路基金，说明以习近平为核心的党中央非常重视"一带一路"建设的资金落实，加快建设，争取时间，尽快见到实效。

丝路基金成立。2014年12月29日，丝路基金有限责任公司在北京注册成立，并正式开始运行。在全国企业信用信息公示系统查询可见，其注册资本6152500万元人民币，即100亿美元。在2017年5月"一带一路"国际合作高峰论坛之前，已有资金400亿美元，在高峰论坛上，习近平主席宣布追加1000亿元人民币，现已达500多亿美元。丝路基金是由外汇储备、中国投资有限责任公司、中国进出口银行、国家开发银行共同出资，依照《中华人民共和国公司法》，按照市场化、国际化、专业化原则设立的中长期开发投资基金，重点是在"一带一路"发展进程中寻找投资机会并提供相应的投融资服务。2019年，丝路基金公司坚持了市场化、国际化、专业化运作方向。2020年重点在于防疫、健全投资管理机制、落实全面风险管理理念、做强运营板块管理、加强队伍建设和监督越苏机制建设。

丝路基金性质。丝路基金可以看作私募基金（PE），但比一般私募基金回收期限要更长一些。丝路基金与亚投行之间的不同在于亚投行是政府间的亚洲区域多边开发机构，在其框架下，各成员国都要出资，且以贷款业务为主。而丝路基金，由于其类似私募基金的属性，主要针对有资金且想投资的主体加入，且股权投资可能占更大比重。丝路基金投资期限比较长，投资方向为有战略意义的中长期项目，同时，股权投资基金也可以和别的融资模式相配合。在"一带一路"大发展的背景下，需要将一些可以做出中长期承诺的资金用于"一带一路"有关的项目和能力建设，包括相关产业行业的发展，也包括通信、道路等基础设施建设。丝路基金将秉承商业化运作、互利共赢、开放包容的理念，尊重国际经济金融规则，通过以股权为主的多种市场化方式，投资于基础设施、资源开发、产业合作、金融合作等领域，促进共同发展、共同繁荣，实现合理的财务收益和中长期可持续发展。

丝路基金运行模式。基金在运行中一贯强调"市场化、国际化、专业化"方向以及"对接、效益、合作、开放"原则。使用的模式：在对外投资运作中，借力中国企业的人才、行业和技术优势和海外投资经验，实现风险管控。同时，帮助企业提高融资能力，加强企业对项目的经营管控能力，支持企业更好、更高质量地"走出去"。

丝路基金运作原则。丝路基金定位为中长期开发性投资基金，通过股权、债权、贷款、基金等多元化投融资方式，为"一带一路"建设和双边、多边互联互通提供投融资支持，运作中将遵循对接、效率、合作、开放四项原则。对接原则：丝路基金的投资首先要与各国的发展战略和规划相衔接，"一带一路"没有严格的地域，只要有互联互通的需要，丝路基金都可以参与相关的项目。效益原则：丝路基金的资金分别来自于不同的股东，这些资金都有相对应的人民币负债，在运作上必须坚持市场化的原则，投资于有效益的项目，实现中长期合理的投资回报，维护好股东的权益。合作原则：丝路基金是按照公司法设立的中长期开发投资基金，要遵守中国和投资所在国的法律法规，维护国际通行的市场规则和国际金融秩序，注重绿色环保和可持续的发展。开放原则：丝路基金在运作一段时间之后，欢迎有共同志向的投资者进入到丝路基金来，或者在子基金的层面上开展合作，也愿意与国际和区域的多边金融机构开展投融资的项目合作。

丝路基金成立的目的是支持"一带一路"建设。设立丝路基金是要利用我国资金实力直接支持"一带一路"建设。以建设融资平台为抓手，打破亚洲互联互通的瓶颈。亚洲各国多是发展中国家，普遍缺乏建设资金，关键是盘活存量、用好增量，将宝贵资金用在刀刃上。

按照专家建议，类似于丝路基金的基金总量未来应达到 4000 亿美元左右。这既有利于外汇储备投资的多元化，又可以为国内相关企业提供更多的发展机会。亚非拉等地区在基础建设、资源能源开发等领域，都非常"渴求"中国的资金、人员、技术及管理支持，这与中国改革开放初期对"外面世界"的向往非常相似。外汇储备管理与投资的多元化，将有利于反哺我国国内自身的发展。

（二）亚洲基础设施投资银行担当建设重任

亚洲基础设施投资银行（Asian Infrastructure Investment Bank，AIIB）是一个政府间性质的亚洲区域多边开发机构。重点支持基础设施建设，成立宗旨是促进亚洲区域的建设互联互通化和经济一体化的进程，并且加强中国及其他亚洲国家和地区的合作，是首个由中国倡议设立的多边金融机构，总部设在北京，法定资本 1000 亿美元。

2013 年 10 月 2 日，习近平主席提出筹建倡议，2014 年 10 月 24 日，包括中国、印度、新加坡等在内 21 个首批意向创始成员国的财长和授权代表在北京签约，共同决定成立亚投行。2015 年 12 月 25 日，亚洲基础设施投资银行正式成立。2016 年 1 月 16 日至 18 日，亚投行开业仪式暨理事会和董事会成立大会在北京举行。亚投行的治理结构分理事会、董事会、管理层三层。理事会是最高决策机构，董事会有 12 名董事，管理层由行长和 5 位副行长组成。

2018 年 6 月 26 日，亚投行理事会宣布，其成员总数增至 87 个。目前，联合国安理会五大常任理事国已占四席，即中国、英国、法国、俄罗斯；G20 国家中已占 16 席，即中国、英国、法国、印度、印度尼西亚、沙特阿拉伯、德国、意大利、澳大利亚、土耳其、韩国、巴西、南非、俄罗斯、加拿大、阿根廷；七国集团已占五席，即英国、法国、德国、意大利、加拿大；金砖国家全部加入亚投行。成员已经覆盖全球各个大洲。从成员规模上来看，亚投行已经成为仅次于世界银行的全球第二大多边开发机构，超过了欧洲复兴开发银行 61 个和亚洲开发银行 67 个的成员规模。2019 年 7 月 13 日，贝宁、吉布提、卢旺达加入亚投行。2020 年 7 月，利比里亚成为亚投行第 103 个成员。

能在短时间内有这么多的国家和地区积极加入亚投行，一方面说明"一带一路"建设的伟大构想深得人心；另一方面也说明亚投行的运作方式和机制符合国际金融业惯例，可信任，有盈利空间，前景看好。

创立亚投行的意义。一是有利于区域合作推动亚洲经济体持续增长及经济和社会发展，也有助于提升本地区应对未来金融危机和其他外部冲击的能力；二是推动区域基础设施发展互联互通和一体化，进而为全球经济发展提供新动力；三是通过与现有多边开发银行开展合作，将更好地为亚洲地区长期的巨额基础设施建设融资缺口提供资金支持；四是作为旨在支持基础设施发展的多边金融机构，有助于从亚洲域内及域外动员更多的急需资金，缓解亚洲经济体面临的融资瓶颈，与现有多边开发银行形成互补，推进亚洲实现持续稳定增长；五是能继续推动国际货币基金组织（IMF）和世界银行（WB）的进一步改革，也是补充当前亚洲开发银行（ADB）在亚太地区的投融资与国际援助职能；六是继提出建立金砖国家开发银行（NDB）、上合组织开发银行之后，中国积极参与国际金融体系的又一举措，体现出中国尝试在外交战略中发挥资本在国际金融中的力量，将可能成为人民币国际化的制度保障，方便人民币"出海"；七是国际经济治理体系改革进程中具有里程碑意义的重大事件。

（三）金砖国家开发银行成为发展中大国经济联盟的象征

金砖国家开发银行（又名金砖银行、金砖国家新开发银行，New Development Bank）是在2012年提出的，2014年7月15日成立，2015年7月21日开业，成立国家包括中国、巴西、俄罗斯、印度、南非。

1. 金砖国家开发银行产生背景

金融危机以来，美国金融政策变动导致国际金融市场资金的波动，对新兴市场国家的币值稳定造成很大影响。中国货币波动较小，但是印度、俄罗斯、巴西等国都经历了货币巨幅贬值，导致通货膨胀。而靠国际货币基金组织（IMF）救助存在不及时和力度不够的问题，金砖国家为避免在下一轮金融危机中受到货币不稳定的影响，计划构筑一个共同的金融安全网。一旦出现货币不稳定，可以借助这个资金池兑换一部分外汇来应急。

金砖国家开发银行的概念在2012年就已经提出。当年，英国《金融时报》对这一设想评价称：金砖国家开发银行将成为1991年欧洲复兴开发银行成立以来设立的第一个重要多边贷款机构。2013年3月，第五次金砖国家领导人峰会上决定建立金砖国家开发银行，成立开发银行将简化金砖国家间的相互结算与贷款业务，从而减少对美元和欧元的依赖。2014年7月15日至16日，金砖国家领导人第六次会晤在巴西举行。此次峰会上再次商讨呼吁已久的金砖国家开发银行。金砖国家开发银行类似世界银行和国际货币基金组织，它的启动资金为1000亿美元。2014年11月15日，在出席G20布里斯班峰会前夕，习主席同金砖国家领导人进行会晤。他指出，金砖国家要继续致力于建设一体化大市场、金融大通道，基础设施互联互通，人文大交流，建立更紧密的经济伙伴关系，要抓紧落实建立金砖国家开发银行和应急储备安排。最终，金砖国家开发银行于2015年7月21日开业。2019年2月26日，金砖国家开发银行宣布，银行在中国成功发行以人民币计价的债券，规模为30亿元人民币。

2. 金砖国家开发银行设立意义

金砖国家开发银行主要资助金砖国家以及其他发展中国家的基础设施建设，对金砖国家具有非常重要的战略意义。巴西、南非、俄罗斯、印度的基础设施缺口很大，在国家财政力不足的状态下，需要共同的资金合作。金砖国家开发银行不只面向5个金砖国家，还面向全部发展中国家，作为金砖成员国，可能会获得优先贷款权。

金砖国家开发银行不仅为中国带来了经济利益，同时也带来一种长远的战略利益。从短期来看，中国已成为世界第二大经济体，如何在国际舞台上展现一个新兴大国的形象，关系到中国自身发展，也关系到国际社会共同的利益。中国推动设立金砖国家开发银行，做出实实在在的贡献，是彰显中国大国责任的好机会。

在基础设施建设方面，设立金砖国家开发银行，可推动其他国家的基础设施建设，也是分享中国经验的好机会，与中国"走出去"战略相符合。中国输出的既是经验和技术，也是一种标准。

金砖银行拓展了中国和金砖国家在合作方面新的空间，作为金融合作方面的一个具体体现，金砖银行建立之后，会不断拓展金砖国家合作新的空间；同时，它也代表着金砖国家在金融合作方面新的进程。

3. 金砖国家开发银行投资比例

用于金砖国家应对金融突发事件的储备基金为1000亿美元，其中中国提供410亿美元，俄罗斯、巴西和印度分别提供180亿美元，南非提供其余的50亿美元。金砖国家开发银行初始授权资本为1000亿美元，初始认购资本将为500亿美元，由5个创始成员平均出资。

4. 金砖国家开发银行董事会

在首次临时董事会上，中国方面向金砖国家的同伴们承诺，要保证好金砖国家开发银行总部的筹备工作，同时，也支持南非同时尽快建立区域的发展中心；印度方面也表示要尽快提名金砖国家开发银行的首任行长。金砖五国的临时董事都一致表示，要按照金砖国家领导人的要求，尽快准备好各自国家的一到两个有质量的项目，确保金砖国家开发银行一旦投入运作，尽快实现金砖国家的首批项目。"我们期望通过各国共同努力，确保金砖国家开发银行在2015年年底之前投入运作。"

首次理事会。按照金砖国家开发银行职务分配，首任理事长来自俄罗斯，首任董事长来自巴西，首任行长来自印度。2015年7月7日，在金砖国家领导人第七次会议召开前夕，金砖国家开发银行在莫斯科举行了首次理事会会议，以完成正式运营前的组织准备工作。在本次会议上，来自印度的瓦曼·卡马特被任命为首任银行行长，任期5年。之后将按巴西、俄罗斯、南非、中国的顺序轮流产生。

会议上还产生了成员国驻银行董事会的代表名单。

2014年7月15日金砖国家发表《福塔莱萨宣言》宣布，金砖国家开发银行总部设在中国上海。

（四）上合组织开发银行成为中国西北部周边国家合作的典范

上合组织开发银行是温家宝总理2010年11月25日在杜尚别上海合作组织成员国第九次总理会议上建议成立的，目的在于探讨共同出资、共同受益的新方式；扩大本币结算合作，促进区域经贸往来。

在上海合作组织成员国第九次总理会议发表的联合公报中，明确指出：本组织实业家委员会和银联体应就参与实施本组织框架内的区域合作项目制定共同设想，并提交本组织秘书处和成员国相关部门。加强企业和金融界合作的共同意愿，为下一步区域合作项目的推出留下了足够的想象的余地。

推进建立上海合作组织开发银行，扩大本币结算合作，将深刻地影响各成员国金融、经济关系的进一步发展。迈出此步伐，从长远来看，是为合作组织内部形成自由贸易区的框架打下坚实的基础。而自由贸易区的组建，必然极大地促进各成员国互惠互利的发展，为世界经济新的增长极的产生创造条件，进而改变世界经济的格局。

组建开发银行、实施本币结算，也是对上一轮金融危机、经济危机总结与反思的结果。始于美国次贷危机席卷全球的金融、经济危机，给世界带来的是普遍的灾难。造成这一严重的后果，一个重要的因素就是过于强势的美元几乎独霸了世界，美元主导的单一结算方式弊端明显，一枝独秀的美元一旦出现问题，所引发的连锁反应太大。为此，通过加强不同货币之间、区域性财金的合作，弱化美元的骨牌效应，可以规避可能的美元风险。这对一个国家、一个区域，乃至对整个世界金融、经济的健康发展都有好处。

2018年6月10日上午，国家主席习近平在中国青岛出席上海合作组织成员国元首理事会第十八次会议并发表重要讲话。习近平宣布，中方将在上海合作组织银行联合体框架内设立300亿元人民币等值专项贷款。

2020年4月23日，上海合作组织银行联合体举办网络研讨会，各成员行、伙伴行围绕共同应对新冠肺炎疫情挑战、扩大上合组织经贸合作、推动国际产业链复苏、加强本币合作等议题进行了讨论、交流。

四、"一带一路"相关国家的地理分布

总体来看,"一带一路"经济带从中国连云港出发,到荷兰阿姆斯特丹,覆盖了亚太、欧亚、中东、非洲、南太平洋地区。

(一)"一带一路"的地理分布

丝绸之路横跨亚欧大陆,"丝绸之路经济带"是中国经济发展及外交事业的一大重要构想。经济带是经济地理学范畴,丝绸之路经济带是在"古丝绸之路"概念基础上形成的一个新的经济发展区域。丝绸之路经济带,东边牵着亚太经济圈,西边系着欧洲经济圈,被认为是世界上最长、最具有发展潜力的经济大走廊。丝绸之路经济带首先是一个"经济带"概念,体现的是经济带上各个国家和节点城市集中协调发展的思路。

陆上丝绸之路经济带依托国际大通道,以沿线中心城市为支撑,以重点经贸产业园区为合作平台,共同打造新亚欧大陆桥、中蒙俄、中国—中亚—西亚、中国—中南半岛等国际经济合作走廊。

21世纪海上丝绸之路重点方向是从中国沿海港口过南海到印度洋,延伸至欧洲。从中国沿海港口过南海到南太平洋。海上以重点港口为节点,共同建设通畅安全高效的运输大通道。

"一带一路"分为如下几条线路。

北线A:北美洲(美国、加拿大)—北太平洋—日本、韩国—东海(日本海)—海参崴(扎鲁比诺港,斯拉夫扬卡等)—珲春—延吉—吉林—长春—蒙古国—俄罗斯—欧洲(北欧,中欧,东欧,西欧,南欧)。

北线B:北京—俄罗斯—德国—北欧。

中线:北京—郑州—西安—乌鲁木齐—阿富汗—哈萨克斯坦—匈牙利—巴黎。

南线:泉州—福州—广州—海口—北海—河内—吉隆坡—雅加达—科伦坡—加尔各答—内罗毕—雅典—威尼斯。

中心线:连云港—郑州—西安—兰州 新疆—中亚—欧洲。

21世纪海上丝绸之路:中国沿海港口过南海—印度洋—欧洲。

（二）"一带一路"涉及的国家

"一带一路"沿线涉及国家的名单如下：

一是中国、蒙古国和东盟10国（新加坡、马来西亚、印度尼西亚、缅甸、泰国、老挝、柬埔寨、越南、文莱和菲律宾）；

二是西亚18国（伊朗、伊拉克、土耳其、叙利亚、约旦、黎巴嫩、以色列、巴勒斯坦、沙特阿拉伯、也门、阿曼、阿联酋、卡塔尔、科威特、巴林、希腊、塞浦路斯和埃及）；

三是南亚8国（印度、巴基斯坦、孟加拉、阿富汗、斯里兰卡、马尔代夫、尼泊尔和不丹）；

四是中亚5国（哈萨克斯坦、乌兹别克斯坦、土库曼斯坦、塔吉克斯坦和吉尔吉斯斯坦）；

五是独联体7国（俄罗斯、乌克兰、白俄罗斯、格鲁吉亚、阿塞拜疆、亚美尼亚和摩尔多瓦）；

六是中东欧16国（波兰、立陶宛、爱沙尼亚、拉脱维亚、捷克、斯洛伐克、匈牙利、斯洛文尼亚、克罗地亚、波黑、黑山、塞尔维亚、阿尔巴尼亚、罗马尼亚、保加利亚和马其顿）❶。

2017年5月来中国参加"一带一路"高峰论坛的有130多个国家。在国家信息中心主办的"中国一带一路网"（https：//www.yidaiyilu.gov.cn）上"国际合作"栏"各国概况"中公布的有71个国家（不含中国），按该网页上的顺序如下：

马达加斯加、巴拿马、摩洛哥、印度、埃塞俄比亚、新西兰、波黑、黑山、土库曼斯坦、立陶宛、拉脱维亚、巴勒斯坦、阿尔巴尼亚、阿富汗、爱沙尼亚、巴基斯坦、斯洛文尼亚、克罗地亚、黎巴嫩、阿曼、巴林、也门、埃及、约旦、叙利亚、印度尼西亚、菲律宾、缅甸、文莱、东帝汶、不丹、阿联酋、泰国、越南、新加坡、以色列、阿塞拜疆、亚美尼亚、捷克、孟加拉国、白俄罗斯、柬埔寨、格鲁吉亚、匈牙利、伊拉克、伊朗、吉尔吉斯斯坦、老挝、哈萨克斯坦、卡塔尔、科威特、摩尔多瓦、马尔代夫、马来西亚、马其顿、蒙古国、尼泊尔、波兰、保加利亚、罗马尼亚、塞尔维亚、沙特阿拉伯、斯洛伐克、塔吉克斯坦、俄罗斯、南非、斯里兰卡、韩国、土耳其、乌克兰、乌兹别克斯坦。

---

❶ 2017年"一带一路"沿线国家名单[EB/OL]．(2017-02-16)[2017-04-02]．http：//www.yjbys.com/gongwuyuan/show-545317.html.

第二章 中华民族与古丝绸之路沿线国家文化教育交流

中国历经多次演变和朝代更迭，比较强盛的朝代有夏、商、周、秦、汉、晋、隋、唐、宋、元、明、清等。古丝绸之路时代起于秦汉，由此至元朝的1500多年是一个划时代的阶段，随后则是明清时代作为又一个标志性的时代。秦汉至元朝，丝绸之路成为交流、交往、交融的重要桥梁。到了清末，丝绸之路就衰落了。陆上丝绸之路的衰败与14世纪至17世纪奥斯曼帝国遮断了陆上丝路通道直接相关，而16世纪之后海上丝绸之路受阻既与明清两代在初期实行海禁有关，也与西方资本主义兴起，海上通道被霸权国家控制，和平贸易受到抑制有关。[1]1877年，德国探险家与地理学家李希霍芬在其所撰写的《中国》一书中，称张骞"凿空"西域后，以丝绸贸易为媒介的、经过西域连接中亚的路线为"丝绸之路"。他被人们公认为"丝绸之路"一词的首创人。1910年，德国人赫尔曼发现了这个观点，把丝绸之路延伸至叙利亚。后来"丝绸之路"一词渐渐被世界各国学术界所接受，并逐渐引申它的内涵。

---

[1] 吕文利. 丝路记忆：一带一路历史人物[M]. 北京：人民出版社，2016：3-4.

第一节　秦汉至唐陆上古丝绸之路文化教育交流

公元前221年，秦始皇建立了大一统的国家，统合了黄河、长江流域等不同文化地区，使开拓一个对外的、连续的丝绸之路成为可能。

一、古丝绸之路形成

在古代中国，古丝绸之路没有一个统一的名称。陆上古丝绸之路有很多条小路，《汉书·西域传》中主要记载了南道和北道，两道的起点都是都城长安（现西安），从敦煌起分出南北两道。南道最后到达大月氏（现阿富汗境内）、安息（现伊朗境内），北道则是到大宛（现乌兹别克斯坦费尔干纳盆地）、康居（现哈萨克斯坦南部及锡尔河中下游一带）、奄蔡（现哈萨克斯坦西部）。秦汉时期，近海航行也在发展，中原到朝鲜、日本的海上古丝绸之路也有所开拓。

二、张骞出使西域建立政府东西交流里程碑

张骞（公元前164—公元前114年），字子文，陕西省汉中市城固县人，中国汉代杰出的外交家、旅行家、探险家。

张骞富有开拓和冒险精神，建元二年（公元前139年），奉汉武帝之命，由甘父做向导，率领一百多人出使西域，打通了汉朝通往西域的南北道路，即赫赫有名的古丝绸之路，使得中原王朝和中亚诸国第一次建立了官方联系，由此开拓了经今天的新疆到中亚的陆上古丝绸之路，并发现了经云南过缅甸、印度而直达中亚的南方古丝绸之路。所以，一提起古丝绸之路，人们就会首先想起张骞二度出使西域的故事。派遣张骞作为使臣出使西域，实质上是开启了使臣外交的新格局。

张骞作为古丝绸之路的开拓者,被誉为"第一个睁开眼睛看世界的中国人"。他将中原文明传播至西域,又从西域诸国引进了汗血马、葡萄、苜蓿、石榴、胡麻等物种到中原,促进了东西方文明的交流。

三、唐代和亚洲国家的文化教育交流[1]

唐代是我国统一的多民族国家发展的重要阶段,内地的经济、文化高度繁荣,各少数民族的政治经济和文化也有了大发展,契丹、突厥、西域各族、南诏等少数民族统一在唐中央政权之下,吐蕃也与唐王朝建立了密切的政治、经济联系。唐代,特别是唐前期,各民族间的联系和交流进一步加强。

一方面,唐代社会经济有了空前发展,具有丰富的物质基础,交通发达,造船技术和航海技术也比较先进,而且唐朝统治者肯于吸收他人文化;另一方面,唐朝周围各国许多地区进入了阶级社会,为了社会的进步,也迫切需要向唐朝学习。所有这些,都促进了唐朝和各国的经济文化交流,特别是与东西亚国家的交流。除了陆上古丝绸之路,唐代的海上丝绸之路也有很多路线,如唐代与新罗的海上交通就有"渤海道"和"高丽道",与日本的海上交通有"新罗道""南岛路"和"大洋路"等。

唐代的中外教育交流。派遣留学生是中外文化教育交流的一种主要形式。当时,突厥、大食、吐蕃、高昌、渤海国以及朝鲜半岛的新罗、百济、高丽等,都派遣留学生来长安。特别是日本,派了大量的官员和学生来华学习。贞观年间,各国留学生来华最盛,人数在千人以上。

朝鲜。唐代朝鲜半岛上有高丽、百济、新罗三国,都和唐朝保持着联系。后来新罗统一朝鲜半岛,与唐朝的关系更加密切。其官制、田制、赋役制度、科举制度、礼仪法律制度多仿唐朝。新罗派到唐朝的学生为数很多,如840年一次回国者多达105人。新罗人崔致远12岁来唐,18岁举进士,书法诗文都很有名。他的汉文著作《桂苑笔耕录》至今犹存。古代朝鲜本没有文字,最早是使用汉文。7世纪中,新罗人薛聪根据中国字音创"吏读",作为帮助读汉文的工具,但著述、公文、国史仍用汉文。在天文、历法、佛教、服饰等方面也受到唐朝的影响。中

---

[1] 李培浩. 中国通史讲稿(中)[M]. 北京:北京大学出版社,1983:90-92.

国向朝鲜输出丝绸、茶叶、瓷器、药材、书籍等。朝鲜输入中国的商品有牛、马、布、纸、墨、笔、麻、牛黄、人参等。唐朝时有不少朝鲜人住在中国，如江苏和山东沿海地区就是如此，其街巷称为"新罗坊"。

日本。唐代，日本处于由奴隶制社会向封建社会过渡时期，积极谋求与中国建立友好关系，派遣唐使13次，规模很大，组织完备。在日本孝德天皇的大化革新中，留唐学生高向玄理等起了积极作用。日本仿唐的制度自上而下进行改革，并学习唐朝的农业和手工业技术，留学生吉备真备、空海根据汉字创制假名，在贸易方面两国互有商品输入。在唐代，中国和日本都有很多人为促进两国的关系做出了极大的贡献，有许多感人的事迹。如日本留学生阿倍仲麻吕和中国扬州僧人鉴真。

印度、伊朗、阿拉伯。唐代，印度与中国之间经济文化交往很密切，玄奘为其突出代表。在唐代，伊朗处于波斯萨珊王朝时期，与唐关系密切。伊朗不仅有众多的商人来华，而且也有贵族在中国居住。中国手工业技术和产品传入伊朗，祆教、景教、摩尼教由伊朗传入中国。唐代中国称阿拉伯为大食，其商人来华甚多。政府间的正式来往始于651年。751年怛罗斯战役中唐有造纸工匠被俘西去，造纸术因此经阿拉伯传至欧洲。伊斯兰教也在唐时由阿拉伯传入中国。

四、玄奘西游取经实现跨域宗教交流

玄奘（602—664年）是唐代著名高僧，法相宗创始人，河南洛阳偃师人，俗家姓名"陈祎（yī）"，法名"玄奘"，被尊称为"三藏法师"，后世俗称"唐僧"，为中国佛教三大翻译家之一。

玄奘为探究佛教各派学说分歧，一人西行5万里，历经艰辛到达印度佛教中心那烂陀寺取真经。前后17年，学遍了当时的大小乘各种学说，共带回佛舍利150粒、佛像7尊、经论657部，并长期从事翻译佛经的工作。玄奘及其弟子共译出佛典75部、1335卷。玄奘的译典著作有《大般若经》《心经》《解深密经》《瑜伽师地论》《成唯识论》等。《大唐西域记》十二卷，记述了他西游亲身经历的110个国家及传闻的28个国家的山川、地邑、物产、习俗等。《西游记》即以其取经事迹为原型。

玄奘是研究中国传统佛教成就最大的学者之一，又是继承印度正统佛教学说的集大成者,为东亚文化能在世界文化中发挥积极作用打下了基础,被世界人民誉为中外文化交流的杰出使者、世界和平使者。他的足迹遍布印度,影响远至日本、韩国乃至全世界。玄奘的思想与精神是中国、亚洲乃至世界人民的共同财富。

五、鉴真和尚东渡实现大唐佛法在日本扎根

鉴真(688—763年),唐朝佛学大师,俗姓淳于,广陵江阳(今江苏扬州)人,律宗南山宗传人,也是日本佛教南山律宗的开山祖师,著名医学家。曾担任扬州大明寺主持,应日方请求东渡弘传佛法,76岁在日本唐招提寺圆寂,被日本人民称为"天平时代文化的屋脊"。

(一)六次东渡与弘法日本

开元二十一年(733年),日本遣僧人荣睿、普照受日本佛教界和政府的委托,延请鉴真去日传戒。天宝二年(743年)鉴真开始东渡,十年之内五次泛海,历尽艰险而失败。第五次返途时突发眼疾,62岁的鉴真大师双目失明。天宝十二年(753年)十一月十五日,他第六次启程渡海,同年在日本萨秋妻屋浦(今九州南部鹿儿岛大字秋月浦)登岸,于次年入日本首都平城京(今日本奈良),受到日本朝野僧俗的盛大欢迎。鉴真在日本10年,传播了唐代多方面的文化成就,被日本人民誉为"文化之父""律宗之祖"。

鉴真来到日本的消息,引起了日本朝野的极大震动。天宝十三年一月十日,朝廷得到大伴古麻吕的报告,知道鉴真已经到达日本。二月一日,鉴真至难波国师乡(今属大阪府)时,受到了先期到达的崇道和日本佛教大师行基弟子法义的热情款待。后住在藤原鱼名的官厅,日本政府特派使者前来迎接慰问,催促鉴真入京。二月四日,鉴真一行抵达奈良,同另一位本土华严宗高僧"少僧都"良辨统领日本佛教事务,封号"传灯大法师"。

756年,鉴真被封为"大僧都",统领日本所有僧尼,在日本建立了正规的戒律制度。

758年,淳仁天皇下旨,将原皇太子道祖王的官邸赐给鉴真。次年,该官邸草成一寺,淳仁赐名"唐招提寺"。淳仁还下旨,令日本僧人在受戒之前必须前往唐招提寺学习,使得唐招提寺成为当时日本佛教徒的最高学府。鉴真在寺中讲律授

戒，当时思托撰成了《鉴真和尚东征传》。唐广德二年、日本天平宝字七年（763年）五月六日，为传播佛法奋斗了一生的鉴真在唐招提寺面向西方端坐，安详圆寂，终年76岁。

764年，唐招提寺扩建，成为日本建筑史上的国宝。鉴真所开创的四戒坛成为最澄开创日本天台宗之前日本佛教僧侣正式受戒的唯一场所，鉴真也被尊为日本"律宗之祖"。

（二）历史贡献

鉴真是我国第一位到日本开创佛教律宗的大师。当时日本天皇、皇后、皇太子和其他高级官员都接受了鉴真的三师七证授戒法，皈依佛门，唐乾元二年（759年，即日本天平宝字三年），鉴真在奈良效区创建招提寺，并著有《戒律三部经》刻印流传，是日本印版之开端。

鉴真通晓医学，精通本草，他把我国的中药鉴别、炮制、配方、收藏、应用等技术带到了日本，并传授医学，热忱为患者治病，至德元年（756年，日本天平胜宝八年），鉴真及弟子法荣治愈圣武天皇病，因此他在日本医药界享有崇高的威望，被人称为汉方医药始祖、日本之神农。

佛教方面。鉴真东渡的主要目的是弘扬佛法，传律授戒。由于天皇的重视，鉴真被授予"大僧都"的职务，成为"传戒律之始祖"，其所建唐招提寺成为日本的大总寺。鉴真在双目失明的情况下，以他惊人的记忆力，纠正了日本佛经中的错漏。由于鉴真对天台宗也有相当研究，所以对天台宗在日本的传播也起了很大作用。鉴真使得日本佛教走上正轨，便利了政府对佛教的控制，杜绝了由于疏于管理而造成的种种弊端，促使佛教被确定成为日本的国家宗教。鉴真和其弟子所开创的日本律宗也成为南都六宗之一，流传今日，尚有余晖。

医学方面。鉴真熟识医方，当年光明皇太后病危之时，唯有鉴真所进药方有效。据日本《本草医谈》记载，鉴真只需用鼻子闻，就可以辨别药草种类和真假，留有《鉴上人秘方》一卷，被誉为"日本汉方医药之祖"。17、18世纪时，日本药店的药袋上还印着鉴真的图像。

书法方面。鉴真携带了王羲之的行书真迹一幅（丧乱帖）、王献之的行书真迹三幅以及其他各种书法50卷到达日本。这对日本书道的形成起到了极大的促进作用。鉴真本人也是书法名家，其"请经书贴"被誉为日本国宝。

建筑方面。在鉴真的设计及领导下，建造了著名的唐招提寺。由于鉴真僧众采用了唐代最先进的建筑方法，因而这座建筑异常牢固精美，经过1200余年的风雨，特别是经历1597年日本地震的考验，在周围其他建筑尽被毁坏的情况下，独金堂完好无损，至今屹立在唐招提寺内，成为研究中国古代建筑艺术的最有价值的珍贵实物之一。

雕塑方面。鉴真随船带有佛像，在日本又用"干漆法"塑造了许多佛像，著名的是唐招提寺金堂内的卢舍那大佛坐像、药师如来立像、千手观音菩萨像等。

（三）鉴真后世纪念

鉴真在中、日两国都享有很高的声誉。建于1688年的御影堂内，供奉着鉴真干漆夹苎的坐像，表现了鉴真于763年圆寂时的姿态，其已被定为日本国宝，每年只开放3天供人瞻仰。御影堂前东面有鉴真墓。

1963年是鉴真去世1200年，中国和日本佛教界都举行了大型纪念活动，日本佛教界还将该年定为"鉴真大师显彰年"。1980年4月，日本奈良唐招提寺鉴真干漆像"回乡探亲"，扬州大明寺因此得以重修，成为中日邦交史上的一件大事。在当时，鉴真干漆像被安放在大明寺鉴真纪念堂内，接受民众们的瞻仰。有超过30万的扬州人争睹鉴真干漆像。

2010年9月28日，上海博物馆与日本文化厅联合主办的中日文化交流特展使日本国宝级文物——奈良东大寺木质鉴真坐像，几百年来首次回国"省亲"。在仿造日本奈良寺庙风格构建的展厅内，鉴真和尚双目紧闭，仪态端庄，面目安详；他的面容使用了木头原有的色泽，身着暗灰袈裟，整体刻画细腻。2012年5月31日，日本奈良市的唐招提寺和凸版印刷公司宣布，为将鉴真的容貌流传后世，对寺内的国宝鉴真坐像进行了3D数字化测量，以便详尽地记录尺寸和色彩等细节。

六、阿倍仲麻吕毕生奉献于中日文化交流

阿倍仲麻吕（698—770年），朝臣姓，安倍氏，入唐后汉名朝衡（又作晁衡），字巨卿。生于奈良，日本奈良时代的遣唐留学生之一，中日文化交流杰出的使者。

日本在大化革新后，学习唐朝先进文化的热情更高，不断向唐朝派遣使者和留学生。716年（日本灵龟二年，唐开元四年），日本政府派遣了由557人组成的

第八次遣唐船。19 岁的仲麻吕被举为遣唐留学生。翌年 9 月底到达长安城，入了国子监太学，攻读的重点是《礼记》《周礼》《礼仪》《诗经》《左传》等经典。仲麻吕聪敏勤奋，太学毕业后参加科试，一举考中进士。仲麻吕作为一个外国人，能够取得进士的桂冠，说明他的学识确实是出类拔萃的。

（一）留学大唐终身未归

酷爱中国文化的仲麻吕为了继续深造，决心留在长安而暂不回国。仲麻吕的才华很快得到朝廷的赏识，不久他被任命为左春坊司经局校书（正九品下），职掌校理刊正经史子集四库之图书，辅佐太子李瑛研习学问。开元十九年（731 年），提拔为门下省左补阙（从七品上），职掌供俸、讽谏、扈从、乘舆等事，这使他在宫廷中经常有机会接触唐玄宗，因而他的学识进一步得到器重，以后不断升官晋爵。历任仪王友、卫尉少卿、秘书监兼卫尉卿，肃宗时提升为左散骑常侍兼安南都护。

仲麻吕不仅学识渊博、才华过人，而且感情丰富、性格豪爽，是一位天才诗人。他和唐代著名诗人名士，如李白、王维等人都有密切交往。天宝十二年（753 年）仲麻吕归国时，传闻他在海上遇难，李白听了十分悲痛，挥泪写下了《哭晁卿衡》的著名诗篇，成为中日友谊史上传诵千年的不朽名作。仲麻吕归国未成返回长安后看到李白为他写的诗，百感交集，当即写下了著名诗篇《望乡》。仲麻吕归国前夕，王维赠他送行诗《送秘书晁监还日该国》，还专为此诗写了很长的序文，热情歌颂中日友好的历史以及仲麻吕的过人才华和高尚品德。这是中日两国友谊史的真实写照。

仲麻吕在唐 54 年，历仕玄宗、肃宗、代宗三代皇帝，备受厚遇，官至客卿，荣达公爵。但是，仲麻吕眷恋乡土之情未尝稍减。开元二十年（733 年），仲麻吕曾以双亲年迈为由，请求归国。因玄宗皇帝挽留，未能实现夙愿。天宝十一年末（752 年），唐玄宗感念他仕唐几十年，功勋卓著，家有年迈高堂，割爱允求，并任命他为唐朝回聘日本使节。任命一个外国人为中国使节，历史上是罕见的，这说明仲麻吕着实受朝廷的器重和信任。

仲麻吕获准回国的消息传出以后，长安朝野人士纷纷送别，依依不舍。仲麻吕也怀着十分激动的心情写下《衔命还国作》的动人诗篇，赠答友人。仲麻吕在诗中抒发了他留恋中国，惜别故人和对唐玄宗的感戴心情，意境深远，感人至深。

它是歌颂中日两国人民传统友谊的史诗，千百年来为两国人民所传诵。《衔命还国作》后来收录在宋代编辑的优秀诗文集《文苑英华》里，也是《文苑英华》中唯一的外国人的作品。

天宝十一年（752年）6月，仲麻吕随日本藤原清河大使一行辞别长安，往扬州延光寺邀请鉴真和尚一起东渡。10月15日，他们分乘四艘船从苏州起航回国。在归国途中遇到了风暴，鉴真等人到达日本，仲麻吕所乘的第一艘船触礁漂至越南，登陆后绝大多数人被当地强盗杀害。天宝十四年（755年）6月，仲麻吕等人历尽艰险返回长安。

肃宗至德二年（757年）12月，玄宗自蜀还幸长安，仲麻吕亦随之返还，是年仲麻吕已61岁。以后再度仕官，历任左散骑常侍兼安南都护、安南节度使。大历七年（770年）终于长安，时年72岁。代宗为了表彰仲麻吕的功绩，追赠从二品潞州。

（二）中日友好使者受后人缅怀

仲麻吕仕唐期间，实际上起到了民间大使的作用，他为增进中日友好、提高日本国际地位、促进中日文化交流而辛勤献身，建立了不朽的功勋。仲麻吕虽然没能回国直接向日本人民传授中国文化，但是由于他在唐的地位和影响，为其他许多日本留学生的学习以及两国学者的往来提供了方便，如鉴真和尚的东渡就是和仲麻吕的努力分不开的。为纪念他的不朽业绩，日中两国分别于1978年、1979年在奈良和西安建立了"阿倍仲麻吕纪念碑"。

第二节　宋元海上古丝绸之路文化教育交流

一、宋代的海外贸易与文化交流 ❶

两宋时期，由于辽、西夏、金相继崛起，传统的西出阳关、玉门关的"丝绸之路"已不复畅通。这就使得两宋政府特别重视开拓海上贸易。为了增加财政收入，北宋自建朝之初就对海外贸易采取积极态度。宋太宗曾派人分路出使，招徕外商贸易，所以每年市舶收入相当可观。南宋时期，统治地区面积锐减，又立国东南，经济文化的重心南移，政府更加采取了奖励对外贸易的政策，对外商多有照顾和优待。两宋的经济发展为对外贸易提供了物质基础，科技发明，特别是造船技术和指南针的使用等更直接促进了造船术和航海术蓬勃发展，海外贸易的发展使得海上丝绸之路迅速发展起来，但当时海上丝绸之路还不能完全代替陆上丝绸之路，因此两条道路并行。

宋代输出的商品中，丝织品、瓷器、茶叶等传统商品仍占重要地位。如瓷器远销日本、朝鲜、南洋各国、阿拉伯地区，直到东非地区。有人描述当时的贸易发达情况是"舶船深阔各十丈，商人分占贮货，人得数尺许，下以贮物，夜卧其上。货多陶器，大小相套，无少隙地"。这些陶器有许多是供军民百姓使用。输入的商品香料居多。外商仍以大食人为多。泉州和广州是当时最主要的对外贸易基地。

---

❶ 李培浩. 中国通史讲稿中 [M]. 北京：北京大学出版社，1983：182-183.

二、元代的中外经济文化交流[1]

元代中西交通空间活跃。当时从东亚到西亚的陆路交通主要有两条道路：一为钦察道，经敦煌、哈密、别失八里（吉木萨尔）、土库曼，到克里木半岛；一为波斯道，经敦煌、罗布泊、天山南路、大不里士，到土耳其。元政府采取保护商道政策，使商道得以安全畅通。

在泉州、广州都有发达的造船业。泉州大商人蒲寿庚就拥有大量私人船只。当时的中国商船，远航印度洋、波斯湾、红海、地中海，直到非洲北岸。外国商人到中国来贸易经商的也很多。元政府在沿海一些城市设立市舶司，管理海外贸易。为了解决漕运和远征日本及南洋诸地，元政府还建立了发达的官方造船业。

元朝同各蒙古汗国的联系始终没有中断，特别是同伊尔汗国有频繁的来往。忽必烈还曾派人出使南洋、马来半岛、印度等地国家，开明代郑和"下西洋"之先河。与欧洲国家也有了正式交往。当初蒙古军西征，前锋直逼维也纳，西欧各国感到威胁，在教皇主持下召开基督教国家大会，派教士请求蒙古军停止进军，并企图说服其信奉基督教。元世祖忽必烈时，波罗兄弟（即马可·波罗的父亲和叔父）东来，忽必烈接见了他们，并托其带信给罗马教廷，希望派遣教士来中国。当时，大都、运河沿岸和沿海口岸都居住着许多外国人。也有许多中国人居住海外。

科学技术和文化交流比以往增加。旭烈兀曾用中国水利工程专家改造两河流域的灌溉系统。中国北宋仁宗庆历年间发明了活字印刷术，不久便传入日本、朝鲜、越南等国，大约在宋末又传入西方。欧洲人发明活字版是在 1450 年，比中国晚了 4 个世纪。中国火药发明于唐，广泛用于宋，北宋和南宋均使用了火药武器。在南宋时火药由海上传至阿拉伯，后来金人和蒙古人也相继学会了使用及制造火药武器。蒙古军西征时，火器又从陆路传到西方各国。西方文化，特别是阿拉伯文化，如数学、医药、建筑等，也对中国产生了很大影响。

这个时期，随着中外交往、了解的增多，出现了一系列中国人记述外国和外国人记述中国的著作，前者有汪大渊的《岛夷志略》、周达观的《真腊风土记》等，

---

[1] 李培浩. 中国通史讲稿中 [M]. 北京：北京大学出版社，1983：197-199.

后者有《马可·波罗游记》《伊本·巴图塔游记》,记载了许多有关中国的内容。

三、《马可·波罗游记》使世人着迷

(一)马可·波罗东方神游

马可·波罗(Marco Polo)(1254年9月15日—1324年1月8日),世界著名旅行家和商人,生于威尼斯。据称17岁时跟随做商人的父亲尼科洛和叔叔马泰奥前往中国,历时约4年,于1275年到达元朝的首都,与元世祖忽必烈建立了友谊。他在中国游历了17年,曾访问当时中国的许多古城,到过西南部的云南和东南地区,后回到威尼斯。1298年,马可·波罗参加了一次威尼斯与热那亚的海战,同年9月7日不幸被俘。在狱中,他遇到了作家鲁思梯谦,于是便有了马可·波罗口述、鲁思梯谦记录的《马可·波罗游记》。

《马可·波罗游记》共分四卷,每卷分章,每章叙述一地的情况或一件史事,共有229章。《马可·波罗游记》的重点部分是第二卷关于中国的叙述,共82章,马可·波罗在书中以大量的篇章,热情洋溢的语言,记述了中国无穷无尽的财富、巨大的商业城市、极好的交通设施以及华丽的宫殿建筑。

《马可·波罗游记》是欧洲人撰写的第一部详尽描绘中国历史、文化和艺术的游记。在马可·波罗1299年写完该书几个月后,这部书已在意大利境内随处可见。在1324年马可·波罗逝世前,《马可·波罗游记》已被翻译成多种欧洲文字,广为流传。现存的《马可·波罗游记》有119种各种文字的版本。

(二)马可·波罗的历史贡献

《马可·波罗游记》大大丰富了欧洲人的地理知识,打破了传统思想的束缚,以及"天圆地方"说;同时《马可·波罗游记》对15世纪欧洲的航海事业起到了巨大的推动作用。意大利的哥伦布,葡萄牙的达·伽马、鄂本笃,英国的卡勃特、安东尼·詹金森、马丁·罗比歇等众多的航海家、旅行家、探险家读了《马可·波罗游记》以后,纷纷东来,寻访中国,打破了中世纪西方神权统治的禁锢,大大促进了中西交通和文化交流。因此可以说,马可·波罗和他的《马可·波罗游记》给欧洲开辟了一个新时代。

同时,在《马可·波罗游记》以前,更准确地说是在13世纪以前,中西方在

政治、经济、文化等方面的交流都是通过中亚这座桥梁间接地联系着。在这种中西交往中，中国一直是以积极的态度，努力去了解和认识中国以外的地方，特别是西方文明世界。但直到 13 世纪以前，中西交往只停留在以贸易为主的经济联系上，缺乏直接的接触和了解。而欧洲对中国的认识，在 13 世纪以前，一直停留在道听途说的间接接触上，他们对中国的认识和了解非常肤浅。因而欧洲人对东方世界充满了神秘和好奇的心理。《马可·波罗游记》对东方世界进行了部分夸大甚至神话般的描述，更激起了欧洲人对东方世界的好奇心。这又有意或者无意地促进了中西方之间的直接交往。从此，中西方之间直接的政治、经济、文化交流的新时代开始了。马可·波罗是一个时代的象征。《马可·波罗游记》也是研究我国元朝历史和地理的重要史籍，其在史学界、文学界以及中西文化交流中产生了积极意义。

《马可·波罗游记》直接或间接地开辟了中西方直接联系和接触的新时代，也给中世纪的欧洲带来了新世纪的曙光。许多中世纪很有价值的地图，是参考游记制作的。许多伟大的航海家扬帆远航，探索世界，是受到马可·波罗的鼓舞和启发。事实上，美洲大陆的发现纯属意外，因为游记的忠实读者哥伦布原本的目的地是富庶的中国。当时欧洲人相信，中国东面是一片广阔的大洋，而大洋彼岸便是欧洲老家了。

（三）关于马可·波罗的争议

从《马可·波罗游记》一书问世以来，学界与民间对马可·波罗是否真正到过中国一直存有争议。怀疑者和肯定者各执一词。然而德国图宾根大学汉学系教授汉斯·乌尔里希·福格尔（Hans Ulrich Vogel）最新出版的《马可·波罗到过中国：货币、食盐、税收方面的新证据》一书，通过对大量文献的研究，有力地说明，不但怀疑者的一切疑问都可以解释，而且《马可·波罗游记》中很多对中国的描述是独一无二并且十分准确的，足以证明其真实性。

第三节　明清海禁政策下的文化教育交流

1368年，朱元璋建立明朝，实行了海禁政策。随着15、16世纪西方新航路的发现和开辟，明清也逐渐被卷入海洋经济之中，此时海上丝绸之路就取代了陆上丝绸之路。

由于明清时代中国的综合国力在世界上大体保持领先地位，欧洲人用白银和黄金来购买中国的丝绸、瓷器等商品运回欧洲，由此大量白银流向中国，一个崭新的世界市场初步形成。但在清末，西方列强依仗坚船利炮对中国进行侵略，丝绸之路就此衰落了。

烟草于16世纪传入中国，一路由吕宋传入福建、广东，一路由日本经朝鲜传入东北，到明末已是普遍种植和吸烟了。花生在这时也由巴西传入我国，开始种植。

一、郑和7次下西洋成就中外辉煌航海史[1]

郑和，原姓马，云南昆阳（今云南晋宁）人，回族，世代信奉回教，祖父和父亲都曾经朝拜过回教的圣地麦加。

1405年，明成祖朱棣派遣郑和第一次下西洋（"西洋"指今天印支半岛、马来半岛、印度尼西亚、婆罗洲等地），此后郑和又6次下西洋，直到1433年结束。最远到达东非，开拓了海上丝绸之路。郑和下西洋在中外关系史上写下了壮丽的篇章，成为世界航海史上的壮举。

郑和下西洋时的背景和条件：一是明朝的统一和富强。经过从太祖到成祖时

---

[1] 李培浩.中国通史讲稿中[M].北京：北京大学出版社，1983：251-254.

期社会经济的恢复和发展，国家不但统一了，而且国力也增强了。一方面丝织品、瓷器、铁器产量提高了，可以更多出口；另一方面对国外的香料、染料以及宝珠的需求更强烈。正是因为明朝国力雄厚，所以才能给予规模巨大的航行以有力的物质支持，使其得以胜利完成。二是长期以来与南洋的密切联系。中国人远自秦汉时期就已与南洋地区发生来往。宋元以来，无论是官方还是私人，与南洋的通商已很频繁，东南沿海的贫苦人民侨居南洋者也日渐增多，这为郑和的航行提供了丰富的航海经验和航海人员。三是造船技术的发达。中国当时的造船技术和航海技术已经相当先进了。据马可·波罗记载，元朝时中国的船，有房间五六十间，可乘 1000 多人，海上行驶平稳。郑和的"宝船"，大船长四十四丈，宽十八丈；中船长三十七丈，宽十五丈，平均每条船可坐 450 人，此外尚有大量物资随船运输。船的铁锚抬起，需要很多人。船体用隔舱，即使一处触礁，船也不会沉没。船上携有航海图、指南针等。另外，过去有人因航海在外，把自己的见闻和一些地理知识写成书公之于众，如元汪大渊的《岛夷志略》。所有这些都给郑和的航行创造了条件。

郑和第一次出海的时间是 1405 年 6 月至 1407 年 9 月，他率船 62 艘，自苏州到达古城（今越南境）、爪哇、苏门答腊（印尼）、古里（印度）等地。返回途中至旧港（苏门答腊岛上），将旧港王陈祖义擒获载归。第二次出海的时间是 1407 年 9 月至 1409 年 8 月，率船 48 艘，到达古城、暹罗（泰国）、南洋群岛、锡兰山（斯里兰卡）、枯枝、古里、加异勒（印度）等地。第三次出海的时间是 1409 年 10 月至 1411 年 7 月，在锡兰山遭亚烈苦奈儿率兵所攻，郑和生擒亚列苦奈儿至北京，明成祖又放其回国。第四次出海的时间是 1413 年至 1415 年，到达占城、爪哇、苏门答腊、忽鲁谟斯（今属伊朗，位于波斯湾口）等国。苏门答腊前王子苏干剌率兵邀击，被郑和擒获。第五次出海的时间是 1417 年 5 月至 1419 年 8 月，这时南洋许多国家来朝贡，这次郑和同十九国使臣各归其国，并诏谕其王。十九国中最远的有阿丹（今阿拉伯半岛）、木骨都束、卜剌哇、麻林（三者均在今非洲东岸）、摩加迪沙（索马里）。第六次出海的时间是 1421 年正月至 1422 年 8 月，到达暹罗、苏门答腊、甘巴里（今印度境）、阿丹、祖法儿（阿拉伯半岛）以及非洲东岸的木骨都束、不剌哇等地。第七次出海的时间是 1430 年 6 月至 1433 年 7 月，前六次都是在永乐时期，这次是在宣德时期，也是郑和的最后一次航行，再次远到非洲东岸。郑和遣使往天方回教圣地麦加巡礼，并带回长颈鹿、鸵鸟、狮子等。

郑和下西洋的意义。郑和出使的目的主要是宣扬明朝的声威，扩大其在海外的政治影响，并与各国进行贸易来往。同时，由于靖难之变之后，建文帝下落不明，也许有访其踪迹的用意，因为有人说他逃到国外去了。所以，郑和的出使同后来的殖民主义者完全不同，尽管他率领军队但却是和平交往。郑和每到一地，即以缎帛、瓷器等物与当地人民进行交换，换取象牙、宝石、香料、珍珠、珊瑚之类，故郑和所乘船叫宝船或取宝船。军队主要是自卫，只有遭受袭击时才用武力。郑和下西洋，前后经历了近30年，到过30多个国家，其时间之长，规模之大，都是后来的哥伦布、麦哲伦所不能相比的。它比哥伦布发现新大陆早87年，比麦哲伦到达菲律宾早116年。郑和每次远航都有船几十艘，人员两万多人，而哥伦布、麦哲伦每次航行不过三四只船，百把人而已。郑和下西洋后，大大加强了中国与南洋的联系，使航路畅通，贸易发展。1423年，各国使臣和商人到南京的一次就有一两千人。同时，出国居住于南洋的中国人也越来越多，他们带去了先进的手工业品和生产技术，并从事辛勤的劳动，对当地的开发做出了贡献。

二、欧洲商人和传教士的东来交流[1]

16世纪是欧洲各国资本主义的原始积累时期，大批欧洲商人和传教士东来，充当先遣队，企图一边寻找殖民市场，一边开展贸易活动。中国自然是他们的重要目标。

葡萄牙人。欧洲商人中，葡萄牙人（佛郎机）最先来到中国。在东印度航线发现之后，葡萄牙人在1511年以武力占领满剌加（马六甲）后进入南洋群岛，1517年进入广东沿海，随之开展海盗活动。1520年，葡萄牙人买通宦官，到达北京，后因与明发生冲突，被勒令离开中国。但其逗留不返，并于1523年在广东新会与明军交战，为明军所败。随后，明政府禁止任何商船在广州停泊。1529年，明政府重开广州，葡萄牙人又到广州。1553年，葡萄牙人用行贿和欺骗的手法，诈称商船遇到风暴，请准其在澳门居住，晾晒货物，1557年，便将澳门窃据为殖民地。之后几年，在澳门的葡萄牙人逐渐增多，以至于"筑室千区""夷众万人"。

---

[1] 李培浩. 中国通史讲稿中［M］. 北京：北京大学出版社，1983：257-259.

西班牙人。追随葡萄牙人之后来到东方的是西班牙人。西班牙人于1571年占据吕宋（今菲律宾），并对当地居民以及侨居吕宋的中国人百般凌辱。当时华人曾群起反抗，杀死了西班牙总督。自1603年起，西班牙人曾四次大规模地迫害和屠杀居住在该岛上的华人。万历年间，西班牙人曾以商船至福建漳州，与中国通商。1626年，西班牙人侵入我国台湾。

荷兰人。17世纪初期，西班牙、葡萄牙衰落，荷兰称霸海上。1601年进入我国，1604年闯入广东，强行要求通商，遭到明政府的拒绝。1622年，荷兰人窃据澎湖，1624年，明军收复澎湖，荷兰人又入侵台湾地区，直至1662年被郑成功所驱逐。

英国人。1637年英国人始至澳门，欲与中国通市，后因被先据澳门的葡萄牙人所阻拦，故未与明正式发展通商关系。

由于葡、西、荷、英相继东来，抢占南洋群岛，并进而指向中国，所以此后中国与南洋的正常贸易被破坏，中国海外贸易的主要对象由南洋各国变为西方国家，中国沿海和南洋各地的华人遭到掠夺和骚扰。

传教士的东来。万历年间，随着欧洲商人的东来，属于罗马教中的耶稣会士也来到中国。其中，最为著名的是利玛窦。明清之际来到中国的传教士，较为著名的还有意大利人熊三拔、龙华民、毕方济、爱儒略，日耳曼人邓玉函、汤若望，西班牙人庞狄我，葡萄牙人阳玛诺，比利时人金尼格等。他们作为传教士，也带来了一些西方的科学知识，如有关历算、测量、水利等技术和原理的著作，这些著作曾由徐光启、李之藻等人翻译为汉文，这对当时中国社会经济、文化的发展还是有一定积极作用的。

三、利玛窦传教带来西方文化

利玛窦（Matteo Ricci，1552年10月6日—1610年5月11日），号西泰，又号清泰、西江。意大利的天主教耶稣会传教士、学者。明朝万历年间来到中国传教。他通过"西方僧侣"的身份，以"汉语著述"的方式传播天主教教义，并广交中国官员和社会名流，传播西方天文、数学、地理等科学技术知识。

（一）东来传教展示了西方文化

1577年，利玛窦被派往东方传教。经好望角、莫桑比克、印度果阿、锡兰海岸、马六甲抵达澳门港。1583年进入肇庆，建立了第一个传教驻地，带来了圣母像、地图、星盘、三棱镜、欧几里得《几何原本》等，出版了第一份中文世界地图《山海舆地全图》，并用中文起草了第一部《祖传天主十诫》，建立"仙花寺"传教。1590年，在韶州建立了第二个传教驻地，攻读《四书》并将之译为拉丁文。1595年（万历二十三年）到了南京，又被迫去南昌建立了第三个传教驻地，形成了"南昌传教模式"，出版《交友论》，开始撰写《天主实义》。1596年9月22日，利玛窦在这里成功的预测了一次日食。1598年到北京未能见到皇帝，编修了第一本中西文字典《平常问答词意》，首次尝试用拉丁字母为汉字注音，完成了对《四书》的翻译和注释工作。1599年在南京建立了第四个传教驻地。1601年到北京进呈自鸣钟、《圣经》《万国图志》等贡品共16件，万历皇帝对他赏识有加，允许其留居北京，深得信任，作为欧洲使节被召进紫禁城。至此他一直享有朝廷的俸禄，直到1610年5月11日（万历三十八年）因病卒于北京，终年59岁。万历皇帝赐利玛窦安葬于平则门外二里沟的滕公栅栏，使其成为首位葬于北京的西方传教士。他在京期间出版了《两仪玄览图》第三版中文世界地图、《天主实义》《天主教要》《二十五言》《畸人十篇》等著作，合译了《几何原本》《测量法义》《同文算指》等书籍，编纂了《基督教远征中国史》。

（二）中西文化交流影响深远

西学东来。利玛窦开启晚明士大夫学习西学的风气。由明万历至清顺治年间，一共有150余种西方书籍被翻译成中文。利玛窦制作的世界地图是中国历史上第一个世界地图，在中国先后被12次刻印，而且问世后不久，还在江户时代前期被介绍到了日本。该地图使日本人传统的崇拜中国的"慕夏"观念因此发生了根本性的变化，对日本地理学的发展有着很重要的影响。北极、南极、地中海、日本海等词汇皆出于此地图。

传播天主教。利玛窦成功在北京朝见皇帝，开启了日后其他传教士进入中国之门，而且也开创了之后200多年间传教士在中国的活动方式：一方面用汉语传播基督教；另一方面用自然科学知识来博取中国人的好感。

妥协教义和采取传教策略。深知等级制中国社会运行规则的利玛窦，专心和有地位的人交往。为了避免教义中的内容引起他们的不满，使基督教更加易于理解和投人所好，他简化了宗教版本。利玛窦采用的是"驱佛近儒"的手段进行传教，其死后没多久，僧众联合儒士对天主教进行了激烈的批判，其历时之久、规模之大，在中国文化史、学术史和宗教思想史上都是罕见的，在迄今为止的人类思想文化史上也蔚为大观。

东方人将利玛窦视为促进东西方交流的科学家。这种评价主要是因为他向东亚地区传播了西方的几何学、地理学知识以及人文主义和天主教的观点，同时他又向西方介绍了中国文化。因此有人将他视为一位汉学家。

利玛窦是天主教在中国传教的最早开拓者之一，也是第一位阅读中国文学并对中国典籍进行钻研的西方学者。他的著述不仅对中西交流做出了重要贡献，对日本和朝鲜半岛上的国家认识西方文明也产生了重要影响。

利玛窦最大的贡献是在文化交融的领域上。他是人类历史上第一位集欧洲文艺复兴时期的诸种学艺和中国四书五经等古典学问于一身的巨人。

1949年中华人民共和国成立之后，外国神父被撤离了中国，1954年，滕公栅栏墓地内只有利玛窦、汤若望、南怀仁这3块墓碑依照国务院宗教事务管理处指示被保留在原地。1979年后，墓地被列为北京市文物保护单位。

四、郎世宁画风吹古国

郎世宁（Giuseppe Castiglione，1688年7月19日—1766年7月16日），意大利人，原名朱塞佩·伽斯底里奥内，生于意大利米兰。19岁入热那亚耶稣会，不久即为该市修道院内小教堂绘了两幅宗教画。那时的欧洲知识分子对中国文化极为向往，年甫弱冠的郎世宁就请求该会派他前往中国。清康熙帝五十四年（1715年），郎世宁作为天主教耶稣会的修道士来中国传教，随即入宫进入如意馆，为清代宫廷十大画家之一，曾参加圆明园西洋楼的设计工作，历经康、雍、乾三朝，在中国从事绘画50多年，极大地影响了康熙之后的清代宫廷绘画和审美趣味。主要作品有《百骏图》《乾隆大阅图》《瑞谷图》《花鸟图》《百子图》《聚瑞图》《嵩献英芝图》《弘历及后妃像》等。

（一）三代皇帝的画师

康熙时代。郎世宁来到中国当年便获康熙皇帝召见。当时康熙61岁，酷爱艺术与科学，把他当作一位艺术家看待，甚为礼遇，任郎世宁为宫廷画师。康熙不喜欢油画，于是郎世宁与其他欧籍画师学习使用胶质颜料在绢上作画的艰难技巧，一笔下去就不能再加第二笔，也不容修改润饰。郎世宁认为中国绘画的远近配合观念是错误的，他向康熙建议设立一所绘画学校，但未获采纳。郎世宁的作画题材由皇帝指定。人像必须画平板的正面，不能画阴影，当时人们认为像上的阴影好似脸上的斑点瑕疵。

雍正时代。1722年康熙驾崩，雍正继位，作于雍正元年（1723年）的《聚瑞图》轴、雍正二年（1724年）的《松献英芝图》轴和雍正六年（1728年）的《百骏图》卷等画幅，都显示了郎世宁坚实的写实功底，体现了他早期绘画的特色和面貌，具有浓厚鲜明的欧洲绘画风格和情调。郎世宁根据皇帝的旨意，向中国的宫廷画师传授欧洲的油画技艺，从此，纯属欧洲绘画品种的油画在清朝的宫廷内也开始流行。从清代内务府造办处的档案中得知，在这段时间里，郎世宁创作了不少作品，但是保存至今的只是其中的一部分。雍正二年（1724年），皇帝开始大规模地扩建圆明园，这为郎世宁提供了发挥其创作才能的极好机会。他有较长一段时间居住在这座东方名园内，画了许多装饰殿堂的绘画作品。其中既有欧洲风格的油画，还有在平面上表现纵深立体效果的欧洲焦点透视画。雍正皇帝对于这位洋画师的作品十分赞赏。

乾隆时代。乾隆皇帝雅好书画诗文，在位期间重视宫廷绘画的发展，所以从康熙时就入宫的画家郎世宁仍然得到重用，成为宫廷画家中的佼佼者。乾隆登基时年24岁，每日必去画室看郎世宁作画。而且从现存的郎世宁作品中看，乾隆在即位前任宝亲王期间就与郎世宁相识，并有颇多接触，关系甚为密切。后来乾隆皇帝还为郎世宁举行了非常隆重的70岁寿辰祝寿仪式，赏赐寿礼甚丰，并亲笔书写了祝词。郎世宁还奉命描绘了一幅帝后及11名妃嫔在一起的图像，画题是"心写治平"。这是郎世宁所绘200幅人物中最著名的一幅。乾隆仅在该画完竣、七十万寿及让位时看过此画三次，随即将画密封于盒内，旨谕有谁窃视此画，必凌迟处死。

乾隆十九年（1754年），乾隆皇帝在承德避暑山庄为归顺首领们举行盛大仪式，郎世宁等赶赴承德，画了一批蒙古族归顺首领的油画人物半身肖像。后来又与他人共同完成了两幅大型的历史画——《乾隆万树园赐宴图》和《乾隆观马术图》。从乾隆二十七年（1762年）开始，郎世宁等为铜版组画《乾隆平定准部回部战图》册绘制图稿。

乾隆三十一年六月初十（1766年7月16日），郎世宁在78周岁生日的前三天病逝于北京，其遗骸安葬在北京城西阜成门外的欧洲传教士墓地内。郎世宁的墓碑上刻着皇帝旨谕："乾隆三十一年六月初十日奉旨：西洋人郎世宁自康熙年间入值内廷，颇著勤慎，曾赏给三品顶戴。今患病溘逝，念其行走年久，齿近八旬，著照戴进贤之例，加恩给予侍郎衔，并赏给内务府银叁佰两料理丧事，以示优恤。钦此。"

（二）艺术成就

创立新体画。从郎世宁一生的业绩来看，他的主要贡献在于大胆探索西画中用的新路，熔中西画法为一炉，创造了一种前所未有的新画法、新格体，堪称郎世宁新体画。郎世宁来到中国后仔细研习了中国画的绘画技巧，他画的中国画具有坚实的写实功力，流畅地道的墨线，一丝不苟的层层晕染，外加无法效仿的颜色运用，中西合璧，焕然一新。

传播铜版画和西洋绘画技巧。铜版画是欧洲版画的一个品种，在康熙年间传入中国。它的制作要求精致细腻，耗费人力物力较多。乾隆时由郎世宁为主创作的清代第一套战图《乾隆平定准部回部战图》是铜版画的佳作，共16幅，是描绘清兵平定西北战事的主要战线及其始末的战史组画。图稿分批寄往法国巴黎压印200份，寄回内廷，成为中外博物馆的珍藏品。焦点透视画是产生于欧洲的一个画种，郎世宁对于这一绘画方法在中国的传播起了极为主要的作用。

参与圆明园设计。乾隆要修建圆明园为夏宫，郎世宁又秉旨设计图纸，参与长春园欧洲式样建筑物的设计和施工，一度担任过掌管皇家园林工作的职务，官职为正三品。从带有巍峨壮丽巴洛克风格的蓝图中，可以见到大理石圆柱以及意大利式豪华富丽的螺旋形柱头装饰。

（三）后世影响久远

郎世宁以惊人的艺术表达能力，创造了大量具有高度的历史价值和艺术价值的作品，也使清代宫廷纪实绘画的数量与水平远超前代。这些绘画以精彩的笔墨记录了中华民族最辉煌的历史，栩栩如生地表现了盛世的恢宏光荣。郎世宁的"线画法"，融中国工笔绘法和西洋画三维要领为一体，在一定程度上代表了西方文化和中国文化的汇通。

为清朝宫廷培养了众多兼通中西画艺又各有专长的宫廷画家。郎世宁先后有十几位徒弟,在乾隆帝时的清廷画院内形成了实力雄厚的郎世宁新体画集团,为清代中国与欧洲文化艺术融通做出了重要和积极的贡献。

郎世宁在中国度过了51年的时光,直至1766年去世。由于大半生在中国生活,其作品内容也都是中国的人和事。可以说,郎世宁代表了清中期的宫廷艺术品位。

《清史稿》中对郎世宁如此记述:郎世宁,西洋人。康熙中入值,高宗(乾隆)尤赏异。凡名马,珍禽,异草,辄命图之,无不栩栩如生。设色奇丽,非秉贞等所及。

(四)主要名画

《瑞谷图》。雍正初年(1723年),恰逢难得一见的丰收年景,全国五谷丰登,雍正皇帝令清朝御用画师郎世宁作《瑞谷图》。此后连年风调雨顺,五谷丰稔。

《乾隆大阅图》。是头戴盔、身着铠的武装骑马像。毫无疑问,这是一幅形神毕肖的"御容"肖像画,也是一幅非常成功的新体肖像画。

《百骏图》。郎世宁画马最是闻名,卓然一家。1728年完成的长卷《百骏图》共绘有100匹骏马,姿势各异,或立、或奔、或跪、或卧,可谓曲尽骏马之态。画面的首尾各有牧者数人,控制着整个马群,体现了一种人与自然界其他生物间的和谐关系。

五、教会学校

1594年,葡萄牙殖民者在澳门建立圣保禄学院培训西方传教士。1818年,马礼逊在马剌甲创办英华书院面向当地华人教学,1839年被命名为"马礼逊学堂",第一批共招收6名穷人子弟,其中有我国最早的留学生容闳和第一位西医黄宽。

1844年,英国东方女子教育协进社在宁波办女子学校。到20世纪70年代,已有少量教会中学出现。教会学校也由主要收贫穷子弟转向注重收富家子弟特别是新兴买办阶级子弟入学。到1899年,教会学校数量增至2000所左右,学生达4万人以上。一些学校后升格为大学,如苏州博习书院于1901年改为东吴大学,上海圣约翰书院于1905年改为圣约翰大学,广州格致书院于1916年改为岭南大学,还有杭州之江大学、武昌华中大学、南京金陵大学和金陵女子大学、北京燕京大学等。天主教会办的大学有上海震旦大学（1903年）和北京辅仁大学（1925年）。民国初年，中国公立大学只有北京大学、山西大学和北洋大学3所，私立大学5所，而教会大学有14所。

"庚款兴学"。始于英国传教士李提摩太（Timothy Richard）提议将山西省应摊派的赔款银50万两用于设立学堂。"教导有用之学，使官商士庶子弟肄习，不再受迷惑"。因此于1902年建立山西大学堂。1908年，美国政府决定将应得的赔款的一半，即1078万多美元"退还"中国，作为派遣留学生赴美之用，并在北京创办了一所留学预备学校，即清华学堂。

教会学校中小学程度的课程可分为三类：第一类是宗教课，通常都是教会学校的主课；第二类是传统的中国经学课，如《三字经》《四书》《女儿经》；第三类是近代的科学文化课，如数学、物理、化学、生物、生理卫生、地理、历史、音乐、美术、体育等，绝大部分学校开设外语，而且分量很重，到高年级已可用外语进行教学了。

六、"中体西用"

（一）近代新式学校的创办

从19世纪60年代开始，中国人自办的新式教育出现了。最早创办新教育的是清统治集团中的洋务派，因为与外国人打交道迫切需要大批外事翻译人才。中国近代第一所新式学校是1862年成立的京师同文馆。它最初是一所外国语专门学校，隶属于清政府新建立的外交机构——总理各国事务衙门。京师同文馆首开英文班，次年开法文、俄文班，后又设德文和日文班。1867年以后陆续增设近代学科，成为名副其实的近代学校，但仍以外语为主，强调"洋文洋语已通，方许兼习别艺"。最初限收八旗子弟，后来也招收其他学生。学制8年，年龄大免学外语的学生学制为5年。

中国最早的近代技术学校是1866年年底由左宗棠和沈宝祯设立的福建船政学堂，培养造船和驾驶人才。分前堂、后堂两部，实为两个专业。前堂学法语，习造船技术；后堂学英语，习驾驶技术，分别聘用法、英两国的师资和技术人员担任教学。学制5年。

（二）"中学为体，西学为用"

张之洞（1837—1909年）在多处主持地方政务，都致力于兴学办教育事业。晚年入朝执掌学务后，他主持制定了第一个近代学制系统——"癸卯学制"，促成了科举制度的最终废除。他在1898年发表的《劝学篇》影响最大，主要谈中学为体，西学为用，奠定了近代半封建半殖民地社会文教政策的基础。

张之洞所言的中学，是"《四书》《五经》、中国史事、政书、地图"。强调中学为体，目的就是要维护封建统治的根本制度框架。其所言的西学，包括"西政"和"西艺"两部分。"西政"即西方各类具体的制度和行政管理措施。"西艺"即西方各类科学技术。他认为这些新学确有实用之效，"此教养富强之实政也"。

七、维新运动

（一）变法改革

1898年的戊戌变法，史称"百日维新"。变法图强必须更加放手学习和引进西方近代科学文化，所以教育改革必然成为变法维新的中心内容之一。不触动旧的封建教育体系、仅靠兴办一些专业技术学校作为补充和点缀显然是不行的了，普通教育领域的改革已是势在必行。

维新派比较全面地倡导学习西学，既包括科学技术，也包括资本主义政治制度和社会思想。维新派批评洋务派专重西艺，避讳西政。由此可见，维新派实际上是主张全面引进西方近代教育体制，彻底改革传统的封建教育，中国教育于是进入到真正意义上的改革阶段。最早对旧教育进行改革的领域是书院。

（二）书院的改革

另建新型书院。最早是1876年开学的上海格致书院，它是由中西人士集资筹建，聘请西方学者教授格致之学（即自然科学技术），后分为矿务、电务、测绘、工程、汽机、制造六学，学生可任取某学。书院建有藏书楼，还有博物院陈列模型和样品。书院管理采用董事制度。1878年创办上海正蒙书院，1896年陕西创办崇实书院，1897年杭州创办求是中西书院等。

旧书院改革。1896年7月，首先实施改良的是山西令德书院。同年10月，江西友教书院增设算学科，并于省城各书院颁发京师同文馆译各国史略、西艺新法等书。随后，礼部奏报整顿各省书院，提议仿效山西、江西的做法，增设实学课程，同时改善书院管理和经费收支制度。

将旧书院改造为新式学堂。戊戌变法期间，维新派要求普遍建立新式学堂，守旧派则反对，折中解决的办法是先将现有的书院改成学堂。（百日维新时，清政府下令："各省、府、厅、州、县现有之大小书院，一律改为兼习中学西学之学校。"）

清廷于1901年8月下令将各地所有书院一律改为学堂。至此，延续千年之久的中国古代书院即告结束。

（三）新式大、中、小学的出现

中国古代虽有大学、小学之分，但在学业上并无必然的系统衔接。1895年，天津西学学堂（又称中西学堂）已具有近代班级授课制的雏形，于1902年改建成北洋大学（现天津大学前身）。1897年，上海筹办南洋公学。先是设师范院，这是中国有师范教育的开始。南洋公学是中国最早包含大、中、小学和师范学校的教育机构。"公学"为国家普遍设立新型大、中、小学提供了办学经验和范例。民国时改建为上海交通大学。1898年百日维新时，京师大学堂正式建立。参照日本学规起草学堂章程，同时副设师范斋（实建于1902年）。京师大学堂的建学目的就是要成为全国学堂的表率，最初还兼有统辖各省学堂的职责，是最高学府与教育管理机关合一的机构，为在全国确立近代新教育体制奠定了基础。

八、近代教育制度学习国外

1904年，清政府正式颁布《奏定学堂章程》，史称"癸卯学制"，这是中国开始实施的第一个近代学制。

1905年年底，清政府效仿日本文部正式建立学部，作为中央教育行政机构。设总务、专门、普通、实业、会计五司，学部的直属单位还有编译图书局、京师督学局、学制调查局、教育研究所、高等教育会议所。原国子监归并学部。

地方教育行政机构的建立。1906年5月，学部奏定，在各厅、州、县建立劝学所，管辖本地学务。采取划分学区的方式，以城关为中区，次第扩展到四方乡镇村坊，三四千家划为一区。各村推举学董，负责就地筹集款项，按学部规定的程式办学。至此，从中央到基层的教育行政体制遂告建立。

第四节　中国新文化教育诞生期的教育交流

一、辛亥革命时期教育交流

（一）中华民国文化教育

中华民国于 1912 年元旦宣告成立，成立中央教育部，颁布《普通教育暂行办法》，着手编写新教科书，颁布实行民国元年教育方针。1912 年，教育部正式颁布《学校系统令》，即"壬子学制"，形成了一个新的学制系统，统称"壬子癸丑学制"。1922 年，北洋政府召开全国学制会议制定了《学制改革系统案》，颁布"新学制"，或称"壬戌学制"。

（二）杜威实用主义教育思想在中国的传播

从 1916 年起，中国的教育杂志与报纸已经有了不少介绍杜威学说的文章。杜威的《民本主义与教育》，更是成为师范院校教育系科的教育学教科书和教育理论研究的重要参考书。杜威的一些重要教育观点，如"教育即生活""学校即社会""从做中学"等，几乎成了教育界的口头禅。1919 年 4 月底，杜威来华讲学，在中国驻留的时间长达 2 年多，其足迹遍及 11 个省及北京、上海等大城市，前后讲演 87 场，使中国教育界进入了宣传、介绍并运用实用主义教育理论的高潮。

二、五四运动的爱国救亡、民主科学、文化启蒙

五四运动是 1919 年 5 月 4 日发生在北京的一场以青年学生为主，广大群众、市民、工商人士等中下阶层共同参与的，通过示威游行、请愿、罢工、暴力对抗政府等多种形式进行的爱国运动，是中国人民彻底地反对帝国主义、封建主义的

爱国运动，也是中国的新文化运动。

从 1918 年 11 月的"公理战胜强权"庆典，到次年 1 月的巴黎会议，短短两个月时间，当时的中国充分诠释了"自古弱国无外交"的定律，所谓的"公理战胜强权"不过是一个美丽的童话。面对这样屈辱的局面，从 5 月 1 日开始，北京的学生纷纷罢课，组织演讲、宣传，随后天津、上海、广州、南京、杭州、武汉、济南的学生、工人也给予了支持。

五四运动直接影响了中国共产党的诞生和发展，中国共产党将其定义为"反帝反封建的爱国运动"，并以此运动作为旧民主主义革命和新民主主义革命的分水岭。

五四运动的出现有着内外双重历史原因。从国家内部看，新思想与社团的出现，如《新青年》等刊物和少年中国学会、工学会、新民学会、新潮社、平民教育讲演团、工读互助团等，为五四运动在全国的开展奠定了组织基础；高等教育的发展，如废除科举制度，北京大学、北京高等师范学校（现北京师范大学）等高校获得进一步的发展，注重培养学生独立自主开放进步的思想和精神，这种思想和精神成为五四运动的重要动力。从国家外部看，1919 年 1 月，巴黎"和平会议"决定将德国在中国山东的权益转让给日本成为诱因。

五四运动的历史特点。由于五四运动是在新的社会历史条件下发生的，它具有以辛亥革命为代表的旧民主主义革命所不具备的一些特点。第一，五四运动表现了反帝反封建的彻底性。第二，五四运动是一次真正的群众运动，中国工人阶级、学生群众和新兴的民族资产阶级共同参加到运动中。第三，五四运动促进了马克思主义在中国的传播及其与中国工人运动的结合。第四，五四运动是由学生先发起，由工人扩大的坚决的反帝运动，是无产阶级领导的新民主主义革命。

五四运动思想文化极大地改变了中国文化教育等方面的理念和格局。在五四运动中，反对中华道德思想文化的人士推行了新文化运动，更提出"打倒孔家店""推倒贞节牌坊"等口号。五四运动进一步促进了反封建思想的发展，与尊重中华文化的复古思潮形成针锋相对的局面。中国的语言文字政策的思想渊源大部分来自五四时期的西化理论。

五四运动开创了中国文学新时代。五四运动以后，中国出现了大小 40 多个文艺社团，如文学研究会和创造社，对中国文学发展影响深远。这个时期，出现了大批文学巨匠，如鲁迅、沈雁冰、郑振铎、叶绍钧、郭沫若、郁达夫等。五四运动的文学表现为理性精神的张扬。五四运动文化思潮对国民的作用即在于启蒙。

新文学的先驱们注重将文学作为改造社会人生的工具。

在对外关系上，中国代表没有在巴黎和平会议上签字，这并不代表中国的利益和权益能够保留下来。1921年到1922年召开了华盛顿会议，中国代表提出"十项原则"，山东问题得到解决，日本把青岛交还给中国，但是胶济铁路仍由日本控制，山东实际仍由日本控制，中国权益没有恢复。战后的国际形势朝着有利于中国的方向发展，中国在国际社会上的地位有所提高，中国人民要求废除不平等条约，实现民族独立的潮流空前高涨。

三、大革命时期社会主义教育观引入

马克思主义传播与教育观点。1920年出版的《新青年》第八卷刊登了"苏维埃的平民教育""俄罗斯的教育状况""革命的俄罗斯学校和学生""俄国社会教育"等介绍第一个社会主义国家教育状况的文章。

自鸦片战争后，由基督教会主持，西方列强在华兴办了许多学校。教会学校不向中国政府注册，并自行进行教学和管理，严重侵害了中国主权。五四运动激起了中国人民强烈的爱国主义浪潮，教育领域的反帝斗争也进入了新高潮。1922年，"世界基督教学生同盟"要在中国清华学校举行第十一届大会，这是对中国日益增长的反帝情绪的公然挑衅。中国社会主义青年团针锋相对，在上海发起组织"非基督教学生同盟"，通电全国，控诉帝国主义利用宗教为"殖民之先导"，得到各界进步人士的支持。这是一场由非基督教运动进而发展到收回教育权的运动。1925年，教会学校的联合组织——中华基督教教育会不得不认可"应向政府注册，遵守政府之规定，受政府之监督指导"。北洋政府随之也颁布了《外人捐资设立学校请求认可办法》，规定外国人出资办学应作为私立学校请求政府认可，校长须为中国人，学校不得以传播宗教为宗旨，宗教科目不得列为必修科。

四、鸦片战争至中华人民共和国成立期间的中国留学生

中国留学生在引进西方的科学技术、政治制度和文化思想方面起到了很大的作用。早期的留学活动都是一次性的决策，学生多是平民子弟。随着西方学术文化的影响越来越大，中国上层及传统知识界才由以留学为耻转向以留学为荣，官

僚亲贵子弟占据了官派留学生数量的很大一部分，同时自费出国留学的人也越来越多。清政府兴办留学，目的是培养洋务人才。列强接受中国留学生，首先也是着眼于培养在中国的代理人。留学教育造就了一批新型科技人才和管理人才，还涌现出许多资产阶级改良派和革命派志士，同盟会就是在留日学生建立的华兴会等组织的基础上形成的。至于后来的赴欧勤工俭学活动，更是造就了我国最早的一批无产阶级革命家。另外，留学生从欧美日的教育制度中吸取了直接经验，对促进中国近代教育改革发挥了重要作用。

1847年，马礼逊学堂选派6名学童赴美国读中学，其中包括容闳（1828—1912年），这被认为是中国历史上第一次组织派出的留学。对中国社会影响较大的留学活动主要有中国幼童留学、赴日留学、赴法国勤工俭学和国共合作赴苏联留学。

（一）中国留美幼童创始官派科学技术留学

中国留美幼童是中国历史上最早的官派留学生。1872—1875年间，清政府先后派出4批，每年派出30人，共120名学生赴美国留学，计划留学生活15年。留学计划的目的是通过掌握西方技术、机械、枪炮、造船、铁路和电报来增强中国的自身实力。这批学生多为南方子弟，出国时的平均年龄只有12岁，被称为中国留美幼童。他们被分配到了美国东北部新英格兰地区的四十多户美国人家中，分别成为美国哈佛大学、耶鲁大学、哥伦比亚大学、麻省理工学院的学生。光绪七年（1881年9月6日），当半数孩子开始了他们的大学学业时，清政府突然提前终止留学计划，全部留美幼童被召回国。除了病故和设法留美不归者外，94名幼童回国。这批学子是中国矿业、铁路业、电报业的先驱。

（二）官派加自费赴日留学生热衷学习军事与民主

1894—1895年的中日甲午战争，中国被迫签订丧权辱国的《马关条约》。1896年，有13位中国青年受清政府的派遣东渡日本留学，成为第一批中国官派留日学生，同时也揭开了中国人留学日本历史的序幕。后清政府将各省选派学生赴日本留学作为一项固定的事务。1896—1911年，这是留日潮的兴起和第一次高潮时期。到1899年已有200余人。20世纪初又有大量自费学生东渡，至1903年，留日学生已有1000多人，1905—1906年增到七八千人，私人自费留学也多是去日本。到1907年，赴日留学生达到15000人，远超过赴欧美留学生的总和。到1911年仍有三四千人。这个时期，中国官费、自费留学生共达数万人之多，形成中国留学史上空前的第一次留日高潮。这个时期，中国留日学生在日本学习的专业很广泛，尤以政法和军事最为热门。如同盟会领导人黄兴等都是早期留日学生。1912—1930年，武昌起义前后，许多留日学生回国投身辛亥革命，一度留日学生骤减。1913—1914年，又恢复和增加到四五千人，出现了第二次留日高潮，直到1930年，留日学生还有两三千人。1915年后，一批留日归国学生又发动了新文化运动，陈独秀、李大钊、鲁迅等人都曾留日，受到日本民主主义思想的影响。一些留日学生在日本还受到马克思主义的影响，回国参与了共产党的建党和早期活动，如李大钊、李达、李汉俊、董必武等人。1931—1945年，自1931年日本发动"九一八"事变开始，有2000多人毅然退学归国。1933—1934年，又有一批学生重渡日本留学，留日学生人数恢复到1000多名。1935—1937年，留日学生又增加到五六千名，成为第三次留日高潮。1937年"卢沟桥事变"以后，回国者近4000人。

（三）留法勤工俭学运动留学生诞生中国共产党栋梁之材

在留法勤工俭学运动之前，1876年，清政府就曾派留学生到欧洲学习造船和航海技术。计划共派30人，期限为3年。1890年，总理各国事务衙门奏准，出使英、美、法、德、俄5国的大臣，每届可带学生数人，一边在使馆工作，一边向驻在国学习。

1912年，李石曾、吴玉章等在北京发起组织"留法俭学会"。俭学会在北京成立留法预备学校，送80多人赴法俭学，1914年受政府的阻止，学校被迫停办。1919—1920年间，先后1600多人到达法国。当时有四五百人进入70多家工厂，还有的当散工、干杂活。约670人进入巴黎及各地30多个学校，其中多是首先补习法文，然后进入工业实习学校及其他学校学习。候工的勤工俭学学生只靠微薄的维持费度日，生活极为艰苦。1921年，留法勤工俭学的学生发起组织中国社会主义青年团，在旅欧学生和工人中积极宣传马克思列宁主义。1924年，国共两党共同领导的中国大革命运动蓬勃兴起，根据中共中央的决定，留法勤工俭学的大批先进分子或回国，或转赴苏联学习，这一运动遂告结束。历时10年之久的留法勤工俭学运动虽然是短暂的一瞬间，但它的最大功绩是为中国革命与建设培养、造就了一大批栋梁之材。

(四)国共与苏联文化交流和留学生学习苏联革命理论与经验

1917年俄国十月革命以后,1922年,苏联建立。以苏联为代表的共产国际影响和支持着中国共产党的成立、发展和壮大。到了抗日战争时期,中苏文化交流进入了发展和繁荣时期;抗战胜利后到中华人民共和国成立,中苏文化交流继续发展。中华人民共和国成立以前,中苏文化交流适应了中国社会发展的需要,已有了相当规模的发展,为中华人民共和国成立后中苏文化交流的大发展和大繁荣奠定了基础。

中国赴苏留学生主要进入东方劳动者共产主义大学和莫斯科中山大学,从军队来的则进入军官联合学校。东方大学于1921年创办,主要培训共产党人的政工干部,中国学生有几十人,可以自成一班。中山大学是实行联俄联共政策次年开办(原名中国劳动大学),专门培训国民党干部,前后办了5年。留苏学生约1400人。开办后,东方大学的中国学生都转到这里。派往苏联的留学生中,一部分是刚成立的中国共产党派去的或从旅欧组织去的;还有大批国民党员被派去苏联接受培训,这是孙中山联俄联共政策下的措施。这两家大学不颁发学位,学生会应国民党或中国共产党的要求提前回国。1927年国共决裂后,国民党召回留苏学生,中山大学不得不变为只训练共产党员,1930年停办。中山大学最有名的学生有蒋经国。

五、著名人士在日本的文化交流

(一)鲁迅的日本留学与文化交流

鲁迅(1881年9月25日—1936年10月19日)于1898年4月入南京水师学堂,改名周树人。1899年转入江南陆师学堂附设矿务铁路学堂,学开矿。这期间接触了赫胥黎的《天演论》,对他以后的思想具有一定影响。1902年1月,矿路学堂毕业。3月,公费赴日本留学。4月,入弘文学院普通科江南班(为日语学习速成班)。1904年4月于弘文学院结业。9月,入仙台医学专门学校肄业。1906年1月,决定弃医从文。6月,将学籍列入"东京独逸语协会"所设的德语学校。夏秋间,回国结婚,旋即复赴日本,7月,从仙台回到东京,不再入学读书,专门从事文艺译著工作。1909年8月归国,任杭州、浙江两级师范学堂生理学和化学教员,兼任日本教员铃木珪寿的植物学翻译。

鲁迅在文学创作、文学批评、思想研究、文学史研究、翻译、美术理论引进、基础科学介绍和古籍校勘与研究等多个领域具有重大贡献。他对于五四运动以后的中国社会思想文化发展具有重大影响，蜚声世界文坛，尤其在韩国、日本思想文化领域有极其重要的地位和影响，被誉为20世纪东亚文化地图上占最大领土的作家。

（二）郭沫若留日与文化交流

郭沫若（1892年11月16日—1978年6月12日）于1906年入嘉定高等学堂学习，开始接受民主思想。1914年留学日本，在九州帝国大学学医。1919年，五四运动爆发，他在日本福冈发起组织救国团体夏社，投身于新文化运动，1923年回国。1928年2月被迫流亡日本，直至1937年回国。两次客居日本长达20年之久。他的一生和日本有着很深的文化情缘。赴日以后，他在学术研究，特别是中国古代史的研究方面下了很多功夫。1955年，郭沫若又以中国科学院院长的身份率团访问日本，为中日文化交流做出了巨大贡献。他率团访日是一个标志性事件，中日两国的交流在邦交正常化以前出现了一个高潮。郭沫若曾娶日本女子为妻，广交日本朋友，他的文学创作和学术研究受到了日本风土人情和传统文化的影响。

六、著名国际人士援华抗日

（一）白求恩来华帮助抗日

白求恩，全名诺尔曼·白求恩（Norman Bethune，1890年3月3日—1939年11月12日），加拿大共产党员，国际主义战士，著名胸外科医师。1890年出生于加拿大安大略省格雷文赫斯特镇，1935年加入加拿大共产党，1936年冬志愿去西班牙参加反法西斯斗争。1937年12月，前往纽约向国际援华委员会报名，并主动请求组建一个医疗队到中国北部和游击队一同工作。1938年3月31日，率领一个由加拿大人和美国人组成的医疗队来到中国延安。8月，任八路军晋察冀军区卫生顾问。1939年10月下旬，在战斗中抢救伤员时手指被手术刀割破感染，后转为败血症，1939年11月12日逝世。

为了纪念白求恩，在石家庄市中山路华北军区烈士陵园内修建了白求恩大夫之墓，墓前广场有白求恩全身塑像。他是被中国政府树立雕像的第一位外国人。蒙特利尔市中心concordia大学附近广场矗立的雕像由中国著名雕塑家司徒杰创作，于 1976 年由中国政府送与加拿大政府。以白求恩命名成立了白求恩国际和平医院（河北石家庄市）和白求恩医科大学（2000 年并入吉林大学，改名白求恩医学院）。加拿大约克大学以他命名了白求恩医学院。1976 年中加建交，加拿大政府将白求恩故居建成"白求恩纪念馆"，并将故居列入加拿大国家文化遗产。加拿大安大略省省会多伦多市斯卡区中学也以白求恩命名。1964 年，中国拍摄了电影《白求恩大夫》，1977 年，加拿大拍了电影《白求恩》，1990 年，中、加、法合拍了电影《白求恩：一个英雄的成长》，2005 年，中、加合作拍摄了电视剧《诺尔曼·白求恩》。1990 年 3 月，为庆祝白求恩 100 周年诞辰，中国和加拿大联合发行了纪念邮票。

（二）柯棣华来华帮助抗日与参加中国共产党

柯棣华原名德瓦卡纳思·桑塔拉姆·柯棣尼斯（Kwarkanath S. Kotnis，1910 年 10 月 10 日—1942 年 12 月 9 日），印度人，著名医生，国际主义战士。于 1936 年从孟买助学医学院毕业并考取英国皇家医学院。抗日战争爆发后，印度国大党领袖尼赫鲁应中国八路军总司令朱德的请求，决定派一支小型医疗队到中国。1938 年，柯棣华等 5 位医生组成赴华医疗队到中国协助抗日，于 1939 年 2 月前往延安，参加了八路军医疗队。1941 年接替牺牲的白求恩大夫，成为白求恩国际和平医院的院长。1941 年，他和卫生学校的教员郭庆兰结婚，婚后生有一子。柯棣华来到中国后，非常勤奋地学习中文。到中国 4 年已可阅读报纸和看一般的中文，并撰写了《外科各论》的讲义。柯棣华于 1942 年 7 月 7 日加入了中国共产党。同年 12 月，由于癫痫病发作，在前线逝世，年仅 32 岁。当时给柯棣华的陵墓题词是：生长在恒河之滨，斗争在晋察冀，国际主义医士之光，辉耀着中印两大民族。

1949 年，柯棣华烈士被安葬在石家庄华北烈士陵园，陵园中唯有的两座雕像是他和白求恩大夫。1976 年，河北省保定市唐县建立了柯棣华纪念馆。1992 年，石家庄柯棣华职业专修学院成立。2014 年，柯棣华被列入民政部公布的第一批 300 名著名抗日英烈和英雄群体名录。2015 年 9 月 2 日，国家向 30 名抗战老战士、老同志、抗战将领和为中国抗战胜利做出贡献的国际友人或其遗属代表颁发了纪念章。获颁纪念章的其中一位国际友人遗属是印度友人柯棣华医生的侄女苏曼加拉·博卡。

(三)斯诺来华帮助宣传中国共产党抗日事迹

埃德加·斯诺（Edgar Snow，1905年7月11日—1972年2月15日），美国著名记者。他于1928年来华，曾任欧美几家报社驻华记者、通讯员。1933年4月到1935年6月，斯诺兼任北平燕京大学讲师。1936年6月，斯诺访问陕甘宁边区，成为第一个采访红区的西方记者。他编选的中国现代短篇小说集《活的中国》于1936年出版。斯诺夫人于1937年4月到延安采访了大量的八路军和中国共产党高级领导人。1937年10月，斯诺的《红星照耀中国》（*Red Star Over China*）在英国伦敦公开出版，两个月内再版4次，发行十几万册。1938年1月，美国兰登书屋出版该书。同年2月，上海地下党翻译出版了该书，为了便于发行，书名改为《西行漫记》，内容做了部分修改，中译本在上海出版，让更多的人看到了中国共产党和红军的真正形象。1939年，斯诺再赴延安访问。他在1941年出版了《为亚洲而战》一书。1942年，斯诺离开中国。

中华人民共和国成立后，斯诺对中国进行了三次长期访问。这在那个年代里，对一名美国人来说，真是一件独一无二的事。1960年6月，他来到北京访问了5个月。1962年出版《今日的红色中国》、1963年出版了《大河彼岸》（*The Other Side of the River*），称颂中华人民共和国。1964年，斯诺再次访问中国，重返燕园。1970年秋天，斯诺和夫人又一起来到中国。1972年，病逝于瑞士日内瓦。遵其遗愿，其一部分骨灰葬在中国北京大学未名湖畔。

为了缅怀中国人民亲密的朋友，我国原邮电部于1985年6月25日发行一套《中国人民之友》纪念邮票3枚，其中第三枚邮票图案就是埃德加·斯诺像。2009年9月14日，他被评为100位为中华人民共和国成立做出突出贡献的英雄模范之一。2016年电视剧《红星照耀中国》反映的就是斯诺的事迹。

第三章

中国与"一带一路"相关国家文化教育交流

列入本章的国家,笔者考虑了四个因素:一是专家学者们较公认的"一带一路"沿线国家;二是"中国一带一路网"上公布的国家;三是该国国家领导人亲自来参加 2017 年 5 月"一带一路高峰论坛"的国家;四是对今后"一带一路"建设发展将有较大影响力的部分西方发达国家。本章对这些国家的交流,按照由东向西,由近渐远,从亚洲至欧洲、非洲,再至美洲和大洋洲的顺序阐述。

第一节　东北亚国家文化教育交流

一、中日文化教育交流

1972年9月29日，中日双方发表《中日联合声明》，实现邦交正常化。1979年12月，两国签署《中日文化交流协定》，确定了发展两国文化、教育、学术、体育等方面交流的目标。

中华人民共和国成立后，中日两国一直保持着民间文化交流，主要形式有文艺演出、艺术和文物展览、学术和人员往来等。其中，1972年上海舞剧院访日演出等一系列重要文化交流活动为中日邦交正常化做出了积极贡献。在双方共同努力下，中日文化交流与合作全面发展，呈现出官民并举和多渠道、多形式的新局面，其范围之广、规模之大、数量之多、活动之频繁、内容之丰富，在与中国有文化交流的国家当中处于领先地位。中日文化交流呈现以下特点：一是共同文化渊源深厚，文物、书法、诗歌、水墨画、戏剧（京剧、歌舞伎）等传统东方文化的交流独树一帜；二是民间交流占据主体，据统计，目前民间文化交流占文化交流总量的95%以上。

2000年以来，中日两国举办了众多大型文化交流活动。2002年中日邦交正常化30周年之际，中日两国共同举办了"中日文化年"活动。2007年为"中日文化体育交流年"，全年共举办300多场活动。2008年为中日青少年友好交流年，双方开展百余项青少年友好交流活动，实现4000名青少年互访，涉及出入境团组人数达12000多人次。2009年12月，由140余名年轻议员及400多名后援会成员组成的大型代表团访华。2011年，两国领导人将2012年确定为"中日国民交流友好年"。2012年，中日双方分别在北京和东京举办"中日国民交流友好年"开幕式，并互派政府特使出席。2013年，《书圣王羲之》大型特别展和"上海博物馆中国绘画至宝"特别展分别在东京国立博物馆盛大举行。2014 年，上海歌舞团舞剧《朱鹮》开始在日本巡演，受到日本人民的欢迎。2010—2014 年，第五届中日友好 21 世纪委员会共举行四次会议和一次中日关系研讨会。第一次、第三次和第四次会议期间，我国国务院总理会见双方委员。2015 年，日本 NHK 交响乐团时隔三年在北京举行公演。

近年来，双方在商业展演、音乐影视、动漫游戏等新兴文化产业领域的交流与合作蓬勃发展。目前，日本已成为中国最重要的文化贸易伙伴之一。

2013 年中日双边人员往来为 471 万人次，2014 年为 556.6 万人次。2015 年中日双边人员往来为 707.2 万人次，其中我国赴日人员 469.1 万人次，日本来华人员 238.1 万人次。2016 年上半年，中日双边人员往来为 428.83 万人次，其中我国赴日人员 304.92 万人次，同比增长 32.4%，日本来华人员 123.91 万人次，同比增长 3.4%。两国目前共缔结友好城市 250 对。

二、中朝文化教育交流

中朝两国于 1949 年 10 月 6 日建交，朝鲜是同中华人民共和国最早建交的国家之一。中朝两国一直保持着传统的友好合作关系，两党和国家领导人经常往来。中朝两国在文化、教育、科技、体育等各个领域始终保持着较为密切的交流与合作，双方已签订了友好合作互助条约等多项条约和协定，每年都签订教育、科技、体育等部门的交流计划。中国的上海、江苏、山东、四川等省市分别同朝鲜的咸兴市、江原道、黄海南道、平安南道等建立了友好省市关系。

2018 年 3 月，朝鲜劳动党委员长、国务委员会委员长金正恩对中国进行非正式访问。访问期间，中共中央总书记、国家主席习近平同金正恩举行会谈。5 月，习近平主席与金正恩委员长在大连举行会晤。6 月，金正恩委员长对中国进行访问，习近平主席同金正恩举行会谈。

三、中韩文化教育交流

自 1992 年 8 月 24 日建交以来，中韩两国的友好合作关系在各个领域都取得了快速发展。两国领导人经常互访或在国际多边活动中会晤，增进了相互的理解和信任，推动了两国关系的发展。在文化、教育等领域的交流与合作也日益活跃。两国在文学、艺术、体育、教育、卫生、广播电影电视、新闻出版等领域交流发展迅速。

两国文化、教育部门及不少地方政府之间均建立了友好交往与合作关系。双方共建立 196 对友好省市关系。双方友好团体有中韩友好协会、韩中友好协会、韩中文化协会、21 世纪韩中交流协会、韩中经营人协会、韩中亲善协会等。

2016 年中韩间人员往来达 1296.1 万人次。截至 2016 年年底，韩国在华留学生约 6.7 万人，中国在韩国留学生 6 万人，均居对方国家留学生人数之首。韩国有 20 家孔子学院和 5 家孔子课堂。

四、中蒙文化教育交流

中蒙两国于 1949 年 10 月 16 日建立外交关系。由于地理位置上的近邻和历史上从中国独立出去的原因，中蒙关系的发展与中苏、中俄关系的发展有着密切的关系。中蒙建交 60 多年来，睦邻友好始终是主流。尤其是近 20 多年来，两国关系发展迅速，成果显著。1994 年，双方重新签署《中蒙友好合作关系条约》，为两国关系健康、稳定发展奠定了政治、法律基础。2014 年，习近平主席对蒙古国进行国事访问，双方发表联合宣言，将中蒙关系提升为全面战略伙伴关系。

20 世纪 60 年代中后期，两国关系经历了曲折；70 年代，两国恢复互派大使；80 年代，两国关系逐步改善。1989 年，两国关系和两国执政党——中国共产党与蒙古人民革命党相互关系实现正常化。此后，两国友好交流与合作在政治、经济、文化、教育、军事等各个领域不断得到巩固和发展。

中蒙两国于 1951 年起建立文化联系。1994 年，双方签署《中蒙文化合作协定》。近年来，根据中蒙两国政府文化交流计划，两国开展了多渠道、多层次、多形式的文化交流与合作。1997 年，双方签署《中蒙 1998—2000 年文化交流执行计划》。2001 年，双方签署《中蒙 2001—2003 年文化交流合作执行计划》。2004 年，在蒙古国举办了"中国文化周"活动，2005 年，"蒙古文化周"活动在中国举行。2008 年，蒙古国国立大学孔子学院揭牌。2010 年，乌兰巴托中国文化中心揭牌。2012 年，中蒙相互举办"文化月"活动。2014 年，"中国文化周"在蒙古国举办，双方还签署了《中蒙 2014—2017 年文化交流执行计划》。2015 年，在蒙古国新设

4个孔子课堂。

中蒙两国教育交流始于1952年，多年来，两国在教育领域的交流与合作发展顺利。1996年，双方签署《中蒙1996—2000年教育交流与合作计划》。1998年，签署《中华人民共和国政府和蒙古国政府关于相互承认学历、学位证书的协定》。2000年，签署《利用中国无偿援助款项培养蒙古留学生项目执行计划》。2005年，签署《中华人民共和国教育部与蒙古国教育文化科学部2005—2010年教育交流与合作计划》。2008年，签署《关于组织国际汉语教师中国志愿者赴蒙古国任教的协议书》。2010年，签署《中蒙相互承认学历、学位证书的协定修订备忘录》。2011年，签署《中华人民共和国教育部与蒙古国教育文化科学部2011—2016年教育交流与合作执行计划》。

2015年，中、俄、蒙元首第二次会晤，批准了《中华人民共和国、俄罗斯联邦、蒙古国发展三方合作中期路线图》。其中，人文合作内容包括：研究扩大三方学术和教育中心合作；加快建立中俄蒙三方学术和智库交流机制，为三方合作提供智力支持；加强中俄蒙三方文化领域合作，联合举办文化节等活动，支持三方专业文化团体、文化机构之间建立直接联系，鼓励三国文化艺术领域专家学者之间的交流合作；研究在蒙古学和佛教领域开展三方学术合作；扩大旅游领域合作，包括就共同打造"万里茶道"国际旅游线路组建专门工作组；推动发展"贝加尔湖（俄罗斯）—库苏古尔湖（蒙古国）"跨境旅游线路，及其下一步与中国边境省区和"草原丝绸之路"相对接；支持每年举办中俄蒙旅游合作协调委员会会议；会同有关体育协会推动体育运动领域互利合作，扩大体育代表团互访，推动中俄蒙运动员参与在三方境内举办的国际体育赛事等。

第二节　中国与东盟的文化教育交流

一、中国—东盟文化交流的黄金十年

中国与东南亚的文化交流历史悠久。历史上，东盟各国都不同程度地受到中国文化的辐射和影响，这为中国与东盟深入进行文化交流合作提供了深厚的历史背景和坚实的现实基础。2013年，中国与东盟携手开创了合作的"黄金十年"。"黄金十年"里，中国与东盟之间在教育、演艺、文化产业、旅游、广播电视媒体等文化领域的合作，从官方到民间都日益频繁，交流领域不断扩大，取得了良好成效。

一是签署了多项关于文化交流合作的重要文件。2005年，签署《中国—东盟文化合作谅解备忘录》，2006年开始在中国—东盟博览会期间举办"中国—东盟文化产业论坛"，并相继签署《南宁宣言》《中国—东盟文化合作谅解备忘录》《中国—东盟文化产业互动计划》等文件。这些文件的签署极大地推动了中国与东盟的文化交流与合作。

二是中国—东盟博览会成为文化交流大平台。"黄金十年"中，11国从2004年至2013年共同举办了10届博览会，历届博览会都举办了形式多样的文化交流活动，成为中国与东盟文化交流的大平台。每年一届的南宁国际民歌节已成为中国—东盟文化交流的一大品牌。

三是中国与东盟教育交流合作日益深入。教育交流合作受到中国与东盟各国的高度重视，且其规模持续扩大，东盟国家来华留学的人数由2003年的10376人增加到2012年的60000人。2012年，东盟国家留学生占来华留学生总数的比重高达19%。2008—2013年，中国与东盟合作举办了6届中国—东盟教育交流周。6年间，双方签订教育合作协议386份，超过200所大学、科研院所、教育机构和

企业参与其中。双方举办了各种形式的交流活动，如中国—东盟大学校长论坛、中国—东盟高校合作会议、中国—东盟国家教育展、中国—东盟青少年艺术节等。2010年，在第三届中国—东盟教育交流周上，中国与东盟启动了中国—东盟教育部长圆桌会议，标志着双方教育交流合作进入了更高层次和更深领域。孔子学院是中国与东盟教育合作的重要组成部分和重要桥梁，中国于2004年开始在东盟各国开设孔子学院。2008年，孔子学院注册学员已达4万多人，参加孔子学院文化活动的人数达15万人。截至2012年9月，中国在东盟已开办27家孔子学院和14所孔子课堂。

四是旅游合作成为文化交流的重要途径。中国与东盟旅游合作有历史和区位优势，中国—东盟自由贸易区的建成，更为双方旅游交流合作提供了更宽广的平台。"黄金十年"中，中国与东盟国家的旅游合作成绩斐然。2002年，旅游贸易服务被写进《中国—东盟全面经济合作框架协议》；2004年，首届中国—东盟博览会就设有旅游专题展区；2009年，首届中国—东盟旅游合作论坛在中国昆明举行。2012年，中国赴东盟游客732万人次，较10年前增加了2.6倍，仅次于欧盟，成为东盟第二大游客来源地；东盟游客来华达589万人次，为我国主要的游客来源地之一。2008年，双方发表《中国—东盟广播电视高峰论坛北京声明》；2009年，中国—东盟电视论坛期间，广西电视台分别与老挝国家电视台、越南数字电视台签署了《中国广西电视台与老挝国家电视台电视节目交流协议》和《中国广西电视台与越南数字电视台合作意向书》。2008年，由中国、柬埔寨、老挝、缅甸、泰国、越南6国国家电视台合拍的大型纪录片《同饮一江水》分别在6国播出，开创了中国与东盟国家广播电视合作的范例。

二、中国与东南亚国家的文化教育交流

中国与东盟10国以及东帝汶的文化教育交流情况与特点如下。

（一）与越南的文化教育交流

中国和越南于1950年1月18日建交。中越两国和两国人民之间的传统友谊源远流长。在长期的革命斗争中，中国政府和人民全力支持越南抗法、抗美斗争，越南视中国为坚强后盾，两国在政治、军事、经济等领域进行了广泛的合作。20

世纪 70 年代后期，中越关系恶化。1991 年 11 月，双方宣布结束过去，开辟未来，两党两国关系实现正常化。

在文化教育方面，双边协定包括 1992 年《文化协定》、2011 年《2011—2015 年教育交流协议》、2013 年《关于互设文化中心的谅解备忘录》和《关于合作设立河内大学孔子学院的协议》、2015 年《关于互设文化中心的协定》、2016 年 9 月 12 日《2016—2020 年教育交流协议》。

（二）与老挝的文化教育交流

中国和老挝于 1961 年 4 月 25 日建交。20 世纪 70 年代末至 80 年代中期，双方关系曾出现曲折。1989 年以后，中老关系全面恢复和发展，双方在政治、经济、军事、文化、卫生等领域的友好交流与合作不断深化，在国际和地区事务中密切协调与合作。

两国在文化、教育等领域交流与合作发展迅速。1989 年以后，中老双方先后签订了文化、新闻合作协定及教育和广播影视合作备忘录。两国文艺团体、作家和新闻记者往来不断。

双方于 1990 年开始互派留学生和进修生。老挝是我国对外提供奖学金人数最多的国家之一，在华公费留学生人数每年超过 300 名。两国青年团交往密切，2002—2008 年，我国向老挝派遣 7 批共 76 名青年志愿者。2016 年，我国向老挝派遣第八批中国（上海）青年志愿者赴老挝服务队。

（三）与柬埔寨的文化教育交流

中柬两国有着悠久的传统友谊。1958 年 7 月 19 日两国正式建交。长期以来，中国几代领导人与柬太皇西哈努克建立了深厚的友谊，为两国关系的长期稳定发展奠定了坚实的基础。2010 年 12 月，两国建立全面战略合作伙伴关系，双边关系进入新的发展阶段。两国文化、教育等交往与合作密切。双方迄今已签署《中柬文化合作协定》以及文物保护、旅游、体育等领域的合作谅解备忘录。

（四）与缅甸的文化教育交流

中缅两国是山水相连的友好邻邦，两国人民之间的传统友谊源远流长。自古以来，两国人民就以"胞波"（兄弟）相称。两国于 1950 年 6 月 8 日正式建交。

20 世纪 50 年代，中缅共同倡导了和平共处五项原则。2011 年，双方决定建立全面战略合作伙伴关系。

中缅文化交流源远流长。中华人民共和国成立后，中缅两国的友好关系不断发展，文化交流日益频繁。1960 年中国国庆期间，缅甸总理率领由文化、艺术、电影代表团组成的 400 多人友好代表团访华，并在北京举办了"缅甸文化周"。1961 年缅甸独立节期间，周恩来总理率领由文化、艺术、电影代表团组成的 530 多人代表团回访缅甸，并在仰光举办了"中国电影周"。两国领导人率如此庞大的友好代表团互访，充分体现了中缅两国之间的"胞波"情谊，成为两国文化交流史上的佳话。建交 60 多年来，两国文化交流稳定发展，部长级文化代表团互访不断。1996 年签署了《中华人民共和国文化部和缅甸联邦文化部文化合作议定书》。两国在文学、艺术、电影、新闻、教育、宗教、考古、图书等领域内进行了广泛的合作与交流。中国国宝级文物佛牙舍利曾于 1955 年、1994 年和 1996 年 3 次应邀赴缅巡礼，受到缅政府和社会各界的热烈欢迎。2011 年缅甸总统访华时提出再次迎请佛牙舍利赴缅请求，使中国佛牙舍利第四次巡礼成行。2013 年，中方援助缅甸主办东南亚运动会，为开、闭幕式提供技术支持，取得圆满成功。2014 年，缅方捐建的缅式佛塔在洛阳白马寺落成。

2004 年，中缅签署了《中华人民共和国教育部与缅甸联邦政府教育部教育合作谅解备忘录》。2011 年，续签了《中华人民共和国国家体育总局与缅甸联邦共和国体育部体育合作协议》。

（五）与新加坡的文化教育交流

中新两国于 1990 年 10 月 3 日建立外交关系。建交以来，两国高层交往频繁。

1996 年，两国文化部签署《文化合作谅解备忘录》。2006 年，两国政府签署《文化合作协定》，项目每年逾 200 起。双方在文化艺术、图书馆、文物等领域的交流与合作不断深入。2015 年 11 月，新加坡中国文化中心正式揭牌运营，成为我在海外设立的规模最大的文化中心。

1999 年，两国教育部签署《教育交流与合作备忘录》及中国学生赴新学习、两国优秀大学生交流和建立中新基金等协议，中国 15 所高等院校在新开办了 20 个教育合作项目。两国在人才培训领域的合作十分活跃，主要项目有中国赴新加坡经济管理高级研究班、中央党校中青年干部培训班赴新考察、两国外交部互惠培训项目等。2001年，双方签署《中华人民共和国外交部关于中新两国中、高级官员交流培训项目的框架协议》，并分别于2005年、2009年、2014年和2015年4次续签。2004年5月，双方决定成立"中国—新加坡基金"，支持两国年轻政府官员的培训与交流。2007年7月，双方签署《关于借鉴运用新加坡园区管理经验开展中西部开发区人才培训合作的谅解备忘录》。2009年以来，双方已联合举办5届"中新领导力论坛"。2015年，我国在新留学人员10430人，新在华留学生4865人。

两国在旅游等领域也进行了密切的交流与合作。2015年，双边人员往来229.2万人次。

（六）与马来西亚的文化教育交流

中马两国于1974年5月31日正式建立外交关系。建交后，两国关系总体发展顺利。2013年，两国建立全面战略伙伴关系。

两国在文化、教育等领域的交流与合作顺利发展。签署了《广播电视节目合作和交流协定》（1992年）、《教育交流谅解备忘录》（1997年）、《文化合作协定》（1999年）、《在外交和国际关系教育领域合作谅解备忘录》（2004年）等合作协议。2005年，续签了《教育合作谅解备忘录》。2009年，两国签署《高等教育合作谅解备忘录》。2011年，两国签署《关于高等教育学位学历互认协议》。2015年，两国签署《在马来西亚设立中国文化中心的谅解备忘录》。2016年，续签了《教育合作谅解备忘录》。双方签署了《旅游合作谅解备忘录》。2015年，马公民来华107.5万人次，中国公民首站赴马106万人次。中国已成为马海外重要客源国之一。

（七）与泰国的文化教育交流

1975年7月1日，中国与泰国建立外交关系。两国关系保持健康、稳定发展。2012年，两国建立全面战略合作伙伴关系。

两国在文化、教育等领域的交流与合作稳步发展。双方签署了《旅游合作协定》（1993年）、《文化合作协定》（2001年）、《关于相互承认高等教育学历和学位的协定》（2007年）、《教育合作协议》（2009年）等协议文件。两国人员往来密切，2014年，中国赴泰游客442.21万人次，泰国来华游客61.31万人次。

双方成立了泰中友好协会（1976年）、中泰友好协会（1987年）。两国已缔结30组友好城市和省府。

(八)与菲律宾的文化教育交流

中国同菲律宾于 1975 年 6 月 9 日建交以来,中菲关系总体发展顺利,各领域合作不断拓展。

中菲在教育、文化、旅游等领域的交流与合作不断深化。两国签有《文化合作协定》(1979 年)、《旅游合作备忘录》(2002 年)、《教育合作谅解备忘录》(2007 年)、《文化遗产保护协议》(2007 年)、《旅游合作谅解备忘录执行计划》(2016 年)等一系列合作文件。中菲结有 29 对友好省市。

(九)与印度尼西亚的文化教育交流

中国与印尼于 1950 年 4 月 13 日建交。1965 年印尼发生"9·30"事件后,两国于 1967 年 10 月 30 日中断外交关系。20 世纪 80 年代,两国关系开始松动。1990 年,两国政府签署《关于恢复外交关系的谅解备忘录》,宣布自当日起正式恢复两国外交关系。2013 年,两国共同发表中印尼全面战略伙伴关系未来规划。2015 年 3 月,两国共同发表关于加强全面战略伙伴关系的联合声明。

两国在教育、旅游等领域的交流与合作不断发展。1992 年 1 月,签署《新闻合作谅解备忘录》。1994 年,签署《旅游、卫生、体育合作谅解备忘录》,启动互派留学生项目。2001 年 11 月重新签署《文化合作协定》。2001 年,印尼正式成为中国公民自费出境旅游目的地国。2015 年 7 月,印尼政府宣布给予赴印尼旅游的中国公民免签待遇。

双方地方政府交流活跃。两国结好省市共 20 对。

(十)与文莱的文化教育交流

中国和文莱于 1991 年 9 月 30 日建立外交关系,双边关系发展顺利,各领域友好交流与合作逐步展开。2013 年,两国建立战略合作关系。

两国在文化、旅游、教育等领域的交流与合作逐步展开。先后签署了《文化合作谅解备忘录》(1999 年)、《中国公民自费赴文旅游实施方案的谅解备忘录》(2000 年)、《高等教育合作谅解备忘录》(2004 年)、《旅游合作谅解备忘录》(2006 年)。

自 2003 年 7 月起,中国对持普通护照来华旅游、经商的文莱公民给予免签证

15 天的待遇。2005 年 6 月，两国就互免持外交、公务护照人员签证的换文协定生效。2016 年 5 月，文莱给予中国公民赴文落地签待遇。2015 年，两国人员往来总数约 2.2 万人次。

2004 年、2005 年分别成立中国—文莱友好协会和文莱—中国友好协会。自 2013 年起，"文化中国·四海同春"艺术团每年赴文举办文艺演出。

（十一）与东帝汶的文化教育交流

1999 年 8 月东帝汶举行全民公决并脱离印度尼西亚后，中国与东帝汶的交往逐步增多。2001 年 9 月，中国在帝力设立大使级代表处。2002 年 5 月 20 日，东帝汶宣告独立，中国于当日与东帝汶建立外交关系。2014 年建立睦邻友好、互信互利的全面合作伙伴关系。

第三节 中国与中亚 5 国的文化教育交流

中国各族人民与中亚各族人民历史上就是友好来往不断的好邻居、好朋友，而且与一些跨界民族还是近亲。1991 年 12 月 25 日，苏联宣布解体。中亚五国形成独立的国家。1992 年 1 月 2 日至 6 日，中国分别与中亚 5 国建立了外交关系，在文化等方面的友好交流掀开了新的一页。不论是政府之间，还是人民之间，这种友好交流就像久别重逢的老朋友一见面要紧紧地拥抱一样，人文交流非常频繁，取得了丰硕成果，更加加深了传统友谊。为了进一步做好与中亚各国间的友好交流工作，中国成立了中国中亚友好协会，曾多次派团出访，也邀请和接待过多批来自中亚的客人，协会与中国的有关单位和中亚各国驻华大使馆合作组织过多项友好交流活动。中国中亚友好协会已经成为一座增进相互友谊的桥梁。国家民委和不少单位也多次组团前往中亚各国访问，进行了广泛的民间友好交流。为了进一步做好与中亚各国友好的学术交流工作，二十多年来，中国科研单位和高等学校不断地增设、建立了一些与中亚有关的研究单位和教学单位。中国的一些大学也与中亚国家的一些大学缔结了交流协议。例如，中央民族大学与乌兹别克斯坦大学、吉尔吉斯比什凯克人文大学、哈萨克斯坦国际关系与外国语大学等大学缔结了协议，建立了交流联系。北京农学院与哈萨克斯坦、乌兹别克斯坦和塔吉克斯坦的农业大学进行交流，多次举行了"中塔杏树友谊联欢活动"。中央民族大学培养了近 300 名懂俄语和中亚语言的毕业生，近年招收了中亚各国留学生 400 多人，2012 年举行了"中亚民族语言文化论坛"。为了满足中亚各国青年学生迫切学习汉语和了解中国文化的愿望，除了在中国各大学招收中亚的留学生外，还在中亚与当地的大学等单位合作建立了多所孔子学院和许多孔子课堂。中国的专家学者和艺术家们与中亚五国的有关方面的单位与专家学者、艺术家们合作，在人文

交流方面做了大量有效的工作。❶

一、与哈萨克斯坦的文化教育交流

1992年1月3日中哈建交。2002年12月，签署中哈睦邻友好合作条约。2005年7月，中哈建立战略伙伴关系。2011年，双方宣布发展全面战略伙伴关系。两国文化、教育领域合作成果丰硕，常年互派文艺团组演出。我国在哈萨克斯坦设立了5所孔子学院。中哈已建立16对友好省州和城市，其中北京和阿斯塔纳互为友好城市。

1995年，在北京举办了纪念哈萨克文学奠基人、诗人阿拜·库南巴耶夫诞辰150周年活动，2005年，在哈萨克斯坦土尔克斯坦市亚萨维大学举行突厥学国际研讨会，2010年，在上海举办了"阿拉木图文化节"，在北京举行了小说《阿拜之路》（中文版）座谈会，还多次举行了哈萨克斯坦总统纳扎尔巴耶夫著作出版中文译本的首发式。

二、与吉尔吉斯斯坦的文化教育交流

中吉自1992年1月5日建交以来，两国关系积极、健康、稳步地向前发展。2013年，双方建立战略伙伴关系。两国文化、教育领域合作良好。双方多次互办"文化日"活动。我国在吉尔吉斯斯坦建立了4所孔子学院。中吉地方交流活跃，已建立17对友好省州和城市。

1995年，在吉尔吉斯斯坦比什凯克举行了"纪念史诗《玛纳斯》1000周年"研讨会，2000年，在奥什举办了"纪念奥什建城3000周年"活动，2001年，在比什凯克举办了"纪念中国诗人李白诞辰1300周年"活动，2003年，在吉尔吉斯民族大学举行了"吉尔吉斯历史国际研讨会"，2005年，在吉尔吉斯玛纳斯大学举行了国际研讨会，2011年，在比什凯克人文大学举行了"东干历史、语言、风俗国际研讨会"。

---

❶ 胡振华. 我所见证的中国与中亚五国文化交流合作纪实 [J]. 中国穆斯林, 2014 (11).

三、与塔吉克斯坦的文化教育交流

自 1992 年 1 月 4 日建交以来，中塔两国关系积极、健康、稳步向前发展，于 2013 年 5 月建立战略伙伴关系。两国文化、教育领域合作良好，目前我国在塔吉克斯坦设立了 2 所孔子学院。中塔已建立 5 对友好城市。

2005 年，在中央民族大学举办了塔吉克斯坦摄影艺术家摄影作品展，2008 年，在北京举办了"纪念塔吉克诗歌之父——鲁达基诞辰 1150 周年"活动，2011 年，举行了《塔吉克斯坦——山花烂漫的国度》画展，同年，还在北京举行了《世代相传的塔吉克民族实用装饰艺术》（中文版）及塔吉克斯坦总统埃莫马利·拉赫蒙著的《历史倒影中的塔吉克民族》（中文版）的首发式。

四、与土库曼斯坦的文化教育交流

中土于 1992 年 1 月 6 日建交。2013 年 9 月建立战略伙伴关系。两国人文合作趋于活跃，经常互派文艺团组演出。土库曼斯坦中小学开设汉语课程，我国中央民族大学设有俄语—土库曼语专业。

2000 年，在中国出版了土库曼斯坦古典诗人《马赫图姆库里诗集》的中文译本，在阿什喀巴德举行了"土库曼斯坦历史文化遗产"国际研讨会。2007 年，土库曼斯坦举行"马赫穆特·扎罗合沙勒与东方学术及文学的复兴"国际研讨会和尼萨古城国际研讨会，2008 年，土库曼斯坦举行"麻赫穆德·喀什噶里诞辰 1000 周年"国际研讨会，2010 年，土库曼斯坦举行了"禾加·阿赫迈特·亚萨维与东方文学"国际研讨会。2011 年，土库曼斯坦总统别尔德穆哈梅多夫来我国访问，在北京举行了总统著作中文版首发式和在人民大会堂举办了中土友谊歌舞晚会。

五、与乌兹别克斯坦的文化教育交流

中乌于 1992 年 1 月 2 日建交。两国关系发展顺利，2012 年建立战略伙伴关系，2016 年建立全面战略伙伴关系。

乌兹别克斯坦在我国也举行过摄影作品展，2005 年举行过"乌兹别克斯坦文

化日"活动，2006年在北京举行了乌兹别克斯坦总统卡里莫夫新著《乌兹别克斯坦人民从来不依赖任何人》一书的首发式。2007年，中国派代表出席了撒马尔罕建城2750周年庆祝活动和"东方韵律"国际音乐节，在塔什干和撒马尔罕举行了"乌兹别克斯坦在发展伊斯兰文明中的贡献"国际研讨会，2009年，中国再次派团赴撒马尔罕出席"东方韵律"国际音乐节，2008年和2010年，中国中亚友好协会会长率艺术家代表团先后两次在乌兹别克斯坦进行文化艺术交流活动，2011年，在北京再次举办了"乌兹别克斯坦文化日"活动。

第四节 中国与南亚8国的文化教育交流

一、与印度的文化教育交流

1950年4月1日中印建交。20世纪50年代,中印两国领导人共同倡导和平共处五项原则,双方交往密切。1959年后,中印关系恶化。1976年双方恢复互派大使后,两国关系逐步改善。2011年、2014年是"中印交流年"。2012年是"中印友好合作年"。

两国人文领域的交流与合作不断扩大。2011年,"感知中国·印度行—四川周"活动在印度举办,中国与印方签署《关于编纂"中印文化交流百科全书"的谅解备忘录》,印文化关系委员会与上海档案馆共同举办"泰戈尔中国之旅"图片展,印500名青年代表访华。2012年,中国500名青年访印。2015年,两国人员往来88.92万人次,其中印来华73.06万人次,中国赴印15.86万人次。2006年以来,中印百人青年团实现8次互访。2013年,北京、成都、昆明分别与印度德里、班加罗尔、加尔各答签署建立友好城市关系协议书。2014年,广东省与古吉拉特邦缔结友好省邦协议,上海与孟买、广州与艾哈迈达巴德缔结友好城市协议。2015年,首届中印地方合作论坛在北京举行,四川省与卡纳塔克邦、重庆市和金奈市、青岛市和海德拉巴市、敦煌市和奥朗加巴德市建立友好省邦/城市关系。2016年,贵州省与安德拉邦、济南市与那格浦尔市、新疆昌吉回族自治州与古吉拉特邦巴罗达市结成友好省邦/城市。

二、与巴基斯坦的文化教育交流

巴基斯坦是最早承认我国的国家之一。1951年5月21日,中巴两国正式建立外交关系。2011年是"中巴友好年"。2015年，双方发表《中华人民共和国和巴基斯坦伊斯兰共和国关于建立全天候战略合作伙伴关系的联合声明》。

中巴一直保持着密切的文化往来。建交后，两国即互派文化团组访问和举办展览。1965年3月，中巴两国政府代表在拉瓦尔品第签订了文化协定，并于该年第一次签署了《年度文化交流执行计划》。2006年，中巴签署了《2007—2009年文化交流执行计划》。迄今共签署了12个执行计划。2010年，双方就互设文化中心签署谅解备忘录。2013年，双方共同将2015年确定为"中巴友好交流年"。2015年，中方宣布在伊斯兰堡设立中国文化中心，双方宣布成都市和拉合尔市、珠海市和瓜达尔市、克拉玛依市和瓜达尔市分别结为友好城市。双方宣布中国中央电视台英语新闻、纪录频道在巴落地，中国国际广播电台在巴设立"FM98中巴友谊台"工作室。2015年12月，巴基斯坦青年百人团访华。

中巴教育合作方面，1964年起我国开始接收巴基斯坦留学生。截至2013年，来华学习的巴基斯坦学生总数为10941名。2005年、2013年和2014年，我国先后在伊斯兰堡、卡拉奇和费萨拉巴德设立孔子学院。2013年，中方宣布未来5年内为巴基斯坦培训1000名汉语教师。2015年，中方宣布未来五5年内为巴提供2000个培训名额。

三、与孟加拉的文化教育交流

1975年10月4日，中国与孟加拉国正式建立外交关系。建交后，两国的友好合作关系一直健康、顺利地向前发展。

1979年11月，中孟签署两国政府文化合作协定。其后每3年商签一次访华交流执行计划。协定签订后，两国文化等方面的交流与合作不断加强。2010年，文化部派艺术团赴孟访问演出。2011年，"北京之夜"大型文艺演出和"魅力北京"图片展在孟举行。2015年是中孟建交40周年，双方商定了一系列庆祝活动，中方在孟举办了"欢乐春节"活动。2015年，中方宣布增加对孟提供的中国政府奖学金和为孟培训汉语教师数量。2016年，两国领导人宣布将2017年确定为"中孟友好交流年"，大力推动双方在文化、教育等领域的交流合作。

中孟自1976年开始互派留学生。目前中方通过政府渠道接收孟方428名奖学金留学生。2006年中方在孟南北大学设立孔子学院，2009年在山度玛丽亚大学建立孔子课堂。

2005 年，孟加拉国成为中国公民出境旅游目的地国；昆明与孟吉大港市建立友城关系。2015 年，中孟双边往来总人数为 13 万人次，我国公民赴孟加拉国 5 万人次。

四、与阿富汗的文化教育交流

1955 年 1 月 20 日，中阿两国建立外交关系。2012 年，中阿建立战略合作伙伴关系。

近年来，阿富汗有少量留学生在华学习。2008 年，阿富汗首家孔子学院在喀布尔大学成立。2010 年，中方宣布 2011 年起，每年为阿方提供 50 名政府奖学金名额。2014 年，中方宣布将在未来 5 年内向阿提供 500 个政府奖学金名额和 3000 个培训名额。2015 年，阿富汗公民来华 11642 人次，我内地居民赴阿 1003 人次。

五、与斯里兰卡的文化教育交流

中斯友好交往历史悠久。斯里兰卡在中国典籍中史称师（狮）子国或僧伽罗国。410 年，晋代高僧法显赴斯游学，取回佛教经典并著有《佛国记》一书。明代航海家郑和下西洋时多次抵斯。15 世纪，斯一王子访华，回国途中在福建泉州定居，被明朝皇帝赐姓为世，其后代现仍在泉州和台湾地区定居。斯沦为西方殖民地后，中斯关系一度中断。

1957 年 2 月 7 日，两国建交。中斯一直保持着友好关系，高层往来不断。2005 年，两国宣布建立真诚互助、世代友好的全面合作伙伴关系。2013 年，双方决定将中斯关系提升为真诚互助、世代友好的战略合作伙伴关系。

2003 年，斯正式成为中国公民出国旅游目的地国，两国旅游主管部门于 2005 年签署《旅游合作谅解备忘录》。2005 年 8 月，两国文化部签署《文化合作协议》。2007 年，在斯凯拉尼亚大学成立孔子学院。2012 年，两国文化部签署《关于在斯里兰卡设立中国文化中心的谅解备忘录》。2015 年，中国公民赴斯旅游达 21.5 万人次，比上年增长 67.6%。

上海市与科伦坡市、海南省与南方省等 6 对中斯省市先后建立友好省市关系。

六、与马尔代夫的文化教育交流

中国史称马尔代夫为"溜山国"或"溜洋国"。明朝永乐十年（1412年）和宣德五年（1430年），郑和率领商船队两度到马。明朝永乐十四年后，马国王优素福3次遣使来华。郑和的随行人员马欢所著《瀛涯胜览》和费信所著《星槎胜览》中，对马尔代夫的地理位置、气候、物产、风俗民情等都有翔实记载。马累博物馆陈列着当地出土的中国瓷器和钱币，反映了历史上中马的友好往来和贸易关系。后因殖民者侵略，中马关系中断了几个世纪。

20世纪60年代初，中马驻斯里兰卡使节开始往来。1972年10月14日，中马建交，中国驻斯大使兼任驻马大使。2011年11月8日，中国驻马使馆正式开馆。

中马近年来继续保持友好交往势头。2014年，两国领导人一致同意构建中马面向未来的全面友好合作伙伴关系。

旅游合作。2002年，马尔代夫成为中国公民出国旅游目的地国。自2010年起，中国已连续6年成为马第一大旅游客源国。2015年，中国赴马游客35.9万人次，占全部赴马游客的29%。

中马在文化、教育、广电、地方等领域的交流合作不断扩大。2007年，双方签署中马政府间《文化合作协定》，中国多个艺术团先后赴马访演。2012年，为庆祝中马建交40周年，文化部组派广东艺术团赴马举办"欢乐春节"演出。2015年、2016年，美丽天津艺术团两次赴马访演。我国自2001年开始向马尔代夫提供政府奖学金。2010年，两国教育部签署教育合作协议。2015年，在华学习的马尔代夫留学生总数为179名，其中享受中国政府奖学金的有29人。

2009年1月，中央电视台中、英文国际频道（CCTV4/9）在马旅游岛开播。2013年，中央电视台摄制组赴马拍摄《魅力马尔代夫》纪录片，并于2014年播出。

2016年7月，苏州市同马累市缔结友好城市关系。

七、与尼泊尔的文化教育交流

中尼之间有上千年友好交往史。晋代高僧法显、唐代高僧玄奘到过佛祖释迦牟尼诞生地兰毗尼（位于尼南部）；唐朝时，尼尺尊公主与吐蕃赞普松赞干布联姻；元朝时，尼著名工艺家阿尼哥曾来华监造北京白塔寺。

1955 年 8 月 1 日建交以来，中尼传统友谊和友好合作不断发展。两国高层往来密切。1996 年年底，两国建立面向 21 世纪的世代友好的睦邻伙伴关系。2009 年，建立和发展世代友好的全面合作伙伴关系。2012 年为"中尼友好交流年"，在华举办了"尼泊尔文化节"活动。

中尼在文学、艺术、广播、摄影、出版、教育等方面均有交流。中国每年向尼提供 100 个政府奖学金名额。2000 年，中尼签署《关于中国公民赴尼泊尔旅游实施方案的谅解备忘录》，尼泊尔成为南亚第一个中国公民组团出境旅游目的地国。2007 年，孔子学院落户加德满都大学。2009 年以来，两国青年代表团定期互访。近年来，我国稳居尼泊尔第二大游客来源国。

八、与不丹的文化教育交流

不丹是中国的西南邻国，与我国西藏地区的语言、风俗、文化相近，历史联系悠久。中不迄今未建交，但保持友好交往。近年来，中不交往逐渐增多，关系进一步发展。1998 年，两国在第 12 轮边界会谈期间签署了《中华人民共和国政府和不丹王国政府关于在中不边境地区保持和平与安宁的协定》。这是两国第一个政府间协定，对维护两国边境地区稳定具有重要意义。截至 2016 年 12 月，双方共举行了 24 轮边界会谈以及 8 次边界问题专家组会议，双方共同致力于边界问题的早日解决。

中不在文化、教育等其他领域的交往近年来取得了较大发展。2001 年和 2002 年，两国审计部门实现互访。2005 年，中国艺术团首次赴不丹演出获得成功。2014 年，中国艺术团赴不丹首都廷布举行访演。

第五节　中国与西亚 15 国的文化教育交流

一、与伊朗的文化教育交流

伊朗是具有四五千年历史的文明古国，史称波斯。公元前 6 世纪，古波斯帝国盛极一时。中伊交往可追溯至公元前 2 世纪，班超的副使甘英曾到过伊朗，并打通了中国经伊朗通往罗马的交通线，即古丝绸之路。此后，两国间往来连绵不断。

1971 年 8 月 16 日，中伊建交，2016 年 1 月，两国建立全面战略伙伴关系。近年来，中国与伊朗在政治、经贸等领域的友好合作关系平稳发展。两国高层保持接触。

2015 年 7 月，伊朗核问题六国（中国、美国、俄罗斯、英国、法国、德国）同伊朗就伊核问题达成全面协议。2016 年 1 月 16 日，全面协议正式付诸执行。2018 年 5 月，美国宣布退出全面协议，全面恢复对伊朗核领域单边制裁。全面协议其他方均反对美方单方面退出协议，表示将继续支持维护全面协议执行。

2016 年 1 月，习近平主席对伊朗进行国事访问。2018 年 6 月，伊朗总统鲁哈尼来华出席上合组织青岛峰会并进行工作访问。

二、与伊拉克的文化教育交流

1958 年 8 月 25 日中伊建交以来，两国关系发展顺利。2003 年，伊拉克战争爆发，中伊双边关系受到影响。战后，中伊关系实现平稳过渡和发展。2015 年，两国发表《关于建立战略伙伴关系的联合声明》。

三、与土耳其的文化教育交流

1971 年 8 月 4 日，中国和土耳其建交。20 世纪 80 年代以来，两国高层互访增多，双边关系发展较快。2016 年 9 月，土耳其总统来华出席二十国集团领导人杭州峰会，双方签署 4 项合作协议。2017 年 5 月，土耳其总统来华出席"一带一路"国际合作高峰论坛，双方签署 3 项合作协议。两国经贸合作稳步开展，交通、电力、能源、金融是双方合作的重点。

四、与叙利亚的文化教育交流

1956 年 8 月，双方签署《中华人民共和国和阿拉伯叙利亚共和国建立大使级外交关系联合公报》。1956 年，中叙签订第一个文化合作协定。中国自 1974 年起向叙派遣留学生。2000 年，中叙签署高教合作协议。2001 年起，中国每年向叙利亚派遣 30 名留学生，以语言本科生为主。叙自 1957 年起向中国派出留学生，中间有过间断，1978 年后恢复。目前，叙在华各类留学生 600 余人，以中文、医学类专业为主。2004 年签署《中华人民共和国政府和阿拉伯叙利亚共和国政府旅游合作协议》，2010 年签署《中华人民共和国政府与阿拉伯叙利亚共和国政府文化合作协定 2010—2013 年度执行计划》。

五、与约旦的文化教育交流

1977 年，签署《中华人民共和国和约旦哈希姆王国关于建立外交关系的联合公报》。1979 年，中约两国签署文化合作协定，迄今已签署 9 个年度文化合作协定执行计划。2010 年，约旦派团分别来华参加阿拉伯艺术节、上海世博会、中阿经贸论坛开幕式文艺晚会。2011 年以来，中方连续 7 年参加约旦杰拉什艺术节。

2013 年 5 月，中国国际广播电台约旦安曼 FM94.5 调频台正频率落地项目正式开播，24 小时播出阿拉伯语节目。我国在约旦设有两所孔子学院，分别是安曼 TAG 孔子学院和费城大学孔子学院。2009 年，约旦大学开设中文本科班。2004 年，我国旅游团队赴约旦旅游业务启动。2009 年，约旦对中国公民提供落地签证待遇。签署的其他双边协议有《关于中国旅游团队赴约旦旅游实施方案的谅解备忘录》(2003年)、《中华人民共和国政府和约旦哈希姆王国政府2007—2010年文化合作执行计划》(2007年)、《约旦佩特拉通讯社与中国新华通讯社合作协议》(2010年)、《2011—2014年文化合作执行计划》(2011年)、《中国中央电视台与约旦国家电视台新闻合作协议书》(2012年)、《中华人民共和国国家新闻出版广电总局与约旦哈希姆王国广播电视总局谅解备忘录》(2013年)、《中华人民共和国教育部与约旦哈希姆王国高等教育与科研部关于合作建设中约大学的谅解备忘录》(2015年)、《关于在约旦建立中国文化中心的谅解备忘录》(2016年)。

六、与黎巴嫩的文化教育交流

1992年，中黎双方签署《文化交流协定》。2010年，签署《2009—2012年文化交流执行计划》。2006年，中国驻黎巴嫩大使馆与黎巴嫩圣约瑟夫大学签署在该校设立孔子学院的协议。黎巴嫩参加了2010年上海世博会。近年来，中方在黎举办了"欢乐春节""中国文化进校园"等活动，双方共同举办了双边文化日、文艺演出、图片展等一系列活动，增进了双方的友谊与了解。

2005年，签署《两国政府旅游合作协定》，黎成为中国公民组团旅游目的地国。2008年，签署《中国旅游团队赴黎巴嫩旅游实施方案的谅解备忘录》。2010年，中国公民赴黎巴嫩旅游业务正式实施。

七、与以色列的文化教育交流

1992年1月24日，两国正式建立大使级外交关系。建交后双边关系顺利发展。2017年3月，中以宣布建立创新全面伙伴关系。

1993年，两国签署《文化合作协定》，迄今已签署7个年度执行计划，推动双方在文化、艺术、文物、电影、电视、文学和教育等领域的交流与合作取得长足发展。2007年"中国文化节"在以色列举行，特拉维夫大学孔子学院成立。2009年"感知中国·以色列行"大型文化交流活动在以举行。以色列首次以自建馆形式参加2010年上海世博会。近年来，中方在以举办"欢乐春节"主题文化交流活动。2017年举办中以建交25周年系列庆祝活动。

1994年，两国签署《旅游合作协定》。2005年，中方宣布将以色列列为中国公民出境旅游目的地国。2016年，两国签署《中以政府为对方商务、旅游、探亲人员互发多次签证的协定》并生效。

相关重要双边协议和文件还有《中华人民共和国与以色列国建立大使级外交关系联合公报》（1992年）、《中国旅游团队赴以色列旅游实施方案的谅解备忘录》（2007年）、《中华人民共和国教育部和以色列高等教育委员会关于组建7+7研究性大学联盟的联合声明》（2015年）、《中国国家留学基金管理委员会与以色列高等教育委员会谅解备忘录》（2015年）、《中华人民共和国政府和以色列国政府文化合作协定2015年至2019年执行计划》（2015年）、《中华人民共和国教育部与以色列国高等教育委员会高等教育合作谅解备忘录》（2016年）、《中华人民共和国文化部与以色列国外交部关于在以色列设立中国文化中心的联合意向声明》（2016年）。

八、与巴勒斯坦的文化教育交流

中国是最早支持巴勒斯坦民族抵抗运动并承认巴解和巴勒斯坦国的国家之一。1965年5月，巴解在北京设立享有外交机构待遇的办事处。1988年，中国宣布承认巴勒斯坦国，两国建交。1990年7月5日起，中国驻突尼斯大使兼任驻巴勒斯坦国大使。1995年，中国在加沙设立驻巴民族权力机构办事处，2004年5月迁至拉马拉。2008年6月后，中国驻突尼斯大使不再兼任驻巴大使，由驻巴办主任（大使衔）全权负责同巴勒斯坦交往事宜。近年来，中巴双边关系平稳发展。

中国每年向巴勒斯坦提供100个政府间奖学金名额。截至2016年，中国通过政府建渠道共接收652名巴勒斯坦留学生。近年相关重要双边协议有《中华人民共和国政府和巴勒斯坦国政府文化教育合作协定》（2004年）、《中华人民共和国政府和巴勒斯坦国政府文化教育合作协定2013年至2016年执行计划》（2013年）、《中华人民共和国政府和巴勒斯坦国政府文化教育合作协定2017年至2021年执行计划》（2017年）。

九、与沙特阿拉伯的文化教育交流

自1990年7月21日建交以来，两国友好合作关系全面、快速发展，双方交往频繁，合作领域不断拓宽。2008年，两国建立战略性友好关系。2016年，两国建立全面战略伙伴关系。两国高层交往频繁。

2010年,沙特投入1.5亿美元修建世博会沙特馆,该馆被评为上海世博会"最受欢迎展馆"。沙方已将该馆赠予中方。2013年,中国文化部部长率团出席了沙特"杰纳第利亚文化遗产节"开幕式暨中国主宾国活动,这是两国建交以来我国在沙举办的最大规模文化交流活动,也是近年我国在阿拉伯地区举办的最大规模文化活动之一。2016年12月至2017年3月,"阿拉伯之路——沙特出土文物展"在中国国家博物馆展出,这是近年来沙特在东亚地区举办的最大规模文物展。2017年,阿卜杜勒阿齐兹国王图书馆北京大学分馆举行落成典礼,国王出席,并接受北京大学授予的名誉博士学位。

十、与也门的文化教育交流

1956年9月24日,中国与也门穆塔瓦基利亚王国建立公使级外交关系。1963年2月13日升格为大使级(当时也门已是阿拉伯也门共和国,即北也门)。1968年1月31日中国与也门民主人民共和国(南也门)建立大使级外交关系。1990年也门统一后,两国建交日期定为1956年9月24日。

十一、与阿曼的文化教育交流

1978年5月25日,中国、阿曼建交。建交后,两国关系发展顺利,各领域合作不断拓宽。两国高层交往密切。2008年4月,北京奥运会火炬在阿曼首都马斯喀特成功传递,马斯喀特成为北京奥运火炬境外传递中唯一的阿拉伯国家城市。

两国文化交流活跃。1981年,为纪念公元6世纪连接阿曼北部城市苏哈尔和中国广州之间的"海上丝绸之路",阿曼"苏哈尔号"仿古友谊船抵达广州。1995年,阿方出资在广州建成"苏哈尔号"古船纪念碑。2000年,阿方资助泉州海外交通史博物馆兴建伊斯兰阿拉伯文化陈列室。2009年,阿方捐资修建泉州清净寺礼拜堂。近年来,我艺术团多次赴阿演出,受到广泛欢迎。2014年,阿曼捐资在广州修建的"苏哈尔号"古船纪念碑完工。2015年,璀璨中华"欢乐春节"活动亮相阿曼艺术节,受到当地民众的广泛关注和好评。2016年,卡布斯苏丹大学开设中文课程。

2005 年，中方批准阿曼为中国公民出国旅游目的地国。2007 年，中阿友协宣布成立。2010 年，阿中友协正式成立。

十二、与阿联酋的文化教育交流

中国、阿联酋自 1984 年建交以来，两国友好合作关系发展顺利。特别是近年来，中阿关系呈现全面、快速的发展势头。两国高层互访和各级别往来不断，在国际和地区事务中相互支持与配合。2012 年，中阿建立战略伙伴关系。2016 年，阿方单方面宣布对持普通护照的中国公民免签。2017 年，中国作为主宾国参加了第 27 届阿布扎比国际书展。

十三、与卡塔尔的文化教育交流

1988 年 7 月 9 日，中国、卡塔尔建交。建交后，两国关系发展顺利。特别是近年来，两国高层交往密切，各领域务实合作深入开展，在国际和地区事务中保持了良好的沟通与协调。2014 年，两国建立战略伙伴关系。

两国在文化等领域合作成果丰硕。2016 年，中卡文化年开幕。近年来，中国艺术团队多次赴卡演出，受到当地民众广泛好评。

十四、与科威特的文化教育交流

1971 年 3 月 22 日，中科建交。建交以来，两国关系稳步发展。近年来，中科友好合作关系继续巩固和发展，两国保持各层次友好交往。2017 年，科宫廷事务大臣出席"一带一路"国际合作高峰论坛。

十五、与巴林的文化教育交流

1989 年 4 月 18 日，中巴建立外交关系。建交后，两国关系发展顺利，双方在政治、经济、文化、新闻等领域合作稳步发展。2008 年，中阿合作论坛第三届部长级会议在麦纳麦召开。2010 年，第二届"中国—阿拉伯国家新闻合作论坛"在麦纳麦举行。2010年，巴外交国务大臣来华出席中阿合作论坛第四届部长级会议。2013年，巴林国王赴宁夏出席首届中国—阿拉伯国家博览会。

2012年，中阿合作论坛第二届中国艺术节在巴举行。2014年，巴林孔子学院揭牌授课。2014年，巴林新闻文化大臣率团出席在京举行的第三届阿拉伯艺术节。2016年，巴林文化与文物局长率巴林政府文化代表团一行3人来华参加丝绸之路（敦煌）国际文化博览会。

第六节　中国与独联体 7 国的文化教育交流

一、与苏联、俄罗斯的文化教育交流

苏联是最早承认中华人民共和国的国家。面对美国对新生的共和国所采取的政治上不承认、经济上实行禁运和军事上包围的"遏制并孤立"的做法，中国采取了"一边倒"的外交政策，即站在以苏联为首的社会主义阵营一边，承认苏联在社会主义阵营中的领导地位。1949 年 12 月，签订了《中苏友好同盟互助条约》，这奠定了两国关系间政治上相互支持、经济上相互合作和文化方面相互交流的基础。

因苏联的解体，其继承国家主体的是俄罗斯，因此我国与苏联和俄罗斯的关系以两段划分更便于表述，也符合对历史事实的评价方式。

（一）中苏文化教育交流

20 世纪 50 年代，在经济上，苏联给予中国很大的援助，在军事上也给予了援助。在 20 世纪 60 年代，中苏矛盾日益突出，并挑起边境冲突。20 世纪 70 年代初期，中苏分歧是在苏联同西方的关系逐步缓和这样一种全球环境下发展的。1978—1981 年，中苏关系处于最低点。到 20 世纪 80 年代，中苏关系开始缓和。从 80 年代初开始，两国间经贸和教育文化往来已经恢复。在 1989 年 5 月，当苏联领导人戈尔巴乔夫访华时，实现了中苏关系正常化。

1. **中苏文化交流由热变冷**

中苏文化交流，特别是 20 世纪 50 年代的中苏之间大规模的文化交流，在中外文化交流的历史上具有特殊重要的地位，对中国社会和历史的发展产生了重要的影响。中华人民共和国成立至今，中苏交流大致可以分为 6 个阶段。

一是大发展阶段（1949—1954 年）。中华人民共和国的成立和中苏同盟的建立，中苏友好的巩固和发展，使中苏文化交流获得了绝好的发展机遇，中苏文化交流进入大发展、大繁荣时期。这一时期的中苏文化交流形式多样，内容丰富，是两国友好关系的重要象征和组成部分。

二是鼎盛阶段（1954—1957年）。赫鲁晓夫访华以后，中苏关系进入了"蜜月"期，中苏两国的文化交流进入了鼎盛时期，政府间交流和民间交流交相辉映。在浓厚的学苏氛围下，苏联"老大哥"成为中国各行各业处处学习的"榜样"，中苏文化交流全面而深入，科学、教育、文学、艺术等各方面的交流都取得了丰硕的成果。

三是继续发展阶段（1957—1960年）。这一时期中苏关系开始出现问题，学习苏联文化的色彩大为淡化，文化交流也受到了一些影响。但由于巨大的惯性，也因为两国都不想使矛盾表面化，双方企图维护和继续热络的文化交流，一些领域的交流继续发展，但交流过程中一些不和谐的因素时隐时现。

四是低潮阶段（1960—1966年）。随着中苏两党两国关系的恶化和中苏同盟的分裂，再加上"左"倾思潮的影响，以及意识形态上的分歧，中苏文化交流逐渐进入了低潮，数量和质量大不如前，摩擦和争执时有发生。此时，为数不多的文化交流成为联系两国关系的特殊桥梁和纽带。

五是停滞阶段（1966—1989年）。中国"文化大革命"开始后，政府间的中外文化交流受到了冲击。由于大力批判苏联修正主义路线，反苏情绪高涨以至于影响到民间交流，导致中苏文化交流也完全中断。1969年珍宝岛事件形成中苏军事冲突，兵戎相见。苏联在中苏、中蒙边界陈兵百万，形成大兵压境之势，致使中国"深挖洞"和迁移军工至西南三线、疏散大批科研院所离开北京。中苏文化交流就无从谈起了。随着中国加入联合国，中美建交和中美联合公报的发表，中国倾向于联合美国，利用美苏矛盾牵制苏联，中美文化交流和中欧、中日文化交流兴起，中苏文化交流就被搁置了。

六是恢复正常化阶段（1989—1991年）。随着戈尔巴乔夫1989年上半年访华，中苏关系开始正常化，中苏文化交流在新的国家关系基础上重新积极开展。这段时间很短，仅有两年，苏联解体，中苏文化交流变身为中俄文化交流。

总结中苏文化交流的特点以及20世纪50年代的中苏文化交流对中国的影响，这一时期的中苏文化交流具有主要依靠官方和执政党的关系推动、政治意识形态色彩浓厚、具有不平衡性和大起大落等特点。这一时期的中苏文化交流对中国社会历史发展、对中国民众、对中国文化都有很大的影响，中苏文化交流有着深刻的经验教训和历史启示。

2. 中苏教育交流大起大落渐恢复[1]

教育交流是外交和政治关系的延续。从 1949 年到 1991 年，中国和苏联的教育交流也极大地受到两国国内政治关系的影响，从而使中国与苏联的教育交流经历了非同寻常的起伏与动荡。在这段特定时期，苏联的教育思想和教育体制不仅深深地影响了中国教育体系的形成和确立，同时也影响了中苏教育交流的规模和走向。

中华人民共和国成立以后，借鉴苏联的教育经验是中国推翻旧教育体制和建立新教育体系的首选。中苏教育交流大致可以分为 3 个阶段，第一阶段（1949—1960 年）和第三阶段（1977—1990 年）都属于中国要大力发展经济建设阶段，尤其是中华人民共和国刚成立时，社会的各个方面都需要向苏联学习。

第一阶段：时间从 1949 年 10 月 3 日苏联政府决定与中国建立外交关系并互派大使到 1960 年年底苏联撤走在中国的全部专家。这个阶段，在苏联教育模式的影响下，中华人民共和国对旧的教育体制进行了改造，收回了所有外国教会开办的学校。全国的高等院校展开了学习苏联的教育改革活动，从中华人民共和国成立初期开始的全国高校跨校间的院系调整到 1953 年基本完成。通过这次改革，把高等院校分为了综合性大学、专门学院和专科学校。此外，对大学系和专业的设置也进行了全面的改革与调整，有一些专业的学制从 4 年延长到 5 年。

在高等教育部主持下，依靠苏联专家，制定向全国外语院系推荐使用的俄语各门课程教学大纲。大力翻译苏联高等学校的教学计划、教学大纲和教材，并参照制订、编写我国的教学计划、教学大纲和教材。1954 年，高等教育部委托 26 所高校在苏联专家的帮助下制订统一的教学计划，采用了 620 门苏联课程作为教材。从 1951 年到 1957 年，人民教育出版社翻译出版的苏联教育书籍有 303 种，共发行 1262 万多册。1953 年时，中国有 63 所大学和学院与苏联的大学和学院建立了直接的联系。《人民教育》杂志从 1950 年到 1957 年就先后在所出版的 77 期刊物上刊登有关苏联教育的文章 170 篇，共计 804 页。

大量苏联教育专家、中国教师和 10 批留学生互派交流。从 1950 年到 1957 年，

---

[1] 顾宁. 冷战年代中苏教育交流的启示［J］. 世界历史，2004（4）.

共有750名苏联专家在中国的大学、学院和专科学校任教或进行指导。苏联专家在中国教育系统中的制定教学大纲、编写教材、建立其他语种的教学工作、帮助建立军事院校4方面发挥了举足轻重的作用。1955年至1956年1月，中国派遣大约100名教员到苏联受训半年至两年。1951年向苏联派第一批留学生375人（含136名研究生）。派到苏联留学人数最多的一年是1956年，有2085人赴苏联留学进修。1951年至1960年，中国高等教育部向苏联派出的留学生人数多达8163人，向其他国家派出总共才1096人。留苏归国人员对中国的社会主义建设发挥了很大作用。中国不少国家领导人、专家学者和艺术家也曾留学苏联。

　　第二阶段：时间从1961年至1976年。20世纪60年代初期，中苏之间的论战公开化，中苏关系开始恶化，从而使两国教育交流受到严重影响。从1961年到1966年，除中国学生在苏联留学和进修外，中国派出留苏学生仅206人，苏联教育专家已经全部从中国撤出。到"文化大革命"开始时，绝大部分的中国留苏学生已经停止学业归国。两国政府再无交流计划的签署和实际进行。

　　1966年到1977年，也就是"文化大革命"阶段，中国的教育管理自顾不暇，直到1972年才开始恢复外派留学生，但主要是去英国、法国、加拿大、德国和日本学习语言，没有向苏联派遣学生或学者。

　　第三阶段：时间是从1977年到1990年，即从中国国内教育和与其他国家的教育交流开始走向正轨，在1989年5月中苏实现国家关系正常化之前到苏联解体。1978年，中国全面恢复了向国外派遣留学生的工作，但是中苏两国间的教育交流直至1987年才出现转机。1988年4月在北京举行了中苏教育合作小组第一次例会，商定了《中苏1988—1990年教育合作计划》。中苏互派教育代表团出访。我国从苏联聘请了42名教员和27名专家来华任教、讲学。1990年，中苏两国教委副主任分别互访，在苏联签署了《中苏1991—1995年教育合作计划》。根据《中国教育年鉴1990年》，1989年全国派出的高级访问学者和进修人员共2444人，派到苏联东欧国家的留学人员占14.5%。

　　总结来看，苏联来华的留学人数和中国留学苏联的人数并不对等。1952年到1983年间，苏联来华学生数为200人，同期到苏联的中国留学人数是8356人，相差41.78倍。这种不对等的原因在于当时中国需要向苏联学习建设社会主义的经验，因此派出大量人员出国学习。

　　从某种角度看，中苏教育交流对中国的影响非常大，胜过其他方面的交流。

(二) 中俄文化教育交流
1. 中俄文化交流走向正常关系

中俄于 1996 年建立战略协作伙伴关系，2001 年签署《中俄睦邻友好合作条约》，2011 年建立平等信任、相互支持、共同繁荣、世代友好的全面战略协作伙伴关系，2014 年中俄全面战略协作伙伴关系进入新阶段。当前，中俄关系处于历史最好时期。两国高层交往频繁，形成了元首年度互访的惯例，建立了总理定期会晤、议会合作委员会以及能源、投资、人文、经贸、地方、执法安全、战略安全等完备的各级别交往与合作机制。双方政治互信不断深化，在涉及国家主权、安全、领土完整、发展等核心利益问题上相互坚定支持。积极开展两国发展战略对接和"一带一路"建设同欧亚经济联盟对接，务实合作取得新的重要成果。两国人文交流蓬勃发展，世代友好的理念深入人心，两国人民之间的了解与友谊不断加深。中俄在国际和地区事务中保持密切战略协作，有力维护了地区及世界的和平稳定。2017 年 7 月，两国元首签署并发表《中俄关于当前世界形势和重大国际问题的联合声明》。

中俄分别于 2006 年和 2007 年、2009 年和 2010 年、2012 年和 2013 年互办国家年、语言年、旅游年，2014—2015 年举办青年友好交流年，2016—2017 年举办中俄媒体交流年。

2015 年，中俄蒙元首第二次会晤，批准了《中华人民共和国、俄罗斯联邦、蒙古国发展三方合作中期路线图》。其中，人文合作内容包括研究扩大三方学术和教育中心合作；加快建立中俄蒙三方学术和智库交流机制，为三方合作提供智力支持；加强中俄蒙三方文化领域合作，联合举办文化节等活动，支持三方专业文化团体、文化机构之间建立直接联系，鼓励三国文化艺术领域专家学者之间的交流合作；研究在蒙古学和佛教领域开展三方学术合作；扩大旅游领域合作，包括就共同打造"万里茶道"国际旅游线路组建专门工作组；推动发展"贝加尔湖（俄罗斯）—库苏古尔湖（蒙古国）"跨境旅游线路，及其下一步与中国边境省区和"草原丝绸之路"相对接；支持每年举办中俄蒙旅游合作协调委员会会议；会同有关体育协会推动体育运动领域互利合作，扩大体育代表团互访，推动中俄蒙运动员参与在三方境内举办的国际体育赛事。

截至 2017 年 3 月底，双方已经建立 128 对友好城市及省州、数十对经贸结对省州，建立了中国长江中上游地区和俄罗斯伏尔加河沿岸联邦区地方合作理事会、中国东北地区和俄罗斯远东及贝加尔地区政府间合作委员会。

2. 中俄教育交流逐步发展

目前，两国教育领域长短期留学交流人员达 7 万余人，双方争取 2020 年将留学人员总数增加到 10 万人。

二、与乌克兰的文化教育交流

苏联解体后，乌克兰成为独立国家。中乌两国于 1992 年 1 月 4 日建交，2001 年建立全面友好合作关系，2011 年共同宣布建立战略伙伴关系。两国在各领域友好互利，合作发展迅速，两国人民的传统友谊不断加深。2011 年，召开中乌政府间合作委员会第一次会议，正式启动委员会机制。委员会下设经贸、农业、航天、科技、文化、教育、卫生 7 个分委会和秘书处，每两年举行一次会议，2013 年第二次会议在北京举行。双方在文化、教育等领域合作顺利，成果丰硕。

三、与白俄罗斯的文化教育交流

苏联解体后，白俄罗斯成为独立国家。中白两国于 1992 年 1 月 20 日建交。两国关系发展顺利，高层交往频繁。2013 年，中白建立全面战略伙伴关系。2016 年，建立相互信任、互利共赢的全面战略伙伴关系。2017 年，白总统来华出席"一带一路"国际合作高峰论坛。

2014 年，召开中白政府间合作委员会第一次会议，正式启动委员会机制。委员会下设经贸、科技、安全、教育、文化 5 个分委会和秘书处，每两年举行一次会议。2016 年，在明斯克举行委员会第二次会议。双方在科技、教育、文化等领域合作顺利，成果丰硕。

四、与格鲁吉亚的文化教育交流

苏联解体后，格鲁吉亚成为独立国家。中格两国于 1992 年 6 月 9 日建交，两国友好合作关系发展顺利，各领域合作逐步扩大。2017 年"一带一路"国际合作高峰论坛期间，双方正式签署中格自贸协定。格成为欧亚地区第一个与中国建立自贸安排的国家。双方在文化、教育、旅游等领域合作顺利，地方交往密切，成果丰硕。

五、与阿塞拜疆的文化教育交流

苏联解体后，阿塞拜疆成为独立国家。中阿两国于 1992 年 4 月 2 日建交。两国关系发展顺利，高层交往密切。1999 年，双方举行中阿经贸合作委员会第一次会议。2016 年，举行第 6 次会议。双方在文化、教育等领域合作顺利。双方在阿共合作开办 2 所孔子学院。

六、与亚美尼亚的文化教育交流

苏联解体后，亚美尼亚成为独立国家。中亚两国于 1992 年 4 月 6 日建交。两国关系发展顺利，高层交往密切。两国在各领域的友好合作关系发展迅速，两国人民的传统友谊不断加深。双方在文化、教育等领域合作顺利，成果丰硕。2011 年、2015 年，"亚美尼亚文化日"在华举办。2012 年、2014 年和 2016 年，"中国文化日"在亚举办。双方共合办 1 所孔子学院、3 所孔子课堂。亚已成为中国公民组团出境旅游目的地国。

七、与摩尔瓦多的文化教育交流

苏联解体后，摩尔瓦多成为独立国家。中摩两国于 1992 年 1 月 30 日建交。两国的友好合作关系稳步发展，政治互信不断加深，各领域合作逐步扩大。2017 年，摩副总理来华出席"一带一路"国际合作高峰论坛。

双方在文化、教育等领域合作顺利，成果丰硕。西北师范大学与摩尔多瓦自由国际大学合作开办了孔子学院。

第七节 中国与中东欧16国的文化教育交流

中东欧16国包括波兰、立陶宛、爱沙尼亚、拉脱维亚、捷克、斯洛伐克、匈牙利、斯洛文尼亚、克罗地亚、波黑、黑山、塞尔维亚、阿尔巴尼亚、罗马尼亚、保加利亚和马其顿。

一、与波兰的文化教育交流

1949年10月7日，两国建立大使级外交关系。20世纪50年代，中波关系处于全面发展时期。两国相互支持、密切合作，高层互访频繁。随着中苏关系逆转，中波关系也日渐疏远，高层往来逐步中断。70年代初，中波关系出现松动。从1983年起，中波关系开始走向正常化。2016年，建立全面战略伙伴关系。

两国建交后不久即开始互派留学生。1950年，签订中波新闻交换合同。1951年，两国签订文化合作协定，这是我国与东欧国家签订的第一个文化协定。每年双方轮流派出文化代表团到对方国家商谈并签订文化合同年度执行计划。从1959年起，两国文化合作执行计划改为两年签订一次，此后又陆续签订了有关广播、电影等合作协定、合同、议定书等。

20世纪80年代两国关系正常化以后，中波在文化、教育等方面的合作也得到恢复和发展，每年文化交流、文艺团体互访不断，双方再次启动互派留学生进修生机制。现中波每年互派教师和留学生35名。2002年，签署了两国文化部副部长会谈纪要。2003年，中国残疾人艺术团赴波访问演出。2004年，在波举办"中国音乐周"，包括中国古代乐器展、中国民乐表演、讲座等，中国京剧院赴波演出《图兰朵公主》和《杨门女将》。波兰玛佐夫舍歌舞团来华访演。"波兰电影周"在华举行。双方签署了两国《文化部2004—2006年文化合作备忘录》和《2004—

2006 年教育合作协议》。2005 年，波兰文化部副部长来华出席"波兰文化日"活动。2006 年，"中国文化日"活动在波成功举办，克拉科夫孔子学院成立。2008 年，波文化与民族遗产部国务秘书访华并出席"波兰文化节"活动。克拉科夫雅盖隆大学孔子学院运转顺利，波兹南密茨凯维奇大学孔子学院、奥波莱理工大学孔子学院、弗罗茨瓦夫大学孔子学院相继成立。2009 年，文化部派出"紫禁城室内乐团"赴波演出。2011 年，中国广播艺术团赴波执行"欢乐春节"访演任务，教育部高等教育质量保障代表团访波，北京大学校长赴波参加华沙大学国际纯粹与应用化学联合会理事会年会。2012 年，文化部派出"乐和天地艺术团"赴波进行"欢乐春节"演出，两国文化部签署《2012—2015 年文化合作议定书》，"中波大学校长对话"在华沙举行，中方首次在波举办"中国文化季"活动，在波举办"2012 波兰—中国西藏文化周"。2013 年，广西杂技团赴波执行"欢乐春节"访演任务，首次中波地方合作论坛在波兰革但斯克举行，波在华举办第二届"波兰文化节"。2014 年，河南艺术团赴波执行"欢乐春节"访演任务，第二届中波地方合作论坛在广州举行，在波举办"中国民族文化周"活动，"中国园"在华沙瓦津基公园落户，波在华举办"波兰文化节"。2015 年，波兰在华举办"来自肖邦故乡的珍宝：15 至 20 世纪的波兰艺术"展览，上海文化艺术团赴波执行"欢乐春节"访演任务，第二次中国—中东欧国家高校联合会及第三届中波大学校长论坛召开。2015 年两国政府签署了《关于共同推进"一带一路"建设的谅解备忘录》。2016 年，两国政府签署《关于相互承认高等教育文凭和学位协议》，两国文化部签署《2016—2019 年文化合作议定书》。

二、与立陶宛的文化教育交流

1991 年 9 月 14 日，中立签署了《中华人民共和国和立陶宛共和国建交联合公报》。建交后，两国关系总体发展顺利，两国领导人保持交往。

中立签署政府和部门间合作文件十多个，涉及文化等领域。1992 年，签署《关于互免签证协议》。1993 年，签署《文化合作协定》。2001 年，立考纳斯市与厦门市签署《建立友好城市协议》。2001 年，签署两国文化部《2001—2003 年文化交流计划》。2004 年，维尔纽斯市与广州市签署了两市加强友好交流合作备忘录。2007 年，签署两国文化部《2007—2011 年文化合作计划》。2009 年，国家汉办与立陶宛维尔纽斯大学就建立孔子学院达成协议。维尔纽斯大学将与辽宁大学合办孔子学院。2011年，中国民乐音乐巡演在维尔纽斯举行。2011年，双方签署《2012—2016年度文化交流执行计划》。2013年，立陶宛文化部部长来华出席中国—中东欧国家文化合作论坛。2014年，波罗的海三国联合在华举办"波罗的艺术节"。2015年，签署《关于相互承认高等教育文凭的协议》，中方在立陶宛等波罗的海三国举办"中国文化节"，中立教育部签署互认学历学位协议。2016年，签署《文化合作执行计划（2017—2021）》，立陶宛OKT剧团来华在北京、上海、广州等地巡演《哈姆雷特》，立国家歌剧院与芭蕾舞剧院同中国对外演出公司签署"丝绸之路"框架歌舞剧院联盟战略合作协议，立陶宛维尔纽斯小剧院来华参加北京南锣鼓巷戏剧节。2017年，"丝路瑰宝展"在立首都维尔纽斯展出。

三、与爱沙尼亚的文化教育交流

1991年9月11日，中国同爱沙尼亚建交。建交以来，两国关系发展总体顺利。

1993年，签署《中华人民共和国政府和爱沙尼亚共和国政府文化、教育和科学合作协定》。2000年，签署两国文化部《2001—2003年文化交流计划》，爱商业学院与山东女子学院签署了合作协议。2002年，爱"Lee"舞蹈团访华，在北京、青岛和大连进行了演出。2002年，中国文化部在爱国家图书馆举办中国传统绘画展。2004年，签署两国文化部《2005—2007年文化交流计划》。2005年，湖南昆剧团在爱首都塔林歌剧院演出，中国汉字展暨纪念抗日战争胜利60周年、西藏自治区成立40周年庆祝活动在爱国家图书馆举行，杭州民乐团在爱音乐厅举办专场演出。2007年，中国电影周在爱沙尼亚开幕，中国天津民族舞蹈团访爱演出，签署两国文化部《2008—2012年文化交流计划》。2008年，《边缘国家—爱沙尼亚当代艺术展》在广东展出，签署两国教育部《2008—2012年合作协议》。2010年，波罗的海地区首家孔子学院在爱塔林大学揭牌。2011年，中国民乐团赴爱沙尼亚访演，中国杂技团参加"塔林国际花卉节"。2012年，爱沙尼亚首都塔林举办第三届庆祝中国春节活动，中国教育部留学基金委组织中国教育展览团访爱并参加2012年波罗的海三国国际教育展，爱沙尼亚青少年歌舞团赴华演出。2013年，签署两国文化部《2013—2017年文化交流协议》。2014年，塔林大学与上海财经大学签署关于《共建孔子学院备忘录》。2015年，签署了《中华人民共和国教育部与爱沙尼亚共和国教育和研究部关于相互承认高等教育文凭的协议》。

四、与拉脱维亚的文化教育交流

1991年9月12日，签署了《中华人民共和国和拉脱维亚共和国建交联合公报》。1992年1月4日，中国在拉设立大使馆。同年1月底，拉政府与台湾当局签署所谓"建立领事关系的联合声明"，并于2月上旬允许台在里加开设"总领事馆"。中国政府决定从拉撤出大使馆。1994年，拉政府重申接受中国在台湾问题上的一贯立场，承诺断绝同台湾的领事关系，中拉双方宣布关系正常化。

2001年，拉脱维亚民族演奏演唱团访华并在北京、长春两地进行了演出。2002年，双方签署了《2003—2005年文化交流计划》，中国景德镇瓷器展在里加外国艺术博物馆开幕。2007年，两国签署《2006—2010年文化交流计划》。2007年，天津歌舞剧院赴拉演出。2013年，中国残疾人艺术团在里加举行演出。2016年，中拉签署在里加设立中国文化中心的谅解备忘录，中国文化部在里加举办"丝路瑰宝展"。

1996年，签署《中华人民共和国政府和拉脱维亚共和国政府文化和教育合作协定》。2010年，签署《中华人民共和国教育部与拉脱维亚教育部相互承认高等教育学历及学位的协议》。2016年，签署《中华人民共和国政府和拉脱维亚共和国政府关于共同推进"一带一路"建设的谅解备忘录》

五、与捷克的文化教育交流

中国同原捷克斯洛伐克于1949年10月6日建交。1993年1月1日，捷克共和国成为独立主权国家，中方即予以承认并与之建立大使级外交关系，继续沿用1949年10月6日为两国建交日。2016年，中捷建立战略伙伴关系。

1994年，中方在捷举办西藏艺术展。1995年，商签两国文化合作计划。1996年，双方签署两国文化部《1997—1999年文化合作议定书》。1997年，中国电影周在捷举行。1999年，捷克电影周活动在华举办。2000年，双方签署两国文化部《文化议定书》。2002年，中方在布拉格举办"中国苏州传统工艺精品展"。2004年，签署两国文化部《2004—2006年文化合作议定书》。2005年，两国文化部签署了《关于在捷克举办"中国文化展"的意向书》。2006 年,"中国丝绸文化展"和中国电影周在捷成功举办,捷在华举办文化周。2007 年,捷在华举办"捷克——欧洲的枢纽"系列文化活动,中国广播民乐团参加"布拉格之春"国际音乐节并举办专场音乐会。2008 年,签署两国文化部《2007—2011 年文化合作议定书》。2008 年,"感知中国·中欧行"大型系列文化活动在捷克举行。根据两国文化部合作计划,2009 年,中国文化节在捷首都布拉格举行,中国中央民族歌舞团的演出受到捷民众的热烈欢迎。2010 年,捷克文化节在北京和烟台举行。2011 年,签署两国文化部《2012—2014 年文化合作议定书》。2013 年,"捷克布拉格交响乐团"来华出席第 30 届"上海之春"国际音乐节。2014 年,"华夏瑰宝展"在布拉格举办,"紫禁城"室内乐团、"云南声音"艺术团、"武·蹈门"功夫舞团赴捷演出,两国签署《2015—2018 年文化合作议定书》《关于合拍大型系列动画片〈熊猫和鼹鼠〉的合作协议》,捷"穆夏绘画展"在华举行。2015 年,"欢乐春节"庙会活动在布拉格举行,两国签署《中捷合拍动画电影〈熊猫和鼹鼠〉的合作意向书》,"今日中国"文化周在皮尔森市举行,中捷签署《中国国家新闻出版广电总局与捷克文化部关于电影交流合作的谅解备忘录》《中国国家旅游局与捷克地方发展部关于旅游交流合作的联合声明》。2016 年,"欢乐春节"庙会活动再次在布拉格举行,中捷签署《〈习近平谈治国理政〉捷克文版(暨中国主题图书)合作出版框架协议》,《熊猫和鼹鼠》开播,中捷合拍二战题材电视剧《最后一张签证》。

1996 年,签署两国教育部《1996—1999 年教育交流协议》。2000 年,签署两国教育部《2000—2003 年教育交流协议》。2003 年,签署两国教育部《2004—2007 年教育交流协议》。根据协议,中捷两国每年互换 15 名奖学金留学人员。中方现有 2 名教师在捷任教;捷有 1 名教师在华任教,捷留学人员 11 名。2007 年,捷第一所孔子学院在帕拉茨基大学正式成立,中国 15 所大学首次在捷举办中国教育展。2008 年,签署两国教育部《2008—2011 年教育交流协议》。2012 年,签署两国教育部《2012—2015 年教育交流协议》。2015 年,签署两国教育部《2016—2019 年教育交流协议及关于开展学历学位互认的联合声明》。2016 年,两国教育部签署《中捷高等教育学历学位互认协议》。

六、与斯洛伐克的文化教育交流

中国同原捷克斯洛伐克于1949年10月6日建交。1993年1月1日，斯洛伐克共和国成为独立主权国家，中国即予以承认并与之建立大使级外交关系，同时继续沿用1949年月10月6日为两国建交日期。近年来，两国关系发展顺利，各级别人员往来增多，合作领域不断扩大。2016年10月，中斯关系因斯总统等个别政要会见达赖受损。

2015年，签署《中华人民共和国政府和斯洛伐克共和国政府关于推进丝绸之路经济带和21世纪海上丝绸之路建设的谅解备忘录》。

1994年，双方签署了《1994—1995年文化合作计划》，中国在斯首都举办了"西藏艺术展览"。1996年，双方签署两国文化部《1996—1998年文化交流计划》。1998年，斯文化周在京举行。2000年，双方签署两国文化部关于延长合作计划有效期的议定书，并举办"斯洛伐克文化日"活动。2001年，西藏自治区阿里地区象雄艺术团和甘肃省敦煌艺术剧院联合组成"中国民族艺术团"赴斯访演。2002年，在斯首都布拉迪斯拉发举办了《世界文化遗产在中国》图片展。2003年，双方签署了《2003—2005年文化合作计划》。2004年，中国在斯举办"中国电影周"。2005年，中国在斯举办《上海风情》图片展。2006年，中国在斯举办"中国少数民族服装服饰展"。2008年，中国在斯举办"感知中国·中欧行"大型文化活动，斯在华举办"斯洛伐克电影周"。2009年，双方签署《中斯文化合作计划》，中央民族广播乐团赴斯演出取得圆满成功。2010年，中国中央民族乐团赴斯举办新年大型民族音乐会。2014年，为庆祝中国和斯洛伐克建交65周年，两国共同举办了系列文化庆祝活动。2015年，两国文化部签署了《2015—2019年度文化合作计划》。

1994年，双方签署两国教育部《1994—1997年教育合作计划》。1998年，双方签署两国教育部《1998—2001年教育合作计划》。2001年，中斯签署两国教育部《2001—2004年教育合作计划》。两国于1993年起互派留学生。2007年，双方签署两国教育部《2007—2010年教育合作计划》。根据协议，双方互换奖学金留学人员不超过15人/年和一名语言教师。北京外国语大学、斯考门斯基大学分别设有斯语和汉语专业。2007年，斯第一所孔子学院在斯技术大学举行揭牌仪式。

2014年，第十三届"汉语桥"世界大学生中文比赛斯洛伐克、捷克赛区预赛成功在斯举办。2015年，上海对外经贸大学和考门斯基大学在斯合作成立第二所孔子学院，两国教育部签署《2016—2019年教育合作计划》。2016年，中国国家汉办和布拉迪斯拉发孔子学院合作，在班斯卡·比斯特里察市科瓦奇中学开设中斯双语实验班。

2015年，签署《关于旅游领域的合作谅解备忘录》。

截至目前，双方共有结好省（州）、市3对。

七、与匈牙利的文化教育交流

1949年10月4日，匈牙利宣布承认中华人民共和国，10月6日，两国建立外交关系。建交后，两国友好关系全面发展，领导人互访等各种形式的往来密切，各领域合作不断加强，两国人民的友谊进一步加深。1989年匈牙利剧变后，双边交往一度减少。2004年，双边关系提升为友好合作伙伴关系。

中匈两国在文化教育领域合作密切。1991年，签署了两国政府《1991—1992年科学、教育和文化计划》。1992年，匈塞盖什白堡举办中国工艺和图片摄影展览。1993年，签署了两国文化部《1993—1994年文化合作计划》。1995年签署了国家教委和匈文教部《1995—1997年教育合作工作计划》。1997年，双方签署了关于相互承认学历、学位证书的协议。2000年，签署了两国《2000—2003年教育合作执行计划》。2004年，布达佩斯匈中双语小学正式开学。2005年，匈文化周在北京举行。2006年，孔子学院在罗兰大学设立。2007年，"匈牙利节"开幕式在北京和上海举行。2009年，签署了两国文化部年度合作计划，中国文化部在匈举办了"中国文化节"。2010年，云南省歌舞剧院赴匈参加"文化之桥"春节演出活动，匈当代艺术展在中国美术馆展出。2012年，匈第二所孔子学院在塞格德大学设立。2013年，中匈互设文化中心协定在匈签署。

两国在旅游领域的交流与合作持续发展。2002年，匈牙利成为中国公民出境旅游目的地国。2014年，匈牵头成立中国—中东欧国家旅游联合会协调中心。

2015年，签署《中华人民共和国与匈牙利政府关于共同推进丝绸之路经济带和21世纪海上丝绸之路建设的谅解备忘录》。

八、与斯洛文尼亚的文化教育交流

1991年6月25日,斯洛文尼亚宣布脱离南斯拉夫独立。1992年4月27日,中国正式承认斯洛文尼亚,5月12日两国正式建立外交关系。

2011年,签署《中华人民共和国新闻出版总署与斯洛文尼亚共和国文化部合作协议书》。

中斯政府间签有《教育、文化、科学合作协定》(1993年)、《新华社与斯通社合作协定》(1994年)。2010年,卢布尔雅那大学孔子学院正式成立。

2012年,为庆祝中国与斯洛文尼亚建交20周年,上海市和成都市代表团在卢布尔雅那市举行"中国成都摄影展""成都旅游推介会""道法自然"画展和志愿者文艺演出等活动。

九、与克罗地亚的文化教育交流

1991年6月25日,克罗地亚宣布脱离南斯拉夫独立。1992年5月13日,中克建交。2005年,中克建立全面合作伙伴关系。

中克政府间签有《文化教育合作协定》(1993年)、《旅游合作协议》(2000年)。2003年,克成为中国公民旅游目的地国。2004年,克萨格勒布大学正式开设汉学专业。2012年,萨格勒布大学孔子学院正式揭牌。2013年,双方签署《2013—2016年教育合作计划》。2016年,签署《2016—2020年文化合作执行计划》。

十、与波黑的文化教育交流

1992年5月22日,联合国大会通过决议,同意接纳波黑以独立国家身份加入联合国,中国投了赞成票。两国自1995年4月3日起建立大使级外交关系。

2002年,签署《中华人民共和国政府和波斯尼亚和黑塞哥维那部长会议文化合作协定》和《2002至2004年度文化合作执行计划》。2015年4月,波黑首家孔子学院——萨拉热窝大学孔子学院正式揭牌。

十一、与黑山的文化教育交流

2006 年 6 月 3 日，黑山宣布独立。6 月 14 日，中方宣布承认黑山共和国。7 月 6 日，中黑建交。

中黑政府签有《中国中央电视台与黑山广播电视台合作协议》(2007 年)、《关于中国旅游团队赴黑山旅游实施方案的谅解备忘录》(2007 年)、《关于文化、教育、社会科学和体育领域合作协定》(2009 年)。

2015 年，黑山大学孔子学院揭牌仪式在黑山大学举行，黑山大学孔子学院由长沙理工大学和黑山大学合作设立；"丝路花语——四川书画艺术清赏"在黑山展出。2016 年，两国文化部签署《2017—2019 年度政府间文化合作执行计划》，四川博物院与黑山布德瓦市联合举办"蜀风汉韵——四川地区汉代画像砖拓片展"，中南民族大学艺术巡演团赴黑山演出。

十二、与塞尔维亚的文化教育交流

1955 年，中国同原南斯拉夫建立外交关系。南斯拉夫解体后，中国驻原南斯拉夫大使馆先后更名为中国驻塞尔维亚和黑山大使馆（2003 年）、中国驻塞尔维亚共和国大使馆（2006 年）。2009 年，中塞宣布建立战略伙伴关系。2016 年，建立全面战略伙伴关系。

2016 年，贝尔格莱德中国文化中心奠基，签署《关于互免持普通护照人员签证协定》。中塞政府间签有《关于共同推进"一带一路"建设的谅解备忘录》《文化合作协定》。2010 年，塞尔维亚"文化周"在北京和天津举行。2013 年，签署《2013—2016 年文化合作计划》。2014 年，双方签署《中塞互译出版项目合作议定书》。2016 年，首届中国—中东欧国家文化创意产业论坛在贝尔格莱德举行。2017 年，《中塞互免持普通护照人员签证协定》正式生效。

十三、与阿尔巴尼亚的文化教育交流

中华人民共和国和阿尔巴尼亚共和国于 1949 年 11 月 23 日建交。两国于 1954 年互派大使。1971 年，阿为恢复中华人民共和国在联合国的合法席位做出重要贡献。

中阿两国于 1954 年签署了政府间文化合作协定，此后双方陆续签署了 8 个年度交流计划。1991 年，两国签署政府间文化、教育合作协定。

2013 年，中国国际广播电台调频台在阿落地，阿首家孔子学院揭牌成立，首批中小学汉语课堂正式开班，中国残疾人艺术团访阿。2015 年，双方签署《经典图书互译出版项目合作协议》。2016 年，签署《中国文化部和阿尔巴尼亚文化部 2016—2020 年文化合作计划》。

十四、与罗马尼亚的文化教育交流

中国与罗马尼亚自 1949 年 10 月 5 日建交以来，一直保持着友好合作关系。1971 年 10 月，在第 26 届联合国大会上，罗作为联合提案国，投票赞成关于恢复中华人民共和国在联合国的一切合法权利的决议。2004 年，两国建立全面友好合作伙伴关系。

中罗两国在文化、教育等领域的交流与合作密切。近年来，双方在保持官方交往的同时，还鼓励和支持民间文化交流，并取得了积极成果。目前，两国每年在文化、教育、卫生、体育、影视等方面互派访问团组近 30 个。近年来，中方先后在罗举办"中国文化节""欢乐春节""感知中国"图片展、"华夏瑰宝展""对话兵马俑"主题展等大型文化活动。2013 年，罗文化部国务秘书来华出席首届中国—中东欧国家文化合作论坛。2013 年和 2014 年，罗国家广播交响乐团、"牧歌"国家室内合唱团分别献艺"上海之春"国际音乐节和中国国际合唱节。2013 年，双方签署《中华人民共和国政府和罗马尼亚政府关于互设文化中心的协定》。2015 年，罗文化中心在华成立。2016 年，"罗马尼亚瑰宝展"先后在国家博物馆和四川博物馆巡展，《舌尖上的中国》在罗国家电视台播出，"罗马尼亚电影节"在北京、上海、西安举办。两国已建立 33 对友好城市关系。

中罗两国教育部门签有教育合作协议。主要内容包括互派教育代表团，互换留学人员、互聘教师、交流经验、发展高校间直接合作等。1995 年，中国国家教委和罗教育部签订了关于互相承认高等教育学历、文凭和学历证书的协议。中国在罗已开设 4 家孔子学院、6 家孔子课堂和 36 个汉语教学点。2014 年，首家罗资中文学校在罗首都二区成立。

十五、与保加利亚的文化教育交流

中国与保加利亚于 1949 年 10 月 4 日建交。20 世纪 50 年代，两国关系发展顺利。60 年代起，双边交往一度减少。自 80 年代起，两国各领域的交流与合作逐步增多，两国关系平稳发展。2014 年，签署建立全面友好合作伙伴关系的联合公报。

两国政府于 1952 年和 1987 年两度签署《政府文化合作协定》，并在此基础上签订了一系列文化、科学和教育年度合作计划。2009 年，两国政府签署了《2008—2012 年文化合作计划》。2009 年，双方在索非亚共同举办了"中保庆祝建交 60 周年音乐会"；中国外交部出版了《中保建交 60 周年》纪念画册；两国友协共同举办了庆祝建交 60 周年专题研讨会；两国邮政部门分别发行了建交 60 周年纪念封；两国驻对方使馆分别举行了大型庆祝招待会、图片展、研讨会等活动。2011 年，昆曲《牡丹亭》、内蒙古《吉祥草原》等文艺演出在保举行。2013 年，中国四川甘孜州民族歌舞团在保举行文艺表演，"欢乐春节"品牌首度走进保加利亚。2014 年，《中华人民共和国文化部和保加利亚共和国文化部关于互设文化中心的谅解备忘录》在北京签署。2015 年，两国文化部部长在索非亚签署互设文化中心协定。

1984 年，中保恢复在教育领域内的合作关系，互派留学生。1986 年，两国签订《1987—1991 年高等教育直接合作协议》。协议包括每年互派代表团访问；支持和鼓励校际交流和专业人员互访；交换留学生和语言文学教师；交换教材和有关资料；参加对方的语言短训班等等。此协议已续签至 2007 年。1990 年，两国签订相互承认文凭、学位和证书的协议。1953 年，索非亚大学开办汉语专业，现在校生保持在 30 人左右。2003 年，该校建立了汉语水平考试点并成功举行了第一次考试。2006 年，孔子学院在索非亚挂牌成立。自 2008 年起，中保双方互派奖学金留学生名额由原来的 25 名增至 35 名。目前中国在保留学生约 70 名，其中 35 名为公费留学生；保在华留学生约 170 名，其中 35 名为公费留学生。2012 年，保第二家孔子学院在大特尔诺沃大学成立。2012 年，两国政府签署《中保 2012—2015 年教育合作协议》。2014 年，"中国—中东欧国家高校联合会"首任欧方秘书处设在保加利亚索非亚大学。2015 年，索非亚示范孔子学院启用仪式和欧洲孔子学院联席会议在索非亚举行。2015 年，两国教育部续签教育合作协议。

2015 年，双方签署《中保旅游合作谅解备忘录》。

十六、与马其顿的文化教育交流

1993年4月7日,联合国大会通过决议,同意以"前南斯拉夫马其顿共和国"的临时国名接纳马其顿为联合国成员,中国投了赞成票。10月12日,两国自即日起建立大使级外交关系。近年来,双边关系发展顺利。

中马政府1995年签署《文化合作协定》、2007年签署《教育合作协议》,2011年,"马其顿文化日"活动在北京和大连举行。2013年,马其顿文化部副部长来华参加"中国—中东欧国家文化合作论坛",首届中国文化节在马其顿举行。马其顿首家孔子学院在圣基里尔—麦托迪大学正式揭牌成立,中国残疾人艺术团赴马其顿演出。

第八节　中国与西欧国家的文化教育交流

一、与英国的文化教育交流

英国于 1950 年承认中华人民共和国，是最早承认中华人民共和国的西方大国。中英于 1954 年 6 月 17 日建立代办级外交关系，1972 年 3 月 13 日升格为大使级。此后 30 多年，中英关系历经波折，总体上朝着积极稳定的方向发展。1997 年香港政权顺利交接后，两国关系进入全面发展的新阶段。1998 年，双方建立全面伙伴关系。2004 年，建立中英全面战略伙伴关系。2015 年，两国发表《中英关于构建面向 21 世纪全球全面战略伙伴关系的联合宣言》，开启持久、开放、共赢的中英关系"黄金时代"。

两国文化交流活跃，文艺团体互访较多，并举办了各种文物、艺术展览。2012 年，中国首次作为主宾国出席伦敦书展；英国驻华使馆在中国 17 座城市开展"艺述英国"（UK Now）大型艺术文化活动，这是英国有史以来在华举办的最大规模的英国艺术与创意产业盛会。2013 年，两国主管部门续签《中英 2013 至 2018 年文化交流计划》。2014 年，中英高级别人文交流机制第二次会议在北京举行，双方签署了《中英高级别人文交流机制第二次会议会议纪要》；双方宣布 2015 年为中英文化交流年。2015 年，以"新世代"为主题的"英国文化季"在上海开幕。下半年，中国在英国举办以"创意中国"为主题的"中国文化季"。2016 年，双方举办了纪念汤显祖、莎士比亚逝世 400 周年系列纪念活动。

英国是与我国开展教育合作交流较早的欧洲国家之一，是欧盟内最大的中国留学生目的地国。我国赴英各类留学人员 15 万人，英在华留学生约 7000 人。我国在英建立了 29 所孔子学院和 127 个孔子课堂，数量居欧洲之首。英开设汉语课的中小学有 600 余所。英在华有 12 所合作办学机构和 218 个合作办学项目。

2015年，我国公民首站赴英58万人次，英公民来华53.6万人次。英在华推出多项签证便利化措施。2016年，双方宣布为从事商务、旅游等活动且符合条件的对方国家公民颁发2年有效、多次入境的相应类别签证。

两国已缔结友好省（郡、区）58对。

二、与德国的文化教育交流

中德于1972年10月11日建交，关系发展顺利。1989年，德参与对华制裁。1993年，两国关系全面恢复。近年来，两国高层互访频繁，双边关系发展水平不断提升。2004年5月，双方宣布在中欧全面战略伙伴关系框架内建立具有全球责任的伙伴关系。2010年发表《中德关于全面推进战略伙伴关系的联合公报》，并同意建立政府磋商机制。2014年3月，中德关系进一步提升为全方位战略伙伴关系。

文化：两国于1979年签订文化交流协定。近年来文化交流活跃。2001年，中国作为主宾国参加了第三届柏林"亚太周"。2002年，中德签署了《关于中德互设文化中心的会谈纪要》。2005年双方签署了新的文化合作协定，柏林中国文化中心正式奠基。此外，"中德对话论坛"正式成立并举行首次会议。德国于2007—2010年在华举办系列文化活动——"德中同行"。2008年，中德博物馆项目"中国在德累斯顿·德累斯顿在中国"举行，柏林中国文化中心正式启用。此外，德国是2007年北京国际书展主宾国，中国是2009年法兰克福书展主宾国。2010年，中德签署了《关于2012年在德国举办"中国文化年"的谅解备忘录》。2011—2012年，中国国家博物馆和德国柏林国家博物馆、德累斯顿国家艺术收藏馆以及巴伐利亚国家绘画收藏馆联合在北京举办《启蒙的艺术》大型展览。2012—2013年，"中国文化年"系列活动在德40余个城市举行。2013年，"2013/2014中德语言年"开幕。2014年，两国总理在北京天坛会见出席中德语言年闭幕式活动的两国青少年代表。2015年，"中国8"当代艺术展在德国举行。2016年，两国元首在北京为2016"中德青少年交流年"开幕。

教育：中国从1974年起向德派遣留学人员。20世纪80年代以来，两国教育交流发展很快。2002年，两国签订《关于相互承认高等教育等值的协定》，这是中国与西方发达国家签署的第一个此类协定。德国还是我国最大的职教合作伙伴，2010年，两国签署《关于进一步深化两国在职业教育领域全面合作、共同设立中德职教联盟的联合声明》。2012 年，签署《中国孔子学院总部与德国各州文教部长联席会议常务秘书处关于加强语言教学合作的谅解备忘录》和《中国孔子学院总部（国家汉办）与德国柏林洪堡大学关于设立中国研究基金教席的备忘录》。截至 2016 年年底，中德合作在德建立 18 所孔子学院和 3 所孔子课堂。2012 年，双方发表了《中华人民共和国教育部与德意志联邦共和国外交部关于共同举办中德语言年活动的联合意向性声明》。2013—2014 年，两国在对方国家互办语言年。2014 年，中国教育部与德国教研部签署《关于进一步加强战略合作、全面升级两国在教育和科学交流的联合意向性声明》和《关于支持中德两国高校开展可持续创新科研合作的联合声明》。

旅游：2002 年，中德签署了《关于实施中国公民团组赴德国旅游的谅解备忘录》。2016 年，德国来华人数为 62.5 万人次，同比增长 7.2%，是我国在欧盟第一大客源国。我国内地居民出境首站赴德 66.2 万人次，同比增长 19.7%。

省州交往：截至 2016 年年底，两国已建立 91 对友好省州（市）关系。

2006 年，两国签署了《中华人民共和国中华全国青年联合会与德意志联邦共和国家庭、老人、妇女和青年事务部关于中德青年交流的协议》，2015 年，两国签署《关于共同举办 2016 年中德青少年交流年的联合意向性声明》。

三、与法国的文化教育交流

法国是第一个同中国正式建交的西方大国。1964 年 1 月 27 日，中法两国建立大使级外交关系。建交后，两国关系总体发展顺利。20 世纪 90 年代初，中法关系因法国政府参与西方对华制裁并批准售台武器一度受到严重影响。1994 年，双边关系恢复正常。1997 年和 2004 年，法国在西方大国中率先同我国建立全面伙伴关系和全面战略伙伴关系。2008 年，中法关系因涉藏问题出现重大波折。2009 年，中法关系逐步恢复良好发展势头，各领域合作进展顺利。2014 年，发表联合声明——开创紧密持久的中法全面战略伙伴关系新时代。

两国设有政府文化混合委员会。1983 年，双方签署《广播电视合作议定书》。2002 年，签署《中法政府间文化合作协定》，两国政府互设文化中心，巴黎中国文化中心同月在法揭牌，2004 年，法国文化中心也在北京正式揭牌。近年来，中法两国的文化交流日益活跃。2003—2005 年中法互办文化年活动。中国文化年于

2003 年在法国开幕，2004 年闭幕。整个中国文化年期间，共举行 300 多场活动，100 多万人参观了各项展览，观赏各类演出的人数也超过 100 万人。2004 年，中国在法文化年走向高潮。香榭丽舍大街举行中国彩装行进表演，这是香街首次向外国人开放，观众达 70 万人。埃菲尔铁塔也被染成中国红。2004 年，法国文化年在北京开幕。2006 年起，法国驻华使馆、北京法国文化中心每年在华举办"中法文化交流之春"系列文化活动，迄今已举办 8 届。近年来，两国合作打造了"新春民族音乐会""走进中心过大年""法国中国电影节""中法文学论坛""中法文化交流之春"等诸多品牌项目。2010 年，签署《中法合作拍摄电影的协议》。2016 年，双方正式启动"千人实习生计划"，每年最多互派 1000 名青年到对方的企业实习。2014 年，为纪念两国建交 50 周年，双方全年共举办 800 多项活动。其中在北京举办的法国"名馆、名家、名作"、法国机械龙马巡游、罗丹雕塑回顾展，在巴黎举办的中国汉代文物展、"中国之夜"晚会等活动反响热烈。

中法双方于 2002 年签署《中法教育合作协议》，2010 年签署《中法高等教育合作机制框架协议》，定期举行磋商会议。目前，双方已有 120 多对高校及 20 余对中学建立了校际交流关系。两国每年互换 65 名奖学金学生。我在法各类留学人员达 4 万人，法在华各类留学人员突破 1 万人。两国均有一批大学和中学设置教授对方语言的课程。我国电视台、电台开办法语教学节目。2003 年，中法签署《互认学历和文凭协议》。2005 年，两国签署创建中法博士生院意向书，并于 2006 年成立。2007 年，中法续签互认学历和文凭协议。目前，我国在法国本土和海外省开设 16 所孔子学院和 3 所孔子课堂，并在法国 9 个学区、23 所中小学开设中文国际班。汉语已成为法国第五大外语，约有 5.8 万法国人学习汉语。法国法语联盟在中国建立了 15 所分支机构。2011—2012 年，双方互办语言年活动，在对方国家推广各自的语言和文化。目前，约有 10 万法国人学习中文。我国约有 10 万人学习法语。巴黎国际大学城"中国之家"项目预计于 2018 年正式动工，2019 年投入使用。

2004 年，中国公民赴欧旅游首发团抵达法国。2014 年，法国来华旅游人数 51.7 万人次，我国赴法旅游人数达 200 万人次。2015 年，法国来华旅游人数达 48.7 万人次，我国赴法国旅游人数约 220 万人次，居亚洲之首。2016 年，法国来华旅游人数达 50.3 万人次，受法国安全形势影响，我国赴法国旅游人数下降至约 160 万人次。

2005年，中法两国发表青年交流联合声明，2006年，4批各100名法国青年艺术家、企业家、科技和社会工作者访华。2007年，4批各100名中国青年公务员和社会工作者、艺术家、企业家、科技工作者访法。2010年双方发表《关于开展青年学生交流活动的意向声明》，2010年和2011年，中法两国元首多次提出办好中法青年交流访问活动。此后，"展望与创新基金会"计划组织500名法国青年分批访华，涉及各个行业。

截至目前，两国间已有友好城市和省区93对。

四、与意大利的文化教育交流

1964年，中意两国签订互设民间商务代表处协议。1970年11月6日，两国正式建交。建交以来，两国在各个领域的友好合作关系发展顺利。2004年，两国建立全面战略伙伴关系。近年来，两国高层互访增加，政治互信不断加强，双边关系得到进一步发展。

中意在文化、教育等领域的交流与合作密切。1978年，签署中意文化合作协定。2010—2012年，"中国文化年"活动在意大利成功举办。2010年10月，中意签署协议，确定中国国家博物馆同罗马威尼斯宫国家博物馆互设长期展馆，近年来举办了一系列高水平文物展。2014年6月，两国文化部签署《关于建立文化合作机制的谅解备忘录》，并于2017年2月举办中意文化合作机制第一次全体会议。2015年4月，签署《2015—2019年文化合作执行计划》。2005年签署中意相互承认高等教育学历学位协议。双方已在意合作建立11所孔子学院，38个孔子课堂。2009年签署中意旅游合作谅解备忘录。截至目前，中意两国已建立84对友好省市和地区关系。

五、与西班牙的文化教育交流

西班牙于1973年3月9日同中国建交。两国政治、经贸、文化、科技、教育、司法等领域的友好合作关系不断发展。

中西在科技、文化、教育、旅游等各领域合作成果丰硕。两国建有中西科技联委会和文化、教育混委会等交流机制，迄今均已举行7次会议。1981年，双方签订文化、教育、科学合作协定。2005年，签署两国关于互设文化中心的协议。于2007年互办文化年（节），2010年4月至2011年4月互办语言年。2006年和2013年，西班牙塞万提斯学院北京分院和中国文化中心分别在对方首都成立。2007年签署关于相互承认学历学位的协议和教育领域合作的谅解备忘录。2016年3月互换签署两国关于开展教育合作与交流执行计划（2015—2019年）。我国目前在西班牙共设有6所孔子学院。截至2015年年底，我在西留学生近1万人；2015年西在华留学生近2500人。2016年，西班牙公民来华旅游14.96万人次、同比上升9.8%。中国游客首站前往西班牙的有24.99万人次，同比增加23.4%。截至2017年2月，两国建立有25对友好省市关系。

六、与希腊的文化教育交流

1972年6月5日建交以来，中希两国友好合作关系稳步发展，两国间友好、互信关系日益增强。近年来，两国高层互访频繁。2014年，双方共同发表《关于深化全面战略伙伴关系的联合声明》。

两国间签有文化协定和为期3年的文化交流协定执行计划。1978年签署中希文化交流与合作协定，2006年签署在华举办"希腊文化年"的谅解备忘录，2007—2008年，"希腊文化年"在华举办。2008年，北京奥运会圣火取火及交接仪式在希成功举行，国家汉语国际推广领导小组办公室与雅典商学院签署关于开办孔子学院协议。2009年月，希腊第一家孔子学院在雅典经商大学正式挂牌。国家文物局与希文化部在文物保护、博物馆建设等领域保持经常性交流。2010年，我以主宾国身份参加萨洛尼卡国际书展。2012年，中希建交40周年之际，双方分别举办了一系列文化活动，绍兴鲁迅纪念馆和希腊卡赞扎基斯博物馆结为友好馆。2014年，两国签署关于互设文化中心的协定。2016年，故宫博物院与希腊研究与技术基金会签署《科学合作备忘录》，约定成立联合实验室，共同研发和应用激光技术清理和保护石质文物，雅典中国文化中心揭牌，签署《水下文化遗产合作的谅解备忘录》。2005年，签署《中希教育合作谅解备忘录》。1988年，签署《中希旅游合作协定》。2016年，签署《2016—2018年旅游领域联合行动计划》。

七、与瑞士的文化教育交流

瑞士于 1950 年 1 月 17 日承认中华人民共和国，同年 9 月 14 日，中国同瑞士正式建立外交关系。建交 60 多年来，两国关系发展平稳。进入 20 世纪 90 年代，两国关系有了进一步发展。

文化：近年来，中瑞两国文化交流不断扩大，两国的文艺演出团体如芭蕾舞团、交响乐团、戏剧团体等进行互访演出。双方还举办了旅游、绘画、电影和艺术等交流展览。此外，民间友好组织和学术团体交流日趋活跃。1998 年，中瑞首次联合发行邮票。1999 年，签署《中瑞文化合作意向声明》。2005 年，中国首次作为主宾国参加瑞士日内瓦节。2006 年起，中瑞已连续三次联合举办卢塞恩中国新春音乐会。2008 年，瑞士爱瑞文化基金会与中瑞文化机构和高等院校合作，在两国多个城市举办为期两年的文化推介活动，以进一步深化两国文化交流。2009 年，瑞弗里堡岚德威军乐团赴华巡回演出。2010 年，瑞在华举办"爱因斯坦展""东西合璧的剪纸艺术展"和"幸福 60 年摄影展"。2010 年，巴塞尔"文化风景线艺术节·中国主宾国"活动在瑞举行；"感知中国·日内瓦行"活动在日内瓦举行。2011 年，"巴塞尔中秋节"大型活动在瑞举行。2015 年，瑞士太阳能飞机环球飞行来华活动成功举办；中瑞共同发行纪念邮品庆祝建交 65 周年。2017 年，双方签署《中瑞文化合作协定》。

教育：中国自 1978 年开始向瑞士派留学人员。截至目前，我在瑞留学生累计约 2350 人。自 1985 年以来，瑞士 13 所大学中有 6 所先后与我国有关大学和科研机构签署了校际交流协议或科研合作协议。1999 年签署《中瑞高等教育交流合作意向书》，2006 年签署《中瑞 2006—2008 高等教育合作备忘录》、2012 年签署《中瑞高等教育合作备忘录》。双方分别于 2014 年、2015 年、2016 年举行三届中瑞教育对话。目前，我在日内瓦和巴塞尔设有 2 所孔子学院。

旅游：1998 年，中国国家旅游局在瑞士苏黎世设立旅游办事处。1999 年，瑞士国家旅游局北京办事处成立。2004 年签署《关于中国旅游团队赴瑞士旅游及相关事宜的谅解备忘录（旅游目的地国）》。据瑞方统计，2015 年，中国游客赴瑞旅游入境人数达 112.3 万人次，中国成为瑞士第 4 大游客来源国。2017 年，举办中瑞旅游年活动。

省州交往：自1982年中国昆明市与瑞士苏黎世市建立友好城市关系以来，双方已结成18对友好省州（城市）关系。此外，中国黄山同瑞士少女峰已经结为姐妹峰。

培训项目方面签署了《中瑞两国政府管理培训项目技术合作的谅解备忘录》（2002年）、《关于在中国公共领域进行中瑞合作管理培训项目技术合作的协议》（2004年）、《中瑞两国政府关于促进可持续发展的中瑞管理培训项目谅解备忘录》（2013年）。

八、与塞浦路斯的文化教育交流

1971年12月14日，两国建立大使级外交关系，当前中塞关系发展良好。

中塞双边文化关系发展顺利。1980年，两国在北京签署了政府间文化合作协定。此后共签署了9个年度执行计划。2008年签署《中塞关于防止盗窃、盗掘和非法进出境文物的协定》，2013年更新。2013年，双方签署了《关于塞浦路斯和中国两国政府加强文化合作的谅解备忘录》。2014年，签署《2014—2018年度文化合作执行计划》，"塞浦路斯—中国文化节"在塞成功举办。2015年，"欢乐春节"活动首次赴塞，"舞蹈门"艺术团演出、"秦汉文明缩影—中塞文化对话"文物展等先后在塞举办。2016年，共办"中国文化之夜"系列活动。此外，两国还在旅游、新闻和广播电视等方面签署了合作协定或议定书。

两国教育合作不断发展。2012年，两国签署《中塞高等教育合作协议》。2014年10月，塞首家孔子学院在塞浦路斯大学揭牌成立。

1992年9月，利马索市与南京市结成友好城市。

第九节　中国与部分非洲国家的文化教育交流

一、与马达加斯加的文化教育交流

自中马 1972 年 11 月 6 日建交以来，两国友好合作关系发展顺利。

1980 年，两国签订《文化合作协定》。2008 年，塔那那利佛大学孔子学院举行揭牌仪式。中国自 1973 年起向马提供奖学金名额，截至 2015 年年底，共接收 579 名马奖学金生，2015 年马在华奖学金生共 267 名。

二、与摩洛哥的文化教育交流

中国与摩洛哥于 1958 年 11 月 1 日建交。建交以来，两国关系持续、健康发展。2016 年，建立两国战略伙伴关系。

摩洛哥是中国公民组团出国旅游目的地国，中摩签有《中国旅游团队赴摩洛哥旅游实施方案的谅解备忘录》，2007 年实施。2016 年，摩宣布对所有中国公民实施免签。

中国在摩现有 3 所孔子学院，分别为 2008 年 3 月建立的穆罕默德五世大学孔子学院、2012 年 5 月设立的哈桑二世大学孔子学院和 2016 年 3 月设立的阿卜杜勒·马立克·阿萨迪大学孔子学院。

三、与埃及的文化教育交流

中埃自 1956 年 5 月 30 日建交以来，两国关系一直发展顺利。1999 年，两国建立战略合作关系。2014 年，建立全面战略伙伴关系。2016 年，签署《关于加强全面战略伙伴关系的五年实施纲要》。

中埃文教、新闻等领域交流合作活跃。近年来，双方举办了文化周、电影节、文物展、图片展等丰富多彩的活动，深受两国人民欢迎。

中埃两国于 1956 年签署文化合作协定，此后双方共签署 10 个文化合作执行计划。2002 年，我国在开罗设立中国文化中心。2015 年，双方签署了《中埃两国文化部关于 2016 年互办文化年的谅解备忘录》。2016 年，中埃文化年共执行项目 100 个，其中在埃及举办 56 个，在中国举办 44 个。

两国自 1955 年起互派留学生，此后逐年增加。1995 年，中埃签署了两国《教育合作谅解备忘录》。1997 年，签署两国《教育部相互承认学历、学位证书协议》。目前埃已有 10 所大学开设中文专业。2007 年，北京大学与开罗大学合作成立北非地区第一家孔子学院。2008 年，华北电力大学与苏伊士运河大学合建了埃及第二所孔子学院。此外在埃还开设有 3 个孔子课堂。

2002 年中埃两国签署《中国公民组团赴埃旅游实施方案的谅解备忘录》以来，中国赴埃游客数量增长较快，2017 年 1 月至 5 月，赴埃旅游中国公民约 15 万人次，同比增长 94%，中国已经跃居为埃及第四大旅游客源国。两国间现已结成友好省市 14 对。

四、与埃塞俄比亚的文化教育交流

中国与埃塞俄比亚于 1970 年 11 月 24 日建交。近年来，两国关系呈现健康、持续的发展势头。埃总理于 2017 年 5 月来华出席"一带一路"国际合作高峰论坛。

1988 年，两国签订文化合作协定。双方文化代表团、演出团互访频繁。截至 2016 年，埃塞在华留学生 2829 名，其中奖学金生 409 名。埃塞目前有 2 所孔子学院。

五、与南非的文化教育交流

中华人民共和国与南非共和国于 1998 年 1 月 1 日建交。建交以来，双边关系全面、快速发展。2000 年，两国元首签署《关于伙伴关系的比勒陀利亚宣言》，宣布成立高级别国家双边委员会，迄今已举行 6 次全体会议，并多次召开外交、经贸、科技、防务、教育、能源、矿产合作分委会会议。2004 年确立战略伙伴关系。

2008 年，两国建立战略对话机制，至 2016 年 9 月，已举行 8 次战略对话。2010 年，两国元首共同签署《关于建立全面战略伙伴关系的北京宣言》。2014 年，双方签署《中华人民共和国和南非共和国 5—10 年合作战略规划 2015—2024》。

中南两国签有文化合作协定及其执行计划，多层次、多渠道文化交流与合作发展顺利。近年来，"中国文化非洲行""感知中国·南非行"等大型活动在南举行，反响热烈。南多个艺术团组来华参加"国际民间艺术节""相约北京—非洲主宾洲"等活动。中国"南非年"于 2014 年在华成功举办。南非"中国年"于 2015 年在南非成功举办。

目前，中国已有 10 余所大学与南非的大学建立合作关系。湖南大学和南非斯泰伦布什大学、东北师范大学和南非比勒陀利亚大学入选中非合作论坛框架内的"中非高校 20+20 合作计划"，分别结成了合作伙伴。截至 2016 年年底，我国共有约 7100 人赴南留学，共接收南非奖学金留学生 243 名。目前南非设有 5 所孔子学院和 5 所孔子课堂。

2016 年，中国公民赴南旅游 11 万人次，同比增长 31%；南非约有 6.67 万人次来华，同比增长 1.9%。

双方已有 32 对省市建立了友省（市）关系。

六、与肯尼亚的文化教育交流

中肯于 1963 年 12 月 14 日建交。近年来，两国关系发展迅速。

中、肯于 1980 年 9 月签署《文化合作协定》。1994 年签订《高等教育合作议定书》，中方向肯尼亚埃格顿大学提供教学科研仪器，并派遣 2 名教师。2005 年，中方在内罗毕大学建成非洲第一所孔子学院。2008 年，中肯建立肯雅塔大学孔子学院。2012 年，中肯建立埃格顿大学孔子学院和内罗毕广播孔子课堂。2015 年，中肯建立莫伊大学孔子学院。1982 年起，中国每年向肯提供奖学金名额，截至 2015 年共接收 856 名肯奖学金生，2015 年在华肯尼亚留学生 1714 人，其中奖学金生 406 名。

新华社、中央电视台、中国国际广播电台的非洲总部均设在内罗毕。中国国际广播电台首家海外城市调频电台于 2006 年在内罗毕开播，中央电视台非洲分台 2012 年在内罗毕成立并开播。2012 年，《中国日报非洲版》在内罗毕创刊发行。2013 年 9 月，国务院新闻办在肯举办"感知中国"大型人文交流活动。

第十节　中国与美洲、大洋洲国家的文化教育交流

虽然美洲远隔太平洋，大洋洲也因海远离亚洲大陆，美国、加拿大、巴拿马、阿根廷、智利、新西兰、斐济等国不属于传统意义上的陆地和海上丝绸之路国家，但自清朝末期以来中美、中加之间有着太多的善恶交往，从八国联军侵略中国到携手中国共同抗日，从朝鲜战场和越南战场交手到乒乓外交与中国建立正常关系至今，政治、军事、外交关系曲折复杂，特别是中美文化教育交流在近现代中外文化教育交流史中占有非常重要的地位。

另外，中国的"一带一路"建设是开放的，合作不限于传统的陆上和海上丝绸之路沿线国家，而是欢迎世界各国参与建设，特别是欢迎美国以及加拿大这样在世界上有影响的富国、大国参与建设，也欢迎阿根廷、智利、新西兰这些区域大国参与建设。国家不分大小，也非常欢迎巴拿马、斐济等国参与建设。

一、与美国的文化教育交流

（一）1972年是中美文化教育交流的开端

中华人民共和国成立之后，由于美国在20世纪70年代末期之前一直与台湾当局保持外交关系，拒不承认中华人民共和国，所以中美文化交流的标志起于1972年2月美国总统尼克松访华签署的《中美联合公报》（即"上海公报"），随后是1975年美国总统福特访华。1979年1月1日，中美正式建立大使级外交关系。

（二）2010年以来中美文化教育交流日益频繁

近些年来，中美在教育、文化、旅游等领域交往频繁。2016年，两国人员往来超过532万人次。

中美人文交流高层磋商每年进行已达 7 轮。2010 年，中美人文交流高层磋商机制成立仪式暨第一次会议在北京举行，国务委员刘延东同美国国务卿希拉里·克林顿共同担任机制的主席，出席成立仪式并主持会议。从此，每年一度轮流在中美两国举办的"中美人文交流高层磋商"有规律地举行至今。其中，2013 年两国政府续签《关于中美人文交流高层磋商机制的谅解备忘录》，磋商中共取得 75 项成果；2014 年取得 104 项成果；2015 年达成 119 项合作共识；2016 年达成 158 项成果。

政府和民间文化交流频繁。2010 年，第三届"全美汉语大会"在美国华盛顿举行。2011 年，中国文化部和美国肯尼迪表演艺术中心合作举办的"中国：一个国家的艺术"文化系列活动在华盛顿著名艺术殿堂肯尼迪表演艺术中心开幕，《瓷都——景德镇当代中国瓷画展》开幕活动在美国华盛顿子午线国际中心举行。2012 年，中国文化部与美国国家人文基金会共同主办"第三届中美文化论坛"。2014 年，美国史密森学会和中国对外文化交流协会联合举办了"史密森民俗节中国主宾国"活动。2016 年 2 月，2016"中美旅游年"开幕式在北京举行，11 月在美国华盛顿闭幕。在开幕和闭幕时，中国国家主席习近平和美国总统奥巴马两次分别致书面贺词。2017 年，由中国国家文物局和美国大都会博物馆共同举办的"秦汉文明展"在纽约大都会博物馆开幕；由国家汉办与美国大学理事会、亚洲协会联合主办的第十届全美中文大会在美国得克萨斯州休斯敦市召开。

教育交流成果显著。2012 年，首届"中美省州教育厅长对话"在北京举行。2014 年，中国教育部与美国职业篮球协会（NBA）在北京签署《关于推广校园篮球的合作谅解备忘录》。2016 年，中国在美攻读学位留学生近 33 万人，中国连续 7 年名列美国最大的留学生来源国；第七轮中美人文交流高层磋商的教育领域成果有 52 项。

二、与加拿大的文化教育交流

中国和加拿大自 1970 年 10 月 13 日建交以来，两国关系取得了长足发展。1988 年签订《中华人民共和国政府和加拿大政府文化交流与合作谅解备忘录》；分别于 2003 年和 2005 年签署《中加政府关于加强文化合作的联合声明》和《中加政府文化协定》。2009 年签署关于文化和农业教育等领域的多项合作协议。2016

年签署《中国政府和加拿大政府文化协定 2017—2019 年度合作计划》。

2012 年，双方宣布 2013 年和 2014 年互办系列文化活动。双方成功举办 2015—2016 年"中加文化交流年"。近年来，两国文化往来呈现出官民并举、以民为主、形式多样和多层次、多渠道、经常化的局面。2010 年，舞剧《红楼梦》访加首演。2011 年，广州芭蕾舞团《风雪夜归人》赴加访演。2012 年，中国残疾人艺术团在加举办"我的梦"大型文艺演出。2013 年，加国家艺术中心交响乐团来华进行巡回演出。中国中央芭蕾舞团、无锡市演艺集团歌舞剧院、重庆市川剧院《凤仪亭》剧组、"龙神道"雷击乐队、四川省成都军区战旗文工团杂技分团《灯上芭蕾》节目组、四川省凉山歌舞团、北京市金帆艺术团等分别赴加访演。2014 年，故宫博物院在多伦多皇家博物馆和温哥华艺术馆举行"明清宫廷文物展"。2015 年，在加举行"河北文化周""聆听中国"民族音乐会，京剧《锁麟囊》，广州艺术团"祝福温哥华"晚会、贵州大型民族歌舞表演《多彩贵州风》、哈萨日组合参加多伦多港前艺术节，深圳作为蒙特利尔灯光节中国主宾国参与方，上海芭蕾舞团加拿大巡演。作为"2016 相约北京"主宾国，加方在华举行"中加之春"音乐会，派出加拿大巴兹铜管乐团、渥太华巴赫合唱团、温哥华青年芭蕾舞团等举行系列文艺演出。2016 年 11 月，2015—2016 年"中加文化交流年"闭幕式在渥太华举行，上海芭蕾舞团表演古典芭蕾舞剧《吉赛尔》。2017 年以来，国务院侨办和中国海外交流协会主办的春节文化品牌活动"文化中国·四海同春"访加巡演。中央民族歌舞团、中国广播电影交响乐团等赴加访演。

教育方面。建交以来，中加两国在教育方面的交流得到全面、迅速的发展。2001 年签订《中加学者交换项目谅解备忘录》；2003 年签订《中加学者交换项目协议》；2005 年签订《中国科学院与加拿大渥太华大学合作协议书》；2006 年签订《中华人民共和国教育部与加拿大卫生研究院关于人才培养的合作协议》；2007 年签订《中华人民共和国教育部与加拿大国家研究理事会关于人才培养的谅解备忘录》；2016 年签订《中国教育部和加拿大外交、贸易和发展部关于教育合作的谅解备忘录》。中加高校等教育部门建立多种形式的交流与合作关系，包括互派学术团体访问，交换教师、留学生、开展合作研究、联合培养博士生等。中国自 1959 年起向加提供来华政府奖学金名额。截至 2016 年年底，共有 3800 余名加留学生在华学习，中国在加留学生约 17.4 万人。双方商定加为 2017 年中国国际教育展主宾国。

目前，我国已与加 10 省签署《关于相互承认高等和高中后教育的谅解备忘录》，已在加建成 12 所孔子学院和 35 所孔子课堂。双方于 2010 年 9 月建立中加教育合作高层磋商机制，并于 2014 年 2 月在加举行第三次会议。

旅游方面。加是中国公民出境旅游目的地国，中国是加第三大旅游客源国。2016 年，中国公民首站赴加人数为 75.36 万人次，加来华 74.08 万人次。2016 年加总理特鲁多访华期间，双方商定 2018 年为中加旅游年，并宣布到 2025 年实现双向人员往来规模在 2015 年的基础上翻一番。2016 年，签署《中国国家旅游局和加拿大创新、科学与经济发展部关于旅游合作的谅解备忘录》。

三、与巴拿马的文化教育交流

2017 年 6 月 13 日，签署《中华人民共和国和巴拿马共和国关于建立外交关系的联合公报》，巴拿马政府即日断绝同台湾的所谓"外交关系"，中巴建立大使级外交关系。7 月 13 日，中巴正式互设使馆。建交后，2017 年，中国贸促会在巴拿马举办中巴贸易和投资论坛。

四、与阿根廷的文化教育交流

1972 年 2 月 19 日，中国与阿根廷建交。建交以来，双边关系发展顺利。2004 年，中阿建立战略伙伴关系。2014 年，建立全面战略伙伴关系。2017 年，阿总统来华出席"一带一路"国际合作高峰论坛。

双方迄已签署 10 个双边文化交流执行计划。2017 年，双方签署在阿根廷设立中国文化中心协议。中国在阿举办的主要文化活动有中国版画展（1981 年）、中国书画展（1988 年）、中国文明史（1989 年）、中国农民画展（1991 年）、西藏珍宝展（1993 年）、中国摄影艺术展、中国《从历史走向未来》综合文化展（1996 年）、中国当代油画展、庆祝香港回归图片展（1998 年）、中国考古精品（复制品）展（2000 年）、山东孔子文化展（2000 年）、中国古代青铜器展（2004 年）、庆香港回归十周年图片展、中国国画展、奥运北京图片展（2007 年）等。中国上海歌舞团（1982 年）、中国电影代表团（1987 年）、中国民族舞蹈团（1991 年）、中国健力宝青年足球队、文化部雕塑摄影小组（1995 年）、中国明星艺术团、天津青年京剧团（1997 年）、中国安徽杂技团（1999 年）、西藏雪莲少儿艺术团（2000 年）、中国河南京剧团（2001年）、南美侨胞艺术团（2003年）、南京杂技团（2007年、2008年）、天津青年京剧团（2008年）、内蒙古杂技团（2008年）、沈阳杂技团（2011年）、天津民乐艺术家小组（2011年）、中国民族歌舞艺术团（2011年）、浙江省婺剧团（2012年）、中国作家代表团（2012年）等相继访阿。"感知中国"大型系列文化活动（2004年）、中央电视台"手拉手——跨越大洋的彩虹"文艺晚会（2005年）、"文化中国·四海同春"大型文艺演出（2011年、2013年）先后在阿成功举行。

阿在华举办的活动有阿根廷20世纪绘画展、阿根廷艺术展和阿女画家雷威娜水彩画展（1988年）、探戈大师普列赛（1989年）、民间艺术团（1994年）、阿胡里奥芭蕾舞团、拉卡莫拉探戈演出团（1998年）、大型音乐舞剧《探戈女郎》（2003年）、钢琴家路易斯·阿斯哥特（2007年）、阿根廷探戈演出团（2008年、2011年、2012年）、阿木偶剧团（2011年）。2013年，上海国际艺术节期间举办"阿根廷周"活动。

2004年签署《关于教育领域交流与合作的谅解备忘录》。2009年，布宜诺斯艾利斯大学孔子学院正式揭牌并运营，拉普拉塔大学孔子学院举行授牌仪式。2014年，阿根廷第一所公立全日制中西文双语学校正式成立。2017年，中阿友好学校落户北京门头沟区大峪中学。

2004年，《今日中国》杂志拉美版在阿根廷正式出版发行。目前，中国电视长城（拉美）平台的中文国际频道和CCTV西班牙语频道等节目覆盖阿全境。2010年，中央电视台和阿根廷有关公司签署合作协议，向拉美部分国家推广西班牙语频道节目。

2007年，中国公民组团赴阿根廷旅游方案正式实施。2015年签署两国政府《关于便利双方旅游人员签证协定》。据中方统计，2016年，中国首站到阿根廷的游客1.96万人次，同比增长10.1%；同期，到中国的阿根廷游客3.24万人次，同比增长14.1%。2015年，双方签署《便利旅游人员签证协议》。2017年，双方互发十年多次旅游和商务签证协议正式实施。

分别建立有友好省市关系19对。

五、与智利的文化教育交流

中智于1970年12月15日建交。智利是第一个同中国建交的南美洲国家。建交 47 年来，两国关系发展顺利。2016 年，两国建立全面战略伙伴关系。2017 年 5 月，智利总统来华出席"一带一路"国际合作高峰论坛并进行国事访问。

中智签有文化和科技合作协定。两国文化交流始于 20 世纪 50 年代。2001 年，签署两国《政府保护和收复文化财产协定》；2002 年，签署两国政府《旅游合作协定》；2010 年和 2016 年，中智两国教育部签署《关于教育领域合作的谅解备忘录》。中国国家汉办同智利圣托马斯大学和天主教大学在智利建有两所孔子学院。2014 年，孔子学院拉丁美洲中心在智利首都圣地亚哥成立。2016 年，双方签署《在智设立中国文化中心的谅解备忘录》。2017 年，签署《关于加强旅游合作的谅解备忘录》。

两国有 15 对友好省市关系。

六、与新西兰的文化教育交流

中国与新西兰自 1972 年 12 月 22 日建交后，双边关系发展顺利，两国领导人保持频繁互访与接触。2014 年，中新关系提升为全面战略伙伴关系，并发表建交以来首份双边关系联合声明。2017 年，双方签署了《关于加强"一带一路"倡议合作的安排备忘录》。

1972 年到 1980 年，中新文化交流形式多为表演艺术团体互访和相互举办艺术展览。1981 年，双方就 1982—1983 年度文化交流项目达成口头协议。此后，文化艺术交流项目有所增加。1999 年，西藏艺术团赴新访问演出。2002 年，北京市政府和惠灵顿市政府在新西兰联合举办"北京文化节"。2005 年，中国少数民族艺术团赴新演出，双方签署《中新两国广播电影电视合作安排》，中央电视台第 9 频道正式在新西兰落地。2006 年，双方签署《中华人民共和国政府和新西兰政府文化协定》。2007 年，新西兰国家博物馆在华举办"新西兰、新思维"文化艺术展，毛利艺术团等同期来华演出。2008 年，新西兰国家交响乐团来华演出，广东省广州市归国华侨联合会组派艺术团赴新西兰为当地华人社团慰问演出，广西杂技团赴新西兰演出。2010 年，"文化中国·四海同春"艺术代表团在奥克兰举行大型慰侨演出，新西兰毛利艺术团来华参加上海世博会开幕式演出。2011 年，新疆灰狼乐队和成都木偶皮影剧团赴新参加元宵灯节，中国新紫禁城乐团赴新西兰进行巡回演出。2012 年，"文化中国·四海同春"艺术代表团在惠灵顿举行大型慰侨演出。2014年，双方签署《中华人民共和国政府与新西兰政府关于合作制作电视片的协议》。2015年，新西兰举行首届"中文周"，惠灵顿中国文化中心正式揭牌。2016年，新西兰举行第二届"中文周"。2017年，双方宣布将在奥克兰建立中国文化中心。

两国从1974年开始互派留学人员。1998年6月，新西兰政府宣布，增加中国自费赴新留学生名额至4000名。1999年10月，新西兰取消对中国赴新留学生的名额限制。2002年，签署《中新关于教育与培训合作的谅解备忘录》。2003年，双方签署《相互承认高等学历和学位证书的协议》。2006年，签署《中华人民共和国教育部与新西兰教育部关于教育与培训的合作谅解备忘录》。2007年，奥克兰大学孔子学院举行揭牌仪式。2008年，续签《关于在高等教育领域内相互承认学历和学位的协议》，并将之升级为两国政府协议。2008年起，两国设立"中国—新西兰研究生奖学金项目"，每年向10名对方国家学生提供为期3年的博士学位奖学金。2009年，签署《中华人民共和国教育部与新西兰教育部关于教育与培训的合作谅解备忘录》《中国孔子学院总部与新西兰坎特伯雷大学关于合作设立坎特伯雷大学孔子学院的协议》，坎特伯雷大学孔子学院揭牌。2010年，维多利亚大学孔子学院揭牌。2012年，双方签署《中新关于教育与培训的合作安排》。2013年，双方签署《中新关于确认和指导战略性教育伙伴关系的安排》。新西兰是中国自费留学生的主要目的国之一。中国是新最大的海外留学生来源国。截至2015年年底，中国在新西兰各类留学人员约5.7万人，是新最大的海外留学生来源国。

2010年，双方签署《中华人民共和国政府与新西兰政府关于合作拍摄电影的协议》。2011年，签署《中国国际广播电台与新西兰中华电视网合作备忘录》。2016年，签署《中国中央电视台同新西兰自然历史公司关于合作拍摄电视片和纪录片的谅解备忘录》。

1995年，签署《中华人民共和国国家旅游局与新西兰旅游局关于旅游合作的谅解备忘录》。1997年，中国正式批准将新西兰列为中国公民自费出境旅游目的地国。2009年，签署《中华人民共和国国家旅游局和新西兰旅游部旅游事务对话与合作安排》。2015年，新西兰来华旅游12.54万人次。2016年，中国访新游客约40.9万人次。2017年5月，新西兰宣布向符合条件的中国公民发放5年多次签证。

截至2017年7月，两国已建立35对友好省市关系。

七、与斐济的文化教育交流

中国同斐济于 1975 年 11 月 5 日建交。2014 年，建立相互尊重、共同发展的战略伙伴关系。两国关系发展顺利。

建交以来，中方派出多个文艺团组赴斐访问演出。2003 年，斐在首都举办"中国周"活动，天津杂技团赴斐演出。此外，湖北武汉杂技团（2004 年）、南京市杂技团（2008 年）、广东艺术团（2008 年）、重庆杂技艺术团（2009 年）、重庆歌舞团（2013 年）、唐朝乐队（2014 年）、广东文艺代表团（2014 年）、河南武术团（2015 年）分别赴斐演出。 中央电视台中文国际频道和英语新闻频道已在斐落地。斐济中国文化中心于 2015 年正式投入运营。

中方自 1984 年起向斐提供来华奖学金名额。截至 2015 年年底，共有 145 名斐学生获中国政府奖学金来华留学。自 1986 年起，中方向斐派驻汉语教师。目前，中方有 2 名教师在斐逸仙学校授课。2012 年，中方在南太大学设立孔子学院。1998 年，广西北海市与斐首都苏瓦市结为友好城市。2010 年，浙江省杭州市与斐济楠迪结为友好城市。2014 年，广东省同苏瓦结为友好省市。

2004 年，中斐签署《关于中国旅游团队赴斐济旅游实施方案的谅解备忘录》，斐济成为中国公民出国旅游目的地国。2007 年起，斐济给予中国公民免签证待遇。2014 年签署《中华人民共和国政府和斐济共和国政府互免签证谅解备忘录》，2015 年生效。

第四章 我国 21 世纪教育交流与国际合作政策

21 世纪以来，我国对外文化教育交流最大的亮点是教育交流，尤其是对外交流教育政策的制定以及留学生工作。中外合作办学、加入 WTO 教育贸易、大批中国留学生出国留学以及大批国外留学生来华就读，成为中外青年相互了解的重要渠道之一。2020 年 9 月 5 日，从 2020 国际教育服务贸易论坛上获悉，目前，中国已与 188 个国家和地区、46 个重要国际组织建立了教育合作与交流关系，与 54 个国家签署了高等教育学历学位互认协议。中国是全球最大留学生源地国，出国留学人员约有 160 万人，目前在海外约 140 万人。在来华留学方面，中国政府设立了"丝绸之路"奖学金项目，助力"一带一路"人才培养，同时打造"留学中国"品牌；来华留学学历生比例逐年提高，2019 年已达 54.6%。此外，中国还持续加强中外合作办学，目前在办的各级各类中外合作办学机构和项目达 2282 个。❶

---

❶ 中国已与 54 个国家签署高等教育学历学位互认协议［EB/OL］.（2020-09-06）［2020-09-08］. https：//baijiahao.baidu.com/s?id=1677086045507335470&wfr=spider&for=pc.

第一节　我国 21 世纪对外教育交流政策与现状

一、对外教育交流政策

21 世纪以来，我国对外教育交流政策中较为突出的是：1999 年至 2003 年制定了合作办学、高校境外办学和中小学接受外国学生的政策，即《中华人民共和国中外合作办学条例》《中华人民共和国中外合作办学条例实施办法》《高等学校境外办学暂行管理办法》《教育部中小学接受外国学生管理暂行办法》；2017 年发布了《学校招收和培养国际学生管理办法》。形成了一整套对外教育交流的政策法规，使其有章可循。

（一）《中华人民共和国中外合作办学条例》及《中华人民共和国中外合作办学条例实施办法》

2003 年 3 月 1 日，中华人民共和国国务院令第 372 号发布了《中华人民共和国中外合作办学条例》。其中包含八章 64 条。条例适用于外国教育机构同中国教育机构（以下简称中外合作办学者）在中国境内合作举办以中国公民为主要招生对象的教育机构。条例强调：中外合作办学属于公益性事业，是中国教育事业的组成部分；国家鼓励在高等教育、职业教育领域开展中外合作办学，鼓励中国高等教育机构与外国知名的高等教育机构合作办学。中外合作办学者可以合作举办各级各类教育机构。但是，不得举办实施义务教育和实施军事、警察、政治等特殊性质教育的机构。中外合作办学机构不得进行宗教教育和开展宗教活动。条例对教育机构的设立、组织与管理、教育教学、资产与财务、变更与终止、法律责任 6 个方面做出了详细的规定。

《中华人民共和国中外合作办学条例实施办法》于 2004 年 6 月 2 日以教育部令第 20 号发布。其中包含 60 条。适用于依据《中华人民共和国中外合作办学条例》举办实施学历教育和自学考试助学、文化补习、学前教育等的中外合作办学项目的审批与管理。中外合作办学项目是指中国教育机构与外国教育机构以不设立教育机构的方式，在学科、专业、课程等方面，合作开展的以中国公民为主要招生对象的教育教学活动。举办实施职业技能培训的中外合作办学项目的具体审批和管理办法，由国务院劳动行政部门另行制定。实施细则对办学的申报、招生、资金、毕结业等均作了详细的规定。原中华人民共和国国家教育委员会1995年1月26日发布的《中外合作办学暂行规定》同时废止。

（二）《教育部中小学接受外国学生管理暂行办法》

1999年7月21日，教育部第4号令发布《教育部中小学接受外国学生管理暂行办法》。其中规定：中小学接受外国学生的资格由省、自治区、直辖市教育行政部门会同同级外事、公安部门审批，并报教育部备案。具有接受外国学生资格的中小学一般应接受随父母在华常住的外国学生；如接受父母不在华常住的外国学生，须由外国学生的父母正式委托在华常住的外国人或中国人作为外国学生的监护人；可以接受以团组形式短期（六个月以内）来华学习的外国学生。

除安排必要的汉语补习外，一般不为外国学生单独编班。学校可按课程方案的要求组织其参加公益劳动等社会实践活动。外国学生免修思想品德课和思想政治课。

（三）《高等学校境外办学暂行管理办法》[1]

2003年2月1日起施行《高等学校境外办学暂行管理办法》。高等学校境外办学，是指高等学校独立或者与境外具有法人资格并且为所在国家（地区）政府认可的教育机构及其他社会组织合作，在境外举办以境外公民为主要招生对象的教育机构或者采用其他形式开展教育教学活动，实施高等学历教育、学位教育或者非学历高等教育。

高等学校境外办学应当优先举办具有中国高等教育比较优势或者特色的学科，并充分考虑所在国家（地区）的需求及发展特点。国家鼓励高等学校在更为广泛的学科领域开展境外办学活动。

---

[1] 高等学校境外办学暂行管理办法［EB/OL］.（2002-12-31）[2020-09-12]. http://www.moe.gov.cn/srcsite/A02/s5911/moe_621/200212/t20021231_81852.html.

高等学校境外办学授予中国学历、学位的，其专业设置、学制应当符合中国有关规定，切实维护中国高等教育的质量标准和信誉。

高等学校境外办学实施本科或者本科以上学历教育的，按隶属关系由省、自治区、直辖市人民政府或者学校主管部门审核后，报教育部审批。高等学校境外办学实施专科教育或者非学历高等教育的，按隶属关系由省、自治区、直辖市人民政府或者学校主管部门审批，将批准文件报送教育部备案。

（四）《留学中国计划》

为贯彻落实《国家中长期教育改革和发展规划纲要（2010—2020年）》，推动来华留学工作进一步发展，教育部制订了《留学中国计划》（教外来〔2010〕68号），提出：到2020年，使我国成为亚洲最大的留学目的地国家；到2020年，全年在内地高校及中小学校就读的外国留学人员达到50万人次，其中接收高等学历教育的留学生达到15万人。就发展目标、主要任务、指导思想、工作方针、发展思路、政策保障、管理体制、宣传推介、培养模式、专业课程、师资建设、质量保障、教育管理、管理队伍、生活服务、社会实践、奖学金体系建设、毕业生联系工作等二十个方面提出要求。❶

（五）《学校招收和培养国际学生管理办法》❷

2017年3月，中华人民共和国教育部、中华人民共和国外交部、中华人民共和国公安部令第42号发布《学校招收和培养国际学生管理办法》。该办法主要包括招生管理、教学管理、校内管理、奖学金、监督管理等共七章四十六条。

该办法主要适用于高等学校。实施学前、初等、中等教育的学校，其对国际学生的招生、教学和校内管理，按照省、自治区、直辖市的规定执行。国务院教育行政部门统筹管理全国国际学生工作，负责制定招收、培养国际学生的宏观政策，指导、协调省、自治区、直辖市人民政府教育行政部门和学校开展国际学生工作，并可委托有关单位和行业组织承担国际学生的管理和服务工作。

---

❶ 教育部关于印发《留学中国计划》的通知 [EB/OL].（2010-09-21）[2018-12-16].http：//www.moe.gov.cn/srcsite/A20/moe_850/201009/t20100921_108815.html.

❷ 学校招收和培养国际学生管理办法 [EB/OL].（2017-06-02）[2018-12-16].http：//www.moe.edu.cn/srcsite/A02/s5911/moe_621/201705/t20170516_304735.html.

高等学校招收国际学生,接收学历教育的类别为专科生、本科生、硕士研究生和博士研究生;接收非学历教育的类别为预科生、进修生和研究学者。

汉语和中国概况应当作为高等学历教育的必修课;政治理论应当作为学习哲学、政治学专业的国际学生的必修课。中华人民共和国通用语言文字是高等学校培养国际学生的基本教学语言。对国家通用语言文字水平达不到学习要求的国际学生,学校可以提供必要的补习条件。高等学校为符合学位授予条件的国际学生颁发学位证书。

(六)《关于加快和扩大新时代教育对外开放的意见》

2020年6月,教育部等8个部门《关于加快和扩大新时代教育对外开放的意见》(以下简称《意见》)正式印发。《意见》指出,教育对外开放是教育现代化的鲜明特征和重要推动力,要以习近平新时代中国特色社会主义思想为指导,坚持教育对外开放不动摇,主动加强同世界各国的互鉴、互容、互通,形成更全方位、更宽领域、更多层次、更加主动的教育对外开放局面。《意见》坚持内外统筹、提质增效、主动引领、有序开放,对新时代教育对外开放进行了重点部署。一是在教育对外开放中贯彻全面深化改革的要求。《意见》提出,着力破除体制机制障碍,加大中外合作办学改革力度,改进高校境外办学,改革学校外事审批政策,持续推进涉及出国留学人员、来华留学生、外国专家和外籍教师的改革。二是把培养具有全球竞争力的人才摆在重要位置。《意见》提出,提升我国高等教育人才培养的国际竞争力,加快培养具有全球视野的高层次国际化人才。推动职业教育更加开放畅通,加快建设具有国际先进水平的中国特色职业教育体系。提高基础教育对外开放水平,培养德智体美劳全面发展且具有国际视野的新时代青少年。三是推动教育对外开放实现高质量内涵式发展。《意见》提出,优化出国留学工作布局,做强"留学中国"品牌,深化教育国际合作,鼓励开展中外学分互认、学位互授联授,扩大在线教育的国际辐射力。同时,通过"互联网+""智能+"等方式,丰富中西部地区薄弱学校国外优质教育资源供给。四是积极向国际社会贡献教育治理中国方案。《意见》提出,打造"一带一路"教育行动升级版,扩大教育国际公共产品供给,深化与重要国际组织合作,推动实施联合国《2030年可持续发展议程》教育目标;建立中国特色国际课程开发推广体系,优化汉语国际传播,支持更多国家开展汉语教学。

（七）其他通知

教育部于 2004 年印发了《关于做好中外合作办学机构和项目复核工作的通知》，2006 年印发了《关于当前中外合作办学若干问题的意见》，2007 年印发了《关于进一步规范中外合作办学秩序的通知》。

二、出国留学方针

中华人民共和国成立后，为了冲破帝国主义的封锁，加快社会主义建设的步伐，党和国家明确提出了要学习苏联和其他社会主义国家先进的科学技术及管理经验。进入 20 世纪 60 年代后，鉴于国际形势的变化，我国及时调整了选派留学生的政策。

1978 年，国家领导人在听取教育部汇报清华大学工作时，做出扩大派遣留学人员的重要决策。教育部立即就留学生的选派原则、选派方式和选派规模等具体事项做出规划，并在全国范围内实行公开考试选拔出国留学预备生。

经过探索、实践和总结，中央在 1993 年提出了"支持留学、鼓励回国、来去自由"的出国留学工作方针。留学政策已成为我国改革开放总方针、总政策的重要组成部分。进入新世纪以来，随着我国经济的快速发展、国力的不断增强、高科技人才创新就业岗位的涌现、人民生活水平的提高和社会治理环境的好转，大批留学人员主动回国发展。

2013 年，增加"发挥作用"四个字，为出国留学工作方针画龙点睛。2014 年年底提出：留学工作要适应国家发展大势以及党和国家工作大局，统筹谋划出国留学和来华留学，综合运用国际国内两种资源，培养、造就更多优秀人才，努力开创留学工作新局面。通过更加密切的互动交流，促进对人类各种知识和文化的认知，对各民族现实奋斗和未来愿景的体认，以促进各国学生增进相互了解、树立世界眼光、激发创新灵感，确立为人类和平与发展贡献智慧和力量的远大志向。加强国际理解教育，要推动跨文化交流，增进学生对不同国家、不同文化的认识和理解。要促进中外语言互通，在深化与世界各国语言合作交流上下功夫，还要

进一步深入推进友好城市、友好学校教育深度合作与人文交流。❶

三、改革开放以来的出国留学

(一)总体情况

改革开放以来,我国出国留学工作从国家到地方,从高等院校到科研院所,逐步建立起一整套出国留学管理和运行机制,形成了国家公费、单位公费和自费出国留学的三大主渠道。

据统计,自 1978 年至 2003 年年底,我国出国留学人员总数达 70.02 万人,留学回国人员达 17.28 万人。从 1978 年到 2008 年年底,各类出国留学人员总数达 139.15 万人,留学回国人员总数达 38.91 万人。至 2009 年 11 月,以留学身份出国,在外的留学人员有 100.24 万人。其中 73.54 万人在国外进行本科、硕士、博士阶段的学习以及从事博士后研究或学术访问等。从 1978 年到 2017 年年底我国出国留学相关数据发现,留学回国人数稳步提升,高层次人才回流趋势明显。有共计 313.20 万名留学生在完成学业后选择回国发展,占已完成学业留学生人数的 83.73%。十八大以来,随着留学回国人数的不断攀升,已有 231.36 万人学成归国,占改革开放以来回国总人数的 73.87%。❷ 从 1978 年到 2018 年年底,各类出国留学人员累计达 585.71 万人。其中 153.39 万人正在国外进行相关阶段的学习和研究;432.32 万人已完成学业;365.14 万人在完成学业后选择回国发展,占已完成学业群体的 84.46%。❸ 从 1978 年到 2019 年年底,各类出国留学人员总数达 305.86 万人。截至 2019 年年底,以留学身份出国,在外的留学人员有 161.38 万人,其中 107.51 万人正在国外进行相关阶段的学习和研究。改革开放以来,留学回国人员总数达 144.48 万人,有 72.83% 的留学人员学成后选择回国发展。❹

---

❶ 郝平.统筹国内国际两个大局 做好教育对外开放工作[EB/OL].(2016-09-16)[2018-12-16].http://www.moe.edu.cn/jyb_xwfb/moe_176/201609/t20160916_281246.html.

❷ 大数据:2017 来华、出国、归国留学生"创三高"[EB/OL].(2018-04-10)[2018-12-16].http://www.sohu.com/a/227763531_100929.

❸ 2018 年度我国出国留学人员情况统计[EB/OL].(2019-03-27)[2020-09-07].http://www.moe.gov.cn/jyb_xwfb/gzdt_gzdt/s5987/201903/t20190327_375704.html

❹ 2019 年度我国留学人员情况[EB/OL].(2020-04-06)[2020-09-07].http://www.luozhuang-edu.cn/jyzx/48020.html.

（二）2003—2008 年、2015—2020 年两阶段情况统计

据教育部 2003 年度留学人员情况统计，2003 年度，我国各类出国留学人员总数为 11.73 万人，其中国家公派 3002 人，单位公派 5144 人，自费留学 10.92 万人。由于受 SARS 以及发布留学预警等影响，2003 年度出国留学总人数降低了 6.3%，而国家公派与单位公派的出国留学人数基本持平。2003 年，我国年度留学回国人员总数首次突破两万人，为 2.01 万人，其中国家公派为 2638 人，单位公派为 4292 人，自费留学为 1.32 万人。2003 年留学回国人数比上年度增长了 12.3%，其中自费留学回国人数增长了 15%，公派留学回国人数增长了 7.4%。❶

据教育部 2004 年度留学人员情况统计，2004 年度各类出国留学人员总数为 114663 人，其中，国家公派 3524 人，单位公派 6858 人，自费留学 104281 人。

2004 年度各类留学回国人员总数为 25116 人，其中，国家公派 2761 人，单位公派 3965 人，自费留学 18390 人。从 1978 年到 2004 年年底，各类出国留学人员总数达 814884 人，留学回国人员总数达 197884 人。以留学身份出国，目前在外的留学人员有 61.7 万人。其中，有 42.7 万人正在国外进行学习、合作研究、学术访问等。2004 年度与 2003 年度的数据比较，出国留学人数略有减少，留学回国人数表现出良好的增长态势。出国留学人数减少了 2.2%，其中，自费出国留学人数减少了 4.2%，国家公派与单位公派的出国留学人数增长了 2%；留学回国人数增长了 24.6%，其中，自费留学回国人数增长了 27.5%。并且，这是自 1978 年邓小平同志做出扩大派遣留学生指示 26 年以来，年度留学回国人数连续两年突破 20000 人。❷

根据教育部 2005 年度留学人员情况统计，2005 年度各类出国留学人员总数为 11.85 万人，其中，国家公派 3979 人，单位公派 8078 人，自费留学 10.65 万人。2005 年度各类留学回国人员总数为 3.50 万人，其中，国家公派 3008 人，单位公派 4770 人，自费留学 2.72 万人。从 1978 年到 2005 年年底，各类出国留学人员总

---

❶ 教育部国际合作与交流司. 教育部 2003 年度留学人员情况统计结果 [EB/OL]. （2004-02-16）[2018-12-16]. http：//www.moe.gov.cn/srcsite/A20/moe_851/200402/t20040216_78194.html.
❷ 教育部国际合作与交流司. 教育部公布 2004 年度各类留学人员情况统计结果 [EB/OL]. （2005-02-21）[2018-12-16]. http：//www.moe.gov.cn/srcsite/A20/moe_851/200502/t20050221_78193.html.

数为 93.34 万人，留学回国人员总数为 23.29 万人。以留学身份出国，目前在外的留学人员有 70.05 万人，其中，有 51.28 万人正在国外进行学习、合作研究、学术访问等。2005 年度与 2004 年度的数据比较，出国留学人数略有增长，留学回国人数持续大幅增长。出国留学人数增长了 3.3%，其中，自费出国留学人数增加了 2.1%，国家公派与单位公派的出国留学人数增加了 16.1%；留学回国人数增长了 39.4%，其中，自费留学回国人数增长了 47.9%，国家公派与单位公派的留学回国人数增加了 15.6%。❶

根据教育部 2006 年度留学人员情况统计，2006 年度各类出国留学人员总数为 13.38 万人，其中，国家公派 5580 人，单位公派 7542 人，自费留学 12.07 万人。2006 年度各类留学回国人员总数为 4.24 万人，其中，国家公派 3716 人，单位公派 5267 人，自费留学 3.34 万人。从 1978 年到 2006 年年底，各类出国留学人员总数达 106.72 万人，留学回国人员总数达 27.52 万人。以留学身份出国，在外的留学人员有 79.19 万人。其中 58.33 万人在国外进行本科、硕士、博士阶段的学习以及从事博士后研究或学术访问等。2006 年度与 2005 年度的数据比较，出国留学人数有较大增长，留学回国人数表现出良好的增长态势。出国留学人数增加 1.53 万人，增加了 12.93%，其中，自费出国留学人数增加了 13.4%，国家公派与单位公派的出国留学人数增加了 8.83%；留学回国人数增加 7437 人，增长了 21.26%，其中，自费留学回国人数增长了 22.9%，国家公派与单位公派的回国留学人数增长了 15.5%。❷

根据教育部 2008 年度留学人员情况统计，2008 年度各类出国留学人员总数为 17.98 万人，其中，国家公派 1.14 万人，单位公派 0.68 万人，自费留学 16.16 万人。2008 年度各类留学回国人员总数为 6.93 万人，其中，国家公派 0.75 万人，单位公派 0.50 万人，自费留学 5.68 万人。从 1978 年到 2008 年年底，各类出国留学人员总数达 139.15 万人，留学回国人员总数达 38.91 万人。以留学身份出国，在外的留学人员有 100.24 万人。其中，73.54 万人正在国外进行本科、硕士、博士阶

---

❶ 教育部国际合作与交流司. 教育部公布 2005 年度各类留学人员情况统计结果 [EB/OL].（2006-02—20）[2018-12-16]. http : //www.moe.gov.cn/srcsite/A20/moe_851/200602/t20060220_78192.html.

❷ 教育部国际合作与交流司. 教育部 2006 年度各类留学人员情况统计结果 [EB/OL].（2007-02-14）[2018-12-16]. http : //www.moe.gov.cn/srcsite/A20/moe_851/200702/t20070214_78191.html.

段的学习以及从事博士后研究或学术访问等。2008 年度与 2007 年度的数据比较，出国留学人数和留学回国人数表现出增长态势。出国留学人数增加 3.52 万人，增长了 24.43%；留学回国人数增加 2.49 万人，增长了 55.95%。❶

2015 年度我国出国留学人员总数为 52.37 万人，其中，国家公派 2.59 万人，单位公派 1.60 万人，自费留学 48.18 万人。我国已成为全球最大留学人员生源地国。2015 年度各类留学回国人员总数为 40.91 万人，其中，国家公派 2.11 万人，单位公派 1.42 万人，自费留学 37.38 万人。年度出国与年度回国人数比例从 2006 年的 3.15∶1 下降到了 2015 年的 1.28∶1。❷

2016 年，我国留学规模持续扩大，出国留学与来华留学人数同步增长，成为世界最大的留学输出国和亚洲重要留学目的国。我国留学回国与出国留学人数"逆差"逐渐缩小。2016 年我国出国留学人员总数为 54.45 万人，较 2012 年增长 14.49 万人，增幅为 36.26%。2016 年留学回国人员总数为 43.25 万人，较 2012 年增长 15.96 万人，增幅为 58.48%。出国留学与留学回国人数比例从 2012 年的 1.46∶1 下降到 2016 年的 1.26∶1。逾八成留学人员学成后选择回国发展。

留学地域相对集中，攻读本科以上学历的仍为留学主体。在地域分布方面，我国出国留学人员留学目的地国相对集中。2016 年度，逾九成留学人员赴美国、英国、澳大利亚等 10 国，其中赴英语国家的留学人员近八成（77.91%）。党的十八大以来，我国留学人员目的地国前十名基本保持平稳。从学历层次看，2016 年度，我国出国留学人员攻读本科以上学历占七成（本科生 30.56%、硕博研究生 35.51%）。公派留学为引领，自费留学为主体。

党的十八大以来，国家公派留学生共 107005 人。其中派出访问学者 44814 人，占派出总人数的 41.88%，博士生、硕士生和本科生 62191 人，占派出总人数的 58.12%，培养了一大批具有国际视野和竞争能力的紧缺人才和战略后备人才。从国别分布看，面向美国、英国、加拿大等教育发达国家选派 93865 人，占国家公派人员总人数的 87.72%，为持续学习借鉴世界教育科技强国发展经验提供了保障。从学科分布看，国家公派出国留学人员主要选择了国家发展建设急需的理、工、

---

❶ 教育部国际合作与交流司. 教育部公布 2008 年度各类留学人员情况统计结果 [EB/OL]. (2009-02—20) [2018-12-16]. http://www.moe.gov.cn/s78/A20/gjs_left/moe_851/tnull_48301.html.

❷ 郝平. 统筹国内国际两个大局　做好教育对外开放工作 [EB/OL]. (2016-09-16) [2018-12-16]. http://www.moe.edu.cn/jyb_xwfb/moe_176/201609/t20160916_281246.html.

农、医等学科。其中，攻读工科的占 36.54%、理科占 15.47%、医科占 6.68%、农科占 3.17%，人文社科专业占 38.14%。

2016 年出国留学人员中，自费留学共 49.82 万人，占出国留学总人数的 91.49%。2012 年以来，自费留学的比重持续保持在 92% 左右，已初步形成公派留学为主导，自费留学为主体的留学工作格局。❶

2017 年，我国出国学习、回国服务规模双增长。出国留学人数首次突破 60 万大关，同比增长超 11%，持续保持世界最大留学生生源国地位。同年留学人员回国人数较上一年增长超 11%，达到 48 万余人，其中获得硕博研究生学历及博士后出站人员超 22 万，同比增长近 15%。出国留学规模的持续增长，使中国生源领跑世界。改革开放 40 年来，各类出国留学人员累计已达 519 万人，目前有 145 万余人正在国外进行相关阶段的学习和研究。以 2017 年为例，我国出国留学人员目的地仍相对集中，多数前往欧美发达国家和地区求学，"一带一路"国家成为新的增长点。当年赴"一带一路"沿线国家留学人数为 6.61 万人，比上年增长 15.7%，其中国家公派 3679 人，涉及 37 个"一带一路"沿线国家。❷

2018 年度，我国出国留学人员总数为 66.21 万人。其中，国家公派 3.02 万人，单位公派 3.56 万人，自费留学 59.63 万人。2018 年度，各类留学回国人员总数为 51.94 万人。其中，国家公派 2.53 万人，单位公派 2.65 万人，自费留学 46.76 万人。❸

2019 年度，我国出国留学人员总数为 41.39 万人，其中国家公派 1.63 万人，单位公派 1.33 万人，自费留学 38.43 万人。2019 年度，各类留学回国人员总数为 35.35 万人，其中国家公派 1.19 万人，单位公派 1.01 万人，自费留学 33.15 万人。❹

2020 年 9 月 5 日，从 2020 国际教育服务贸易论坛上获悉，中国是全球最大留学生源地国，出国留学人员约有 160 万人，目前在海外约 140 万人。

---

❶ 教育部发布 2016 年出国留学和来华留学数据 [EB/OL]．(2017-03-01) [2018-12-16]． news.sciencenet.cn/htmlnews/2017/3/369188.shtm.

❷ 大数据：2017 来华、出国、归国留学生"创三高" [EB/OL]．(2018-04-10) [2018-12-16]． http://www.sohu.com/a/227763531_100929.

❸ 2018 年度我国出国留学人员情况统计 [EB/OL]．(2019-03-27) [2020-09-07]. http://www.moe.gov.cn/jyb_xwfb/gzdt_gzdt/s5987/201903/t20190327_375704.html.

❹ 2019 年度我国留学人员情况 [EB/OL]．(2020-04-06) [2020-09-07]. http://www.luozhuang-edu.cn/jyzx/48020.html.

（三）积极推进出国留学工作事业的协调可持续发展

1979 年，教育部成立出国留学培训部和集训部。1988 年，教育部成立中国留学服务中心。1991 年，教育部支持成立了全国出国留学工作研究会。1993 年，国家教委印发《关于自费出国留学有关问题的通知》。文中表明：中等学校毕业生、在校自费大学生、毕业生可申请自费出国留学。大专以上的公费在校学生和公费培养的具有大专以上学历人员（包括归国华侨、国外华侨，香港、澳门、台湾同胞和外籍华人的直系、非直系眷属）在国内服务一定年限或偿还高等教育费后均可申请自费出国留学。为鼓励在国内攻读博士学位，对博士毕业研究生自费出国做博士后研究不收取高等教育培养费。❶

1996 年，教育部成立国家留学基金管理委员会，实行"个人申请、专家评审、平等竞争、择优录取、签约派出、违约赔偿"的国家公派留学的选派和管理办法。《国家留学基金资助人员派出和管理若干问题的规定（1996 年）》对"留学人员"的界定，是指国家公费出国留学工作实行改革新办法后，按国家留学基金资助方式派出的留学人员。主要包括由国家提供全额资助、享受政府间互惠奖学金以及由国家安排并提供部分资助的享受国外奖学金的各类留学人员，即高级访问学者、访问学者、进修人员、博士后人员、研究生等。❷

1998 年，教育部会同公安部和国家工商行政管理总局联合制定了《自费出国留学中介服务管理规定》。2003 年，教育部设立了"国家优秀自费留学生奖学金"。

为加强与在外留学人员的联系和沟通，1987 年，教育部创办了《神州学人》杂志，1995 年增设电子周刊。为吸引留学人员回国工作或以多种方式为国服务，教育部先后设立了"霍英东青年教师基金和教师奖""优秀青年教师资助计划""留学回国人员科研启动基金""跨世纪优秀人才培养计划""长江学者奖励计划"等一批项目。1996 年，教育部设立了面向高层次海外留学人才的"春晖计划"，2000 年年底又增设了"春晖计划"海外留学人才学术休假回国工作项目。截至 2003 年，这些项目在规模和效益上不断拓展，共资助或支持了 21000 多名优秀留学人员以

---

❶ 教育部国际合作与交流司.国家教委印发关于自费出国留学有关问题的通知[EB/OL].(2004-09-12)[2018-12-16].http://www.moe.gov.cn/s78/A20/gjs_left/moe_851/tnull_4373.html.

❷ 教育部国际合作与交流司.国家对公派留学人员身份管理的规定[EB/OL].(1996-12-10)[2018-12-16].http://www.moe.gov.cn/s78/A20/gjs_left/moe_851/tnull_8525.html.

多种方式为国服务。

随着我国教育对外开放事业的不断推进，自费出国留学工作日益受到党和国家的重视。国务院于1984年明确提出自费出国留学也是培养人才的重要渠道，国家对自费出国留学人员在政治上与公派出国留学人员一视同仁。1999年，教育部会同公安部和国家工商行政管理总局联合制定了《自费出国留学中介服务管理规定》。2003年，教育部成立专门的监管机构，对自费留学中介、国际教育展等与自费留学密切相关的机构和活动进行监督指导，同年，为激励品学兼优的优秀自费留学生在学业上取得优异成绩，教育部设立了"国家优秀自费留学生奖学金"项目。2007年，为进一步规范国家公派出国留学研究生派出和管理工作，教育部联合财政部印发了《国家公派出国留学研究生管理规定（试行）》的文件。

（四）努力提高服务与管理水平，鼓励优秀留学人员回国工作或为国服务

为有效管理在外留学人员并为他们提供良好服务，我国教育部至2003年已在38个国家驻外使（领）馆设立了55个教育处（组），至2009年，已在39个驻外使（领）馆设立58个教育处（组）。各教育处（组）指导成立了中国留学人员联谊组织2000多个，以及300多个在外中国学者专业学术团体，支持他们开展联谊活动，促进学术交流，拓展为国服务活动。

国家教育部还启动了一批具有示范作用的重大项目，1990年设立了"留学回国人员科研启动基金"项目；1996年设立了"春晖计划"项目，择优资助已获得博士学位并在本专业领域取得突出成就的优秀留学人员短期回国工作或参加为国服务活动；1998年，教育部联合科技部等有关单位共同举办了每年一届的中国留学人员广州科技交流会，同年，启动了"长江学者奖励计划"，延揽海内外中青年精英参与我国高等院校建设；2001年推出了"海外留学人才学术休假回国工作项目"，资助在外优秀留学人员利用学术休假回国工作。2007年，为贯彻落实《国家中长期科学和技术发展规划纲要（2006—2020年）》，教育部发布了《关于进一步加强引进海外优秀留学人才工作的若干意见》，吸引高层次留学人才工作又上新台阶；2009年，教育部与科技部共同主办了第四届"春晖杯"中国留学人员创新创业大赛，为海外优秀留学人才创新创业、回国工作和为国服务搭建有效平台。

四、来华留学

我国中外教育交流的指导思想是走出去与请进来并重。教育部在中央的统一部署下，坚持"扩大规模、提高层次、保证质量、规范管理"的原则，逐步完善来华留学工作体系，为许多国家，特别是广大发展中国家培养了大批科技、教育、外交和管理人才，对发展和巩固我国同世界各国政治、外交和经贸关系，开展文化、教育和人员交流做出了积极贡献，并且近年来发展速度很快。

为加强来华留学生教育工作的法制化管理，规范和简化外国留学生来华申请手续，教育部先后颁布了《中小学接受外国学生管理暂行办法》（1999年7月21日教育部令第4号）和《高等学校接受外国学生管理规定》（2000年1月31日教育部、外交部、公安部令第9号）。此外，教育部为保证来华留学生的教育培养质量，建立完善来华留学教育工作的管理机制和模式，建立了全国来华留学生管理信息系统、来华留学生医疗保险制度、留管干部业务培训制度、招收留学生院校的评估认证体系。

（一）中华人民共和国成立至2008年的总体情况统计

1950年，我国接收了第一批来自东欧国家的33名留学生，改革开放以后，来华留学工作进入了一个新的发展时期，到2000年的51年里，我国有关高等学校累计接收了来自160多个国家的约40.5万人次各类留学生。其中享受中国政府奖学金的留学生约8.8万人次，自费留学生约31.7万人次。

从1979年到2000年，累计接收了约39.4万人次各类来华留学生。特别是1992年以来，在党的十四大方针指引下，我国社会政治稳定，经济建设实现持续高速发展，综合国力和国际地位显著提高，来华留学工作也取得了前所未有的大发展。来华留学生数量大幅度增加，从1992年的1.4万余人发展到1996年的4.1万余人，年均增长速度超过30%，留学生层次也明显提高。作为这一时期来华留学工作发展的一大标志是，自费留学生人数大幅度增加，成为来华留学生的主流。

1998年，尽管东南亚地区发生了严重的金融危机，但来我国学习的外国留学生数量继续保持了稳定的规模。虽然来自亚洲的留学生人数有所减少，而来自欧洲、美洲和非洲的人数则有较明显的增加，全年来华留学生总数达4.3万余人。

2000年全年共有来自166个国家的52150名各类来华留学生在我国31个省、自治区、直辖市（不含台湾地区和香港、澳门特别行政区）的346所高等学校学习。其中长期留学生35671名，短期留学生（留学时间在6个月以内）16479名。按洲别统计，亚洲的留学生人数仍排名第一，共计39034名，占全年来华留学生总数的74.85%。从留学生层次上看，2000年来华接受学历教育的留学生人数为13703名，占长期留学生的38.41%。根据我国与有关国家之间的教育交流协议和交流计划，2000年教育部向152个国家提供了中国政府奖学金名额。2000年9月，有来自130个国家的1664名获得我政府奖学金的新生进入我国高等院校学习，加上已在校学习的学生，2000年共有来自148个国家的5362名留学生享受中国政府奖学金在华学习，占全年留学生总数的10.28%。2000年还有148名留学生和外国学者获得教育部"长城奖学金"（通过联合国教科文组织提供）、"优秀生奖学金""外国汉语教师短期研修奖学金""ＨＳＫ优胜者奖学金"和"中华文化研究奖学金"等专项奖学金来华学习或从事研究。2000年，我国高等学校通过各种国际交流渠道接受了来自147个国家的46788名自费留学生，比1999年增长18.45%，占全年留学生总数的89.72%。其中，长期留学生30309名，短期留学生16479名。长期生中接受学历教育的有10659名，比1999年增长23.41%。其中博士研究生663名，硕士研究生1288名，大学本科生8480名，专科生228名。此外，还有高级进修生274名，普通进修生19376名。

2003年全国来华留学统计年鉴表明，为实现《2003—2007年教育振兴行动计划》，教育部在2003年确立了"扩大规模、提高层次、保证质量、规范管理"的来华留学工作思路，克服"非典"带来的不利影响，创造性地开展工作，保证了来华留学规模的基本稳定。截至2003年12月31日，2003年全年在华的各类外国留学人员共计175个国家的77715人。其中，长期生（学习时间超过6个月的）为64456人，短期生（学习时间不足6个月）为13259人。奖学金生6153人，自费生71562人。学历生24616人，非学历生53099人。亚洲63672人，欧洲6462人，美洲4703人，非洲1793人，大洋洲1085人。来华留学生人数超过200人的国家共有25个。2003年，教育部向163个国家提供了中国政府奖学金名额。2002年9月，共有来自131个国家的1879名获得我政府奖学金的新生进入我国高等学校学习，另有123名外国留学生和外国学者获得教育部"长城奖学金"（通过联合国教科文组织提供）、"优秀外国留学生奖学金""外国汉语教师短期研修奖学金""ＨＳＫ优胜者奖学金""中华文化研究奖学金"等专项奖学金来华学习或从事研究，加上已在校学习的学生，2003年共有来自153个国家的6153名外国留学生享受中国政府奖学金在华学习，占全年留学生总数的7.92%，奖学金生总数比2002年增加了1.3%。我国接受的奖学金生中，来自亚洲3076名，占奖学金生总数的50%；欧洲1442名，占23.4%；非洲1244名，占20.2%；美洲305名，占5%；大洋洲86名，占1.4%。接受学历教育的奖学金生共有3713名，占奖学金生总数的60.34%。2003年，我国高等学校通过各种国际交流渠道接受了来自167个国家的71562名自费留学生，比2002年减少10.27%，占全年减少47.63%。❶

2004年全国来华留学统计年鉴表明，截至2004年12月31日，2004年全年共有来自178个国家的110844名各类来华留学人员在我国31个省、自治区、直辖市（不含台湾地区和香港、澳门特别行政区）的420所高等学校和其他教学、科研机构学习。2004年是中华人民共和国成立以来来华留学生数量最多、年度增加数量最多（比2003年增加33129名）、生源国家数量最多、就读学校数量最多的一年，也是前10年间来华留学生数量年度增幅最大（42.6%）的一年。按学习期限统计，长期留学生76486名，短期留学生（留学期限6个月以内）34358名。按洲别统计，来自亚洲的留学生人数仍然最多，计85112名，占全年来华留学生总数的76.8%。按国别统计，来自韩国、日本、美国、越南和印度尼西亚的留学生人数仍名列前5位。按留学生类别统计，学历生31616名，占总数的28.5%，比2003年增加了28.4%。2004年，我国向165个国家提供了中国政府奖学金名额。2004年9月，共有来自154个国家的2276名新生获我国政府奖学金资助注册入我国高等学校学习，另有202名外国留学生和外国学者获得教育部"长城奖学金"（通过联合国教科文组织提供）、"优秀外国留学生奖学金""外国汉语教师短期研修奖学金""ＨＳＫ优胜者奖学金""中华文化研究奖学金"等专项奖学金来华学习或从事研究。加上已在校学习的奖学金生，2004年共有6715名享受中国政府奖学金的外国留学生在华学习，占全年来华留学生总数的6.1%，比2003年增加了9.1%，其中长期生6540名，短期生175名。2004年，我国高等学校通过各种国际交流渠道和个人申请接受了来自175个国家的104129名自费留学生，占全年来华留学生总数的93.9%，比2003年增加了45.5%；其中长期生69946名，比2003

---

❶ 教育部国际合作与交流司.2003年全国来华留学统计年鉴[EB/OL].（2004-02-06）[2018-12-16].http://www.moe.gov.cn/srcsite/A20/moe_850/200402/t20040206_77826.html.

年增加了 19.9%，短期生 34183 名，比 2003 年增加了 158.9%。2004 年，教育部国际合作与交流司制定了全国来华留学工作 5 年规划。年初举办了来华留学工作历史上首次新闻发布会，我国 43 家主要媒体的 59 名记者参加新闻发布会，人民网现场直播。年中，在全国启用来华留学信息管理系统。❶

2005 年全国来华留学统计年鉴表明，截至 2005 年 12 月 31 日，2005 年全年共有来自 179 个国家的 141087 名各类来华留学人员在我国 31 个省、自治区、直辖市（不含台湾地区和香港、澳门特别行政区）的 464 所高等学校和其他教学、科研机构学习。2005 年是中华人民共和国成立以来来华留学生数量最多、生源国家数量最多、就读学校数量最多的一年。按学习期限统计，长期留学生 103712 名，短期留学生（留学期限 6 个月以内）37375 名。按洲别统计，来自亚洲的留学生人数仍然最多，计 106840 名。按国别统计，来自韩国、日本、美国、越南和印度尼西亚的留学生人数仍名列前 5 位。按留学生类别统计，学历生 44851 名，占总数的 31.79%，比 2004 年增加了 41.86%。2005 年，我国向 166 个国家提供了中国政府奖学金名额。2005 年 9 月，共有来自 146 个国家的 2125 名新生获我政府奖学金资助注册入我高等学校学习，另有 128 名外国留学生和外国学者获得教育部"长城奖学金"（通过联合国教科文组织提供）、"优秀外国留学生奖学金""外国汉语教师短期研修奖学金""ＨＳＫ优胜者奖学金""中华文化研究奖学金"等专项奖学金来华学习或从事研究。加上已在校学习的奖学金生，2005 年共有 159 个国家的 7218 名享受中国政府奖学金的外国留学生在华学习，占全年来华留学生总数的 5.12%，比 2004 年增加了 7.49%，其中长期生 7088 名，短期生 130 名。2005 年，我国高等学校通过各种国际交流渠道和个人申请接受了来自 175 个国家的 133869 名自费留学生，占全年来华留学生总数的 94.88%，比 2004 年增加了 28.56%；其中长期生 96624 名，比 2004 年增加了 38.14%，短期生 37245 名，比 2004 年增加了 8.96%。

2006 年全国来华留学统计年鉴表明，截至 2006 年 12 月 31 日，2006 年全年共有来自 184 个国家和地区的 162695 名各类来华留学人员在我国 31 个省、自治区、直辖市（不含台湾地区和香港、澳门特别行政区）的 519 所高等学校和其他教学、科研机构学习。2006 年是中华人民共和国成立以来来华留学生数量最多、生源国

---

❶ 教育部国际合作与交流司.2004 年全国来华留学统计年鉴［EB/OL］.（2005-02-06）［2018-12-16］.http://www.moe.gov.cn/srcsite/A20/moe_850/200502/t20050206_77817.html.

家、地区数量最多、就读学校数量最多的一年。2006年和2005年相比，留学生人数增加了21608人（增长15.3%）。按学习期限统计，长期留学生119733名；短期留学生（留学期限6个月以内）42962名。按洲别统计，来自亚洲的留学生人数仍然最多，计120930名。按国别统计，来自韩国、日本、美国、越南和印度尼西亚的留学生人数仍名列前5。按留学生类别统计，学历生54859名，占总数的33.72%，比2005年增加了22.31%。2006年，我国向167个国家提供了中国政府奖学金名额。2006年，共有来自165个国家的8484名享受中国政府奖学金的外国留学生在华学习，占全年来华留学生总数的5.21%，比2005年增加了1266人。2006年，我国高等学校通过各种国际交流渠道和个人申请等办法接受了来自180个国家和地区的154211名自费留学生，占全年来华留学生总数的94.79%，比2005年（2005年共175国133869人）增加了15.20%。❶

截至2008年，已累计接收来华国际学生146万余人次。改革开放30年，我国的来华留学工作得到了迅猛发展，规模得到迅速扩大，学生层次有较大提升，接收院校大幅增加。2008年，共有来自189个国家和地区的223499名各类来华留学人员，分布在全国31个省、自治区、直辖市（不含台湾地区、香港特别行政区和澳门特别行政区）的592所高等院校、科研院所和其他教学机构中学习。与2007年相比，2008年来华留学生总人数增加了27996名，同比增长14.32%。其中中国政府奖学金生增加了3365名，达到13516名，同比增长33.15%；自费生增加了24631名，达到209983名，同比增长13.29%。值得一提的是，在教育部的大力促进下，中央财政对来华留学工作的投入大幅增加，中国政府奖学金发放规模及受益范围明显扩大。按洲别统计，来自亚洲的留学生人数仍占首位，计152931名，占全年来华留学生总数的68.43%。从增幅上看，来自非洲、大洋洲的留学生人数增长显著，同比增长率分别为48.76%和45.68%。按国别统计，来华留学生人数名列前3的国家是韩国66806名，美国19914名，日本16733名。来华留学生层次进一步提高。2008年，来华留学生中学历生为80005名，占来华留学生总数的35.80%，同比增长17.29%，增长速度高于来华留学生总人数。2008年，教育部较大幅度提高了中国政府奖学金生生活费，生活待遇的提高使中国政府奖学金在国

---

❶ 教育部国际合作与交流司.2006年全国来华留学统计年鉴[EB/OL].（2007-02-06）[2018-12-16].http://www.moe.gov.cn/srcsite/A20/moe_850/200702/t20070206_77799.html.

际金融危机不断蔓延的情况下，吸引力进一步增强。❶

（二）2014—2020 年的情况统计

2014 年全国来华留学生数据统计表明，2014 年共有来自 203 个国家和地区的 377054 名各类外国留学人员在 31 个省、自治区、直辖市的 775 所高等学校、科研院所和其他教学机构中学习，比 2013 年增加了 20555 人，增长比例为 5.77%（以上数据均不含港、澳、台地区）。

按国别排序前 15 名：韩国 62923 人，美国 24203 人，泰国 21296 人，俄罗斯 17202 人，日本 15057 人，印度尼西亚 13689 人，印度 13578 人，巴基斯坦 13360 人，哈萨克斯坦 11764 人，法国 10729 人，越南 10658 人，德国 8193 人，蒙古国 7920 人，马来西亚 6645 人，英国 5920 人。按学生类别统计：接受学历教育的外国留学生总计 164394 人，占来华生总数的 43.60%，比 2013 年增加了 16504 人，同比增加 11.16%。按经费办法统计：中国政府奖学金生 36943 人，占来华生总数的 9.80%；自费生 340111 人，占来华生总数的 90.20%。❷

2015 年度共有来自 202 个国家和地区的 39.76 万名各类外国留学人员在我国的高等学校、科研院所及其他教学机构中学习，预计到 2020 年将实现来华留学 50 万人，使我国成为亚洲最大的国际学生流动目的地国。目前，已有 279 所中国大学承担中国政府奖学金生的培养任务，着力打造"留学中国"品牌。❸

2016 年，来华留学生规模突破 44 万。中国成为亚洲最大留学目的地国，生源层次显著提升。比 2012 年增长了 35%。同时，越来越多的留学生来华攻读学历课程，学历生和研究生占比实现双增长。2016 年，在华学历生人数达 21 万人，占来华留学生总数的 47.4%，比 2012 年提高了 7 个百分点；硕博研究生人数达 6.4 万人，占总人数的 14.4%，比 2012 年提高了 3.4 个百分点。另据统计，2016 年共有 13 万名外籍学生在我国学前教育机构和各类中小学就读，各级各类外籍学生总数已逾 57 万人。

---

❶ 教育部国际合作与交流司. 来华留学工作整体概况［EB/OL］.（2011-07-21）［2018-12-16］. http：//www.moe.gov.cn/s78/A20/gjs_left/moe_850/tnull_48305.html.

❷ 教育部. 2014 年全国来华留学生数据统计［EB/OL］.（2015-03-18）［2018-12-16］. http：//www.moe.gov.cn/jyb_xwfb/gzdt_gzdt/s5987/201503/t20150318_186395.html.

❸ 郝平. 统筹国内国际两个大局 做好教育对外开放工作［EB/OL］.（2016-09-16）［2018-12-16］. http：//www.moe.edu.cn/jyb_xwfb/moe_176/201609/t20160916_281246.html.

"一带一路"沿线国家领跑，生源大国稳中有变。2016年，在华留学生生源国家和地区总数为205个，创历史新高。前10位生源国稳中有变，依次为韩国、美国、泰国、巴基斯坦、印度、俄罗斯、印度尼西亚、哈萨克斯坦、日本和越南。近几年来，"一带一路"沿线国家学生数量增长明显，相较2012年，巴基斯坦、哈萨克斯坦和泰国学生数量排名分别上浮了5位、2位和1位。2016年，沿线64国在华留学生共207746人，同比增幅达13.6%，高于各国平均增速。

打破以汉语学习为主的格局，学科分布更加合理。2016年来华学习汉语的人数占总人数的38.2%，比2012年的53.5%下降了15.3%，更多学生来华学习汉语以外的专业。就读其他学科的学生规模和比例显著增长：相比2012年，教育、理科、工科和农学学生数量显著增加，增幅均超过100%；经济、西医、文学、法学、管理等学生数量增幅均超过50%；占比增长最快的学科为工科，比2012年增长了5.2个百分点。学历生中，就读人数最多的学科依次为西医、工科、经济和管理。汉语专业从2012年的第2位下降至2016年的第5位。

中国政府奖学金杠杆作用持续显现，撬动国际人才资源。一是扩大规模。2016年，共有来自183个国家的49022名学生享受中国政府奖学金在华学习，占在华生总数的11%，相比2012年增加了70%。二是服务国家战略。奖学金向周边国家和"一带一路"沿线国家倾斜，成为国家战略人才和人脉储备的重要渠道。2016年奖学金人数前10位的国家依次为巴基斯坦、蒙古国、俄罗斯、越南、泰国、美国、老挝、韩国、哈萨克斯坦和尼泊尔，"一带一路"沿线国家奖学金生占比61%，比2012年提高了8.4个百分点。三是提高人才层次。2016年，奖学金生中，硕博研究生比例高达69%，比2012年占比增加了12%。中国政府奖学金对高层次人才的吸引力不断提升，引领来华留学向高层次、高质量发展。❶

2017年期间，外国留学生来回深造人数同比增长18%。"一带一路"沿线国家来华留学生增幅显著。据统计，2017年共有48.92万名外国留学生在我国高等院校学习，规模增速连续两年保持在10%以上，其中学历生为24.15万人，占总数的49%，同比增幅15%。2017年共有来自204个国家和地区的各类外国留学人员在全国31个省、自治区、直辖市的935所高等院校学习，其中硕士和博士研究生共计约7.58万人，比2016年增加了18.62%。与2016年相比，前10位生源

---

❶ 教育部发布2016年出国留学和来华留学数据［EB/OL］.（2017-03-01）［2018-12-16］. news.sciencenet.cn/htmlnews/2017/3/369188.shtm.

国稳中有变，依次为韩国、泰国、巴基斯坦、美国、印度、俄罗斯、日本、印度尼西亚、哈萨克斯坦和老挝。"一带一路"沿线国家留学生31.72万人，占总人数的64.85%，增幅达11.58%，高于各国平均增速。北京、上海、江苏、浙江等东部11省市来华留学生共计34.19万人，占总数的69.88%。值得关注的是，来华留学生的学科分布更加合理，学习文科类专业的学生数量仍排名首位，占总人数的48.45%；学习工科、管理、理科、艺术、农学的学生数量增长明显，同比增幅均超过20%。此外，2017年来华留学生中，自费生达43.06万人，占总数的88.03%。

2018年，共有来自196个国家和地区的492185名各类外国留学人员在全国31个省（区、市）的1004所高等院校学习，比2017年增加了3013人，增长比例为0.62%（以上数据均不含港、澳、台地区）。按州别统计：亚洲学生总数为295043人，占59.95%；非洲学生总数为81562人，占16.57%；欧洲学生总数为73618人，占14.96%；美洲学生总数为35733人，占7.26%；大洋洲学生总数为6229人，占1.27%。按国别统计：韩国50600人，泰国28608人，巴基斯坦28023人，印度23198人，美国20996人，俄罗斯19239人，印度尼西亚15050人，老挝14645人，日本14230人，哈萨克斯坦11784人，越南11299人，孟加拉10,735人，法国10695人，蒙古国10158人，马来西亚9479人。按省市排序前10名：北京80786人，上海61400人，江苏45778人，浙江38190人，辽宁27879人，天津23691人，广东22034人，湖北21371人，云南19311人，山东19078人。人数超过10000的省（区）还有广西15217人，四川13990人，黑龙江13429人，陕西12919人，福建10340人。接受学历教育的外国留学生总计258122人，占来华生总数的52.44%，比2017年增加了16579人，同比增加6.86%；硕士和博士研究生共计85062人，比2017年增加了12.28%，其中，博士研究生25618人，硕士研究生59444人。2018年，非学历生留学生234063人。中国政府奖学金生63041人，占来华生总数的12.81%；自费生429144人，占来华生总数的87.19%。[1]

2019年，来华留学生总数、我国接收留学生单位数及中国政府奖学金生数等三项均创新高。一是2019年来华留学生总数增加了28169人，同比增长8.58%；接收留学生单位数增加56个；中国政府奖学金生数增加了4554人，同比增长15.83%。二是生源大国位次格局基本稳定。2019年排名前10的生源国依次为韩国、

---

[1] 2018年度我国来华留学人员情况统计［EB/OL］.（2019-04-12）［2020-09-07］.https：//www.eol.cn/news/yaowen/201904/t20190412_1654312.shtml.

美国、泰国、日本、俄罗斯、印度尼西亚、越南、印度、哈萨克斯坦和巴基斯坦。其中，泰国超过日本列第 3 位，哈萨克斯坦超过巴基斯坦列第 9 位，英国超过新加坡居第 15 位，其他排序与 2019 年相同。三是中国政府奖学金对扩大留学生规模的拉动作用明显。中国政府奖学金生数继续稳步增长。2019 年，中国政府奖学金生 33322 人，占来华生总数 9.35%，较 2019 年同比增长 15.83%，保持了稳步上升的趋势。四是留学生分布在全国 31 个省、自治区、直辖市的 746 所高等学校、科研院所和其他教育教学机构中学习。北京、上海等地留学生总数继续稳步增长，2019 年接收留学生排名前 10 位的省（区、市）依次为北京、上海、天津、广东、浙江、江苏、辽宁、山东、湖北、福建，且人数均超过 1 万人，此外，还有黑龙江省和广西壮族自治区接收留学生人数超过 1 万人。五是来华留学方面，规模持续扩大，质量不断提升，结构逐步优化，进一步凸显了来华留学推动中外合作交流、展示了当代中国形象的重要作用。2019 年，共计有来自 200 个国家和地区的 356499 名各类外国留学人员。非洲、欧洲、大洋洲来华留学生数增长显著。2019 年，非洲、欧洲和亚洲来华留学生数同比增长分别为 23.31%、13.02% 和 8.09%。六是学历生增长速度继续保持高于来华生总数增长速度的态势。2019 年，接受学历教育的外国留学生为 147890 人，同比增长 10.77%，保持了 2008 年以来高于来华生总人数增长速度的持续增长态势。❶

2020 年 9 月 5 日，从 2020 国际教育服务贸易论坛上获悉，目前，在来华留学方面，中国政府设立了"丝绸之路"奖学金项目，助力"一带一路"人才培养，同时打造"留学中国"品牌；来华留学学历生比例逐年提高，2019 年已达 54.6%。

五、中外合作办大学

截至 2016 年，经审批的各类中外合作办学共有 2539 个。其中，本科以上层次项目和机构 1248 个，高职高专层次项目和机构 928 个。产生了一批示范性高水平中外合作办学项目，包括宁波诺丁汉大学、上海纽约大学、深圳北理莫斯科大学、浙江大学爱丁堡联合学院、上海交通大学密西根学院、北京航空航天大学中法工程师学院等在内的 15 个中外合作办学机构以及 57 个合作办学项目。

---

❶ 2019 年度我国留学人员情况 [EB/OL]．(2020-04-06) [2020-09-07]．http://www.luozhuang-edu.cn/jyzx/48020.html.

2020年9月5日，从2020国际教育服务贸易论坛上获悉，中国目前在办的各级各类中外合作办学机构和项目达2282个。

截至2020年9月8日的"中华人民共和国教育部中外合作办学监管工作信息平台"网站信息（曾批准在册数量，其中有的已停办，有的已停止招生）：（1）本科中外合作办学机构与项目（含内地与港台地区合作办学机构与项目）名单：一是合作办学机构65（个）：北京4、上海9、天津1、重庆4、江苏8、浙江5、广东7、山东5、四川3、河北2、河南3、湖北1、湖南1、陕西3、山西2、辽宁8、吉林3。二是合作办学项目（930个）：北京39、上海70、天津26、重庆17、江苏92、浙江43、广东11、海南3、福建17、山东70、江西18、四川13、安徽13、河北22、河南89、湖北55、湖南24、陕西10、山西2、黑龙江171、辽宁35、吉林47、广西17、云南10、贵州4、甘肃1、内蒙古10、新疆1。（2）硕士及以上中外合作办学机构与项目（含内地与港台地区合作办学机构与项目）名单：一是合作办学机构（59个）：北京5、上海7、天津4、重庆1、江苏10、浙江9、广东7、山东3、四川1、湖北4、陕西4、黑龙江2、辽宁2。二是合作办学项目（237个）：北京61、上海41、天津14、重庆5、江苏14、浙江22、广东16、福建1、山东6、江西9、四川10、安徽2、河北2、湖北9、湖南1、陕西8、黑龙江7、辽宁6、吉林1、云南1、贵州1（其中，本科合作办学与硕士及以上中外合作办学之间有一些是重叠的）。

同时，境外办学也在稳步推进之中。我国高校已在境外举办了4个机构和98个办学项目，分布在14个国家和地区，大部分在"一带一路"沿线地区。4个机构分别是老挝苏州大学、厦门大学马来西亚分校、云南财经大学曼谷商学院、北京语言大学东京学院。开设专业包括中国语言文学、中医药、中医针灸、中国传统武术、体育教育学、工商管理、法律、教育学、烹饪工艺与营养等。

中外合作办学典型案例如下。

（一）宁波诺丁汉大学

宁波诺丁汉大学是中国第一所经教育部批准引进世界一流大学的中外合作大学，由英国诺丁汉大学与浙江万里学院合作创建于2004年。校园位于浙江省宁波市，占地面积887亩。

宁波诺丁汉大学将英国诺丁汉大学的优势学科与中国社会经济发展实际需求

相结合，引进一系列具有国际一流水准的学位课程，实行与英国诺丁汉大学完全一致的教学评估体系，全英文授课，学生毕业后获得英国诺丁汉大学学位。

截至目前，已有本科、硕士、博士共10000多名毕业生从宁波诺丁汉大学走向世界。大学目前有7800多名学生，包括来自70多个国家和地区的750多名国际生。

大学拥有三大学院——商学院、人文与社会科学学院、理工学院，设有14所研究机构。宁波诺丁汉大学于2008年12月获教育部批准开展博士研究生教育。

宁波诺丁汉大学是中国第一所普及小班化全英文课堂和导师制度的大学，也是中国唯一一所千人规模上却能够保证教学大纲内所有课程采用全英文教学的大学。

（二）上海纽约大学

2011年1月17日，教育部下发了《关于批准华东师范大学与美国纽约大学合作筹备设立上海纽约大学的函》，并被列入上海市政府重点工作。2012年9月22日，教育部下发《教育部关于批准设立上海纽约大学的函》，正式批准华东师范大学与纽约大学合作设立上海纽约大学。2013年8月11日，上海纽约大学首届本科生报到。

中共中央政治局委员、国务院副总理刘延东提出，"努力把上海纽约大学办成高等教育国际合作示范改革的试验田，建设成为高水平的世界一流大学"。教育部党组书记、部长袁贵仁提出，"把上海纽约大学不仅建设成为中外合作办学的典范，也成为中国高等教育改革的典范"。

（三）上海交通大学密西根学院

上海交大密西根学院于2006年4月在上海成立，由上海交通大学和美国密西根大学共同建设，旨在在中国土壤上建设世界一流的教学研究型学院，成为培养国际化、创新性、领袖型人才的特区。交大密西根学院秉持"全球视野、交叉学科、创新为道、质量为本"的办学理念。

学院所有课程均采用英文授课。学院在师资选聘上，实行全球公开招聘，外籍学者比例超过二分之一。截至2016年8月29日，学院有52名全职教师，有各类在校学生1271名，其中本科生1111名，研究生160名，海外留学生41名。截至 2017 年 8 月 7 日，密西根学院 2010—2017 届的毕业生中，多于 80% 继续攻读研究生学位，其中 90% 是全球顶尖的大学，95% 是美国大学。

（四）北京航空航天大学中法工程师学院

北京航空航天大学中法工程师学院是在中法两国教育部的支持下，由北京航空航天大学与法国中央理工大学集团（法国境内巴黎、里昂、里尔、南特、马赛 5 所中央理工大学组成）共同创建，并于 2005 年开始招生。这是一所系统引入法国工程师学历教育体系和培养模式，立足北航空天信融合特色的学科优势和培养实力，培养高水平国际通用工程师的学院。它隶属于北航，同时也是法国中央理工大学集团的一员，行政管理最高机构是由北航、合作高校、伙伴企业等负责人组成的联合管理委员会。中法工程师学院是中法两国高等工程教育合作的先行者，首批入选教育部"卓越工程师教育培养计划"，首个通过法国教育部工程师职衔委员会（CTI）和欧洲工程师教育体系（EUR-ACE）认证，具有颁发法国通用工程师文凭的资质。

培养定位：培养具有"全球视野、系统思维、协同创新"能力，胜任世界多样性和快速变化挑战的工程领导领军人才。培养学生具有 5 种能力素养：通晓国际规则、文化包容和跨文化协同能力；系统思维、多学科知识交叉融合和迁移能力；创新性解决不确定环境下复杂工程问题能力；工程伦理道德责任和尊重社会价值的能力；组织、协作领导能力以及批判和反思能力。

培养模式：中法工程师学院实施法国"预科—工程师"与我国"本科—硕士"相融合的本—硕一贯制培养模式，采用课程学习、实践训练和学位论文相结合的培养方式。在本科（预科）阶段强化法语、数理、人文等基础知识的培养，硕士（工程师）阶段实施具有学科交叉和工程实践特色的通用工程师教育。学院建立了中英法三语环境、中西两种文化的人才培养平台，在国内首创建立了"工业科学与技术国际化创新实训基地"。

每年招收 120 名高考成绩优秀的本科学生，每年接收 80 名免试推荐或统考成绩优秀的硕士研究生，每年有 1/3 毕业生获得各类资助出国深造或攻读博士学位，每年有 180 余名学生在境外高校交流和学习。

（五）厦门大学马来西亚分校

2014年7月，厦门大学马来西亚分校奠基，成为中国首个在海外建设独立校园的大学；2016年2月，分校举行首批新生开学典礼；至2018年3月31日，分校已开设13个专业，有在校生2800余人、教职员工216人，获准设立"福建省政府奖学金"。

六、孔子学院与世界汉学大会

（一）孔子学院

随着中国经济的发展和国际交往的日益广泛，世界各国对汉语学习的需求急剧增长。为推动汉语加快走向世界，提升中国语言文化影响力，中国政府在1987年成立了"国家对外汉语教学领导小组"，简称为"汉办"。从2004年开始，我国在借鉴英、法、德、西等国推广本民族语言经验的基础上，探索在海外设立以教授汉语和传播中国文化为宗旨的非营利性教育机构，孔子学院建设快速发展，已成为世界各国人民学习汉语和了解中华文化的园地、中外文化交流的平台、加强中国人民与世界各国人民友谊合作的桥梁，受到广泛欢迎。

"汉办"承办了孔子学院（Confucius Institute），选择孔子这位中国传统文化的代表人物作为汉语教学品牌是中国传统文化复兴的标志，也是秉承孔子"和为贵""和而不同"的理念，推动中国文化与世界各国文化的交流与融合，以建设一个持久和平、共同繁荣的和谐世界为宗旨。

孔子学院并非一般意义上的大学，一般都是下设在国外的大学和研究院之类的教育机构里。作为非营利性教育机构，孔子学院的宗旨是增进世界人民对中国语言和文化的了解，发展中国与外国的友好关系，促进世界多元文化发展，为构建和谐世界贡献力量。其主要职能是：面向社会各界人士，开展汉语教学；培训汉语教师；开展汉语考试和汉语教师资格认证业务；提供中国教育、文化、经济及社会等信息咨询；开展当代中国研究。孔子学院最重要的一项工作就是给世界各地的汉语学习者提供规范、权威的现代汉语教材；提供最正规、最主要的汉语教学渠道。全球首家孔子学院于2004年在韩国首尔正式设立。孔子学院的建设模式有总部直接投资、总部与国外机构合作、总部授权特许经营三种。现阶段主要采用总部与国外合作的方式建设孔子学院。

2016年第十一届孔子学院大会期间,汉办专门召开"孔子学院与'一带一路'建设工作座谈会",会议指出,孔子学院扎根本土,因地制宜、灵活多样地开展语言教学和文化交流活动,为巩固和夯实与"一带一路"沿线国家的民意基础做出了重要贡献。"一带一路"是中国教育国际合作交流的顶层设计,是在更高层次、更大范围推进教育国际合作交流的重要抓手。今后,要围绕"一带一路"建设总体要求,进一步完善布局,加强师资队伍和教材建设,大力培养本土双语翻译人才、研究型专业人才、职业技能型人才。各地方教育主管部门要加大投入力度,整合优势资源,形成全方位支持"一带一路"建设的新格局。各中方合作院校要切实加强自身支撑能力建设,不断深化中外双方合作基础。各国孔子学院要树立"靠前服务"意识,主动参与和服务"一带一路"建设。据统计,"一带一路"沿线国家中,已有51国建立134所孔子学院和127个中小学孔子课堂,2016年注册学员达46万人,开展各类文化活动8000多场,受众270多万人。"一带一路"国家94%的孔子学院和课堂开设了汉语学分课,70%孔子学院所在大学开设了中文专业,10所大学开设了汉语师范专业。在孔子学院的影响下,泰国、亚美尼亚、斯洛文尼亚、爱沙尼亚等20个国家将汉语教学纳入国民教育体系。黑山、保加利亚、吉尔吉斯斯坦、亚美尼亚、老挝等国家领导人积极参与孔子学院活动,全面提升影响力。孔子学院还不断拓展综合功能,为"一带一路"提供智力支持,促进经贸合作。[1]

截至2017年12月31日,全球146个国家(地区)建立525所孔子学院和1113个孔子课堂。孔子学院138国(地区)共525所,其中,亚洲33国(地区)118所,非洲39国54所,欧洲41国173所,美洲21国161所,大洋洲4国19所。孔子课堂79国(地区)共1113个(科摩罗、缅甸、瓦努阿图、格林纳达、莱索托、库克群岛、安道尔、欧盟只有课堂,没有学院),其中,亚洲21国101个,非洲15国30个,欧洲30国307个,美洲9国574个,大洋洲4国101个。其中,"一带一路"沿线有53国设立140所孔子学院和136个孔子课堂,欧盟28国、中东欧16国实现全覆盖。

2018年12月4日,第十三届孔子学院大会日在成都举行,来自154个国家和地区的1500多名代表参加大会。中国国务院副总理、孔子学院总部理事会主席孙

---

[1] 孔子学院助推"一带一路"建设大有可为[J].孔子学院,2017(1).

春兰出席并致辞。

2020 年 7 月，孔子学院品牌由"中国国际中文教育基金会"全面负责运行。

截至目前（2020 年 9 月 8 日学院网站页），全球已有 162 国家（地区）设立了 541 所孔子学院和 1170 个孔子课堂。其中，亚洲 39 国（地区），孔子学院 135 所，孔子课堂 115 个；非洲 46 国，孔子学院 61 所，孔子课堂 48 个；欧洲 43 国（地区），孔子学院 187 所，孔子课堂 346 个；美洲 27 国，孔子学院 138 所，孔子课堂 560 个；大洋洲 7 国，孔子学院 20 所，孔子课堂 101 个。

为进一步帮助世界各国青年深入了解中国和中华文化，繁荣汉学研究，促进孔子学院可持续发展，增进中国与各国人民之间的友好关系，国家汉办/孔子学院总部设立了"孔子新汉学计划"（Confucius China Studies Program）。"孔子新汉学计划"是孔子学院设立的一个高端学术型项目，包含以下 6 个子项目：①中外合作培养博士项目；②来华攻读博士学位项目；③"理解中国"访问学者项目；④青年领袖项目；⑤国际会议项目；⑥出版资助项目。主要通过课题等方式资助，专业领域为人文科学和社会科学。2012 年，孔子新汉学计划首先实施"中外合作培养博士项目"及"来华攻读博士学位项目"。2013 年 11 月 15 日，首批"孔子新汉学计划"青年领袖来华访问。2014 年 1 月，中国学者赴外讲学项目顺利启动。目前，"孔子新汉学计划"顺利全面运行。

现在，孔子学院已经成为我国国家文化软实力的重要载体。孔子学院、课堂已成为世界认识中国的一个重要平台和中外语言文化交流的窗口和桥梁。中国国家领导人非常重视孔子学院的建设发展，许多孔子学院的授牌挂牌仪式都有国家相关领导人参加。习近平主席多次亲自出席孔子学院签字或揭牌仪式，仅 2009 年亲自参与挂牌仪式的就有 3 个。习近平主席希望孔子学院秉承"相互尊重、友好协商、平等互利"的校训，为传播文化、沟通心灵、促进世界文明多样性作出新的更大贡献。继续办好孔子学院，增强对外话语的创造力、感召力、公信力，讲好中国故事，传播好中国声音，阐释好中国特色，向世界展现一个真实、立体、全面的中国，具有重要的现实意义和深远的历史意义。未来中国向世界出口的最有影响力的产品不是有形物，而是中国文化及国学。

2020 年 7 月，孔子学院改制。为适应国际中文教育事业发展需求，教育部 2020 年 7 月设立中外语言交流合作中心，简称语言合作中心。语言合作中心为中国教育部直属事业单位，是发展国际中文教育事业的专业公益教育机构，致力于为世界各国民众学习中文、了解中国提供优质的服务，为中外语言交流合作、世界多元文化互学互鉴搭建友好协作的平台。语言合作中心具体负责统筹建设国际中文教育资源体系，参与制定国际中文教育相关标准并组织实施；支持国际中文教师、教材、学科等建设和学术研究；组织实施国际中文教师考试、外国人中文水平系列考试，开展相关评估认定；运行国际中文教育相关品牌项目；组织开展中外语言交流合作等。孔子学院品牌将由"中国国际中文教育基金会"全面负责运行。该基金会是由多家高校、企业等发起成立的民间公益组织，将会同孔子学院中外方合作伙伴，继续支持全球孔子学院发展。

孔子学院品牌由基金会全面负责运行后，除支持和服务的机构改变外，还有两方面的变化：一是性质的变化，基金会在民政部注册，属民间公益教育机构；二是模式的变化，基金会将从社会上筹集资金，也将依靠孔子学院的中外方教育机构发挥办学主体作用。

（二）世界汉学大会

世界汉学大会由孔子学院总部和中国人民大学共同举办，自 2007 年以来，规模逐步扩大、影响越来越广，为各国汉学家加强合作、深化研究搭建了平台，为促进中外文化对话交流开辟了渠道，成为国际学术领域的一个重要品牌。第四届大会以"东学—西学 400 年"为主题，回顾中外文化交流的厚重历史，把握文明互鉴的时代潮流，对促进世界深入了解中国、中国深入了解世界产生了积极作用。

2014 年 9 月 6 日，第四届世界汉学大会在北京隆重开幕，来自 38 个国家和地区的 200 多名专家学者汇聚一堂。我国国务委员刘延东在第四届世界汉学大会上发表致辞。

刘延东在会上提出如下三点倡议：第一，加强合作研究，传播分享中华优秀文化。第二，深化人文交流，传承发展中外人民友谊。第三，促进包容互鉴，推动世界文明和谐共生。❶

第四届世界汉学大会的召开，适逢孔子学院创办 10 周年。已在 122 个国家建立 458 所孔子学院和 710 个中小学孔子课堂，注册学员近百万人，成为促进中外文化交流的重要平台。

---

❶ 刘延东. 在第四届世界汉学大会上的致辞［EB/OL］.（2014-09-06）［2018-12-16］. http://www.moe.edu.cn/jyb_xwfb/moe_176/201409/t20140912_174903.html.

11月2日至3日，2019年世界汉学大会理事会及"孔子新汉学计划"博士生论坛在德国杜塞尔多夫召开。会议由孔子学院总部、中国人民大学与杜塞尔多夫大学孔子学院联合主办。作为世界汉学大会的最高议事机构，世界汉学大会理事会今年是第五次召开，也是首次在海外召开。会上讨论了2020年世界汉学大会的主题、时间和地点，世界汉学大会理事会章程修订和理事会成员调整等事宜。

七、与54个国家签订了高等教育学历学位互认协议❶

截至2017年4月19日，教育部已与46个国家和地区签订了学历学位互认协议，其中包括24个"一带一路"国家，包括波兰、立陶宛、爱沙尼亚、拉脱维亚、匈牙利、罗马尼亚、保加利亚、捷克、泰国、越南、菲律宾、马来西亚、印度尼西亚、哈萨克斯坦、土库曼斯坦、吉尔吉斯斯坦、乌兹别克斯坦、亚美尼亚、俄罗斯、乌克兰、白俄罗斯、斯里兰卡、蒙古国、埃及。教育部组织开展国别和区域研究，全面加强对沿线国家经济、政治、教育、文化等方面的了解和理解，为推进民心相通提供智力支撑。"一是设立专项课题，共发布了141项研究课题，其中70项涉及'一带一路'的46个沿线国家。二是形成系列智库报告，设立'一带一路'沿线国家研究智库报告课题，系列报告覆盖66个沿线国家，一国一本，共计66本。"据统计，2016年我国共选拔226名国别区域研究人才赴34个国家，选派908名涉及37门的非通用语种人才出国培训进修；设立"丝绸之路"中国政府奖学金项目，每年向沿线国家额外提供总数不少于3000个奖学金新生名额。

2020年9月5日，从2020国际教育服务贸易论坛上获悉，目前，中国已与54个国家签署了《高等教育学历学位互认协议》。

---

❶ 晋浩天. 教育部已与24个"一带一路"沿线国家签订学历学位互认协议[EB/OL].（2017-04—20）[2018-12-16]. https://www.yidaiyilu.gov.cn/xwzx/bwdt/11397.htm.

第二节　我国与国际组织文化教育交流和加入相关国际条约

一、与国际组织的文化教育交流

自20世纪80年代以来，中国主要通过联合国儿童基金会、联合国教科文组织、亚太经济合作组织、亚欧会议、亚洲开发银行、世界银行、经合组织、金砖国家和亚洲相互协作与信任措施会议等官方国际组织平台与各国开展文化教育合作与交流，教育合作范围覆盖学前教育、基础教育、高等教育、师范教育、职业教育、远程教育等各个方面；文化合作主要包括自然遗产和非物质遗产保护等。

（一）联合国教育、科学及文化组织合作

1. 联合国教育、科学及文化组织与中华人民共和国联合国教科文组织全国委员会

联合国教育、科学及文化组织（United Nations Educational, Scientific and Cultural Organization，UNESCO，以下简称"教科文组织"）于1946年11月4日正式成立，是联合国下属的专门机构之一。这是一个以建立真正和平文化为宗旨的组织，它的创建设想是应建立"人类智力上和道义上的团结"，从而防止爆发新的世界大战，总部设在法国巴黎。发展教育是教科文组织的工作重心。

作为一个国际智力合作机构，教科文组织在教育方面开展的活动形式主要是：举办各种类型的国际会议，促进政策性对话；开展教育研究，对当今世界教育方面的某些热点问题进行探讨；促进教育人员与教育成果交流，通过发行出版物和建立信息网促进信息传递与交换；举办培训活动；开展实验项目。

教科文组织在联合国可持续发展目标的基础上，研究制定了以"确保包容、公平的优质教育，促进全民享有终身学习机会"为核心的2030教育可持续发展目

标。其中包括：确保所有男女童获得优质早期幼儿发展、保育和学前教育，为接受初等教育做好准备；完成免费、公平、优质的中小学教育，并取得相应有效的学习成果。确保所有男女平等获得负担得起的优质职业与技术教育以及高等教育，包括大学教育。大幅增加掌握就业、体面工作和创业所需技能（包括职业技术技能）的青年和成人人数。消除教育中的性别差距，确保包括残疾人、土著居民和处境脆弱儿童在内的弱势群体平等获得各级教育和职业培训。确保所有青年和大部分成人男女具有识字和计算能力。确保所有学习者掌握促进可持续发展所需知识和技能，具体做法包括开展可持续发展和可持续生活方式、人权和性别平等等方面的教育，弘扬和平和非暴力文化，提升全球公民意识，以及肯定文化多样性和文化对可持续发展的贡献等。

教科文组织也是遗产保护方面的国际倡议牵头人。保护世界文化和自然遗产是教科文组织发起的一项深受各国欢迎的国际合作活动，也是教科文组织最具影响力的另一个旗舰项目。根据1972年通过的《保护世界文化和自然遗产公约》，截至2018年7月，《世界遗产名录》已收录的全球世界遗产地总数达1092处（中国有53处）。根据2003年通过的《保护非物质文化遗产公约》，至今中国有39项入选《人类口述和非物质遗产代表作名录》。另有299份具有世界意义的文献和文献集合入选了《世界记忆名录》（中国有13份入选）。

中国是教科文组织的创始国之一，自1971年10月29日确认中华人民共和国在联合国的合法地位以来，中国在该组织的各项活动中均发挥了积极的作用。中华人民共和国于1972年恢复在该组织的活动。中国与教科文组织业务对接的机构是于1979年2月19日成立的中国联合国教科文组织全国委员会（以下简称"全委会"）。

全委会目前由30个国务院职能部门、国家级公共机构和全国性非政府组织和机构组成。全委会的主任由教育部一位主管副部长担任，副主任分别由外交部、科学技术部、文化部、中国科学院、中国社会科学院、国土资源部、住房与城乡建设部的一位主管副部长或副院长担任。全委会的常设工作机构为秘书处，设在教育部。

2013年11月5日，中国教育部副部长兼全委会主席郝平当选为教科文组织的第37届大会主席，这是中国人首次当选为该组织的大会主席，同时也是继法国、美国和苏联之后，第四个担任该组织大会主席的安理会常任理事国代表。

2. 中国与教科文组织的教育合作

全委会与教科文组织在教育领域的合作不断扩大，内容涉及各级各类教育和教育科研等方面。这些活动的受益范围遍及全国 20 个省、市、自治区。

出席国际教育大会。中国对教育大会历来十分重视，通过会议宣传了中国的教育方针、政策，掌握了世界教育的发展趋势，接触了各国主管教育的负责人，加强了国际合作与交流，推动了中国教育领域的高层对话。

合办国际大会和高层次专题研讨会。为适应国家教育改革与发展的实际需要，全委会在教科文组织支持下与教育部合作举办了一系列颇具规模和影响的国际会议。例如，第四届 9 个发展中人口大国全民教育部长级会议（2001 年）；农村教育国际研讨会（2003 年）；联合国教科文组织第五届全民教育高层会议（2005 年，北京）；第三届国际职业技术教育大会（2012 年，上海）；国际教育信息化大会（2015 年，青岛）；首届学习型城市国际大会（2015 年，北京）；国际职业技术教育大会（2017 年，河北唐山）；等等。这些大会和研讨活动为中国教育界宣传取得的成绩和学习其他国家有益的经验提供了良好的机会。

实施全民教育计划。自 1990 年世界全民教育大会以来，教科文组织将教育领域的工作重点放在了发展基础教育、扫盲和职业技术教育方面。为配合国家教育部提出的在 20 世纪末实现"两基"的目标，与教科文组织合作开展了一些既对国内教育发展有促进作用又能产生较好国际影响的活动。

从 1993 年起，教科文组织对中国的一些西部地区的扫盲、成人技术培训、女童教育研究、少数民族教育研究和基础教育革新等都给予各种支持，包括举办研讨会、培训班、资助开发乡土培训教材和资助试点项目等。

2003 年，中国成立了由 10 个部委和社会团体组成的中国全民教育论坛，提出了新的"中国全民教育行动计划"。

3. 中国与教科文组织的文化合作

与教科文组织在文化领域的合作活动涉及文化政策、文化多样性、艺术、版权、物质和非物质遗产、文化间对话、历史、文化与青年、文化与妇女及性别平等诸多方面。我国近些年来参与该组织文化领域的活动主要集中在世界遗产的申报和保护、保护非物质文化遗产、关于文化政策的讨论以及参与一些文物保护方面的国际公约的制定或修订几方面。

文化和自然遗产。1985 年，我国加入《保护世界文化和自然遗产公约》。2004

年 6 月第 28 届世界遗产委员会会议在苏州召开，这是我国首次承办该会议。截至 2018 年 7 月，我国共有 53 处文化和自然遗产被批准列入《世界遗产名录》，从而使我国的遗产数量仅次于意大利之后位列世界第二。与"一带一路"直接相关的中国与吉尔吉斯斯坦、哈萨克斯坦联合提交的"丝绸之路"项目（线路跨度近 5000 公里），也于 2014 年被第 38 届世界遗产大会批准列入《世界遗产名录》。

非物质文化遗产。中国一直积极参与该保护非物质文化遗产项目相关的活动、研讨和政策讨论。2001 年，经过各国提名和专家委员会的评审，教科文组织公布了第一批"人类口传和非物质遗产代表作"。"代表作"每两年公布一次。截至 2016 年年底，我国入选联合国教科文组织的非遗名录（含"急需保护名录"）的项目已达 39 个，也是目前世界上拥有世界非物质文化遗产数量最多的国家。

具体人类非物质文化遗产代表作名录。2001 年：昆曲。2003 年：古琴艺术。2005 年：新疆维吾尔木卡姆艺术、蒙古族长调民歌。2009 年：中国蚕桑丝织技艺、福建南音、南京云锦、安徽宣纸、贵州侗族大歌、广东粤剧、《格萨尔》史诗、浙江龙泉青瓷、青海热贡艺术、藏戏、新疆《玛纳斯》、蒙古族呼麦、甘肃花儿、西安鼓乐、朝鲜族农乐舞、书法、篆刻、剪纸、雕版印刷、传统木结构营造技艺、端午节、妈祖信俗。2010 年：京剧、中医针灸。2011 年：皮影戏。2013 年：珠算。2016 年：二十四节气。

急需保护的非物质文化遗产名录。2009 年：羌年、黎族传统纺染织绣技艺、中国木拱桥传统营造技艺。2010 年：新疆的麦西热甫、福建的中国水密隔舱福船制造技艺、中国活字印刷术。2011 年：赫哲族伊玛堪说唱。

非物质文化遗产优秀实践名册。2012 年：福建木偶戏传承人培养计划。

记忆遗产。中国自 1997 年第一次申请"世界记忆名录"，截至 2017 年年底，已有 13 份文献遗产成功入选《世界记忆名录》。其中 11 份古文献遗产是《中国传统音乐录音档案》（1997，现存中国艺术研究院图书馆）、《清代内阁秘本档》（1999，现存中国第一历史档案馆）、《纳西东巴古籍》（2003，现存云南省社会科学院东巴文化研究所）、《清代大金榜》（2005，现存中国第一历史档案馆）、《清代样式雷图档》（2007，现存中国国家图书馆等）、《本草纲目》（2011，1593 年金陵版现存中国国家图书馆）、《黄帝内经》（2011，1339 年胡氏古林书堂刻本现存中日美图书馆）、《侨批档案—海外华侨银信》（2013，现存广东省档案局与福建省档案局）、《中国西藏元代官方档案》（2013，现存西藏自治区档案馆）、《南京大屠杀档案》(2015，现存南京大屠杀档案馆)、《甲骨文》(2017，现存故宫博物院等机构)。

(二)联合国儿童基金会

1. 联合国儿童基金会

联合国儿童基金会(United Nations International Children's Emergency Fund，UNICEF，以下简称"儿基会")，由联合国创建于 1946 年 12 月 11 日。当时建立的目的是满足战后欧洲与中国儿童的紧急需求。从 1950 年开始，对象扩大到所有发展中国家儿童与母亲的长期需求。

1953 年，儿基会正式成为联合国的一部分，并将名称缩减为 United Nations Children's Fund，但 UNICEF 一直沿用下来。目前儿基会在全球的 161 个国家和地区常年设有项目。它以《儿童权利公约》为指导，特别保护处境最不利的儿童，如战争、灾难、极度贫困以及一切形式的暴力的剥削受害者及残疾者。

2. 我国与儿基会的合作[1]

我国与儿基会的教育合作项目始于 1982 年，到目前为止，双方已进行了 8 个周期的合作。双方在为期 30 多年的项目合作过程中建立了非常友好、默契的合作关系。儿基会配合并支持我国开展"两基"工程，西部大开发战略，发展贫困地区的基础教育，加强师资培训体系建设和开展农村远程教育项目，配合课程改革和教材开发、建立全国教育规划和监测信息网络等。2008 年"5·12"四川汶川地震发生后，儿基会第一时间多方奔走、积极筹措资金和物资，有力地支持了灾区的教育重建工作。

1982—2015 年中国—儿基会教育合作项目如下[2]。

2011—2015 项目周期合作领域：一是爱生的教育政策；二是爱生的教育制度；三是教育减灾防灾；四是早期儿童发展；五是有质量的基础教育；六是青少年教育。项目实施区域：新疆疏勒县、广西三江县、贵州纳雍县、云南剑川县、重庆忠县。

---

[1] 教育部国际合作与交流司. 与联合国儿童基金会（UNICEF）合作情况简介[EB/OL]. (2017-04-20)[2018-12-16]. http://www.moe.gov.cn/s78/A20/gjs_left/moe_859/201005/t20100513_87659.html.

[2] 教育部国际合作与交流司.1982—2015 年中国—联合国儿基会教育合作项目简介[EB/OL]. (2017-04-20)[2018-12-16]. http://www.moe.gov.cn/s78/A20/gjs_left/moe_859/201005/t20100513_87658.html.

2006—2010 项目周期合作项目：一是教育政策开发、加强教育规划和监测项目；二是早期儿童发展教育项目；三是爱生学校建设和提高学习者质量项目；四是非正规教育项目。项目实施区域：西部 10 个省、区（甘肃、青海、宁夏、广西、四川、贵州、新疆、云南、西藏、内蒙古）的 20 个县。

2001—2005 项目周期合作项目：一是加强贫困地区基础教育项目；二是远程教育项目；三是贫困地区教育规划、管理和监测项目；四是早期儿童教育与开发项目；五是非正规教育。

1996—2000 项目周期合作项目：一是加强教育规划与管理项目；二是教学内容与教学过程调整项目；三是远程教育项目；四是贫困地区基础教育项目。

1994—1995 过渡项目周期合作项目：一是教师培训项目；二是远程教育项目；三是教科书开发项目；四是教具开发项目；五是加强初等教育项目；六是促进女童教育项目；七是加强残疾儿童教育项目；八是早期儿童教育项目；九是基础教育目标监管项目。

1990—1993 项目周期合作项目：一是学前教育教师培训项目；二是小学教师培训项目；三是特殊教育教师培训项目；四是贫困地区基础教育项目；五是教学材料和学习材料开发项目；六是教具开发项目；七是远程教师培训项目；八是学前与小学教育对接项目；九是完善教育信息系统。

1985—1989 项目周期合作项目：一是教师培训项目；二是学前及小学教具开发项目；三是儿童彩色读物开发项目。

1982—1984 项目周期合作项目：一是教师培训项目；二是科学教育项目；三是儿童彩色读物开发项目。

2017 年 11 月 21 日，中国政府向联合国儿童基金会捐款 200 万美元，用于救助索马里受旱灾影响的儿童。

联合国儿童基金会任命社会名人为亲善大使，大使们为改善儿童的生活状况而努力，以各自的影响力吸引世界对儿童的关注、赢得公众和决策者的支持、募集联合国儿童基金会重要项目所急需的资金。亲善大使中的中国名人有国际亲善大使（1994）、（2004），东亚及太平洋地区级亲善大使（2009）、（2011），中国亲善大使（2010）、（2012）、（2015），演员联合国儿童基金会大使（2018），共 10 名。

（三）联合国世界旅游组织

联合国世界旅游组织于 1975 年 1 月 2 日成立，2003 年成为联合国专门机构。组织机构主要为全体大会、执行委员会、秘书处和地区委员会。总部设在西班牙马德里。拥有 158 个正式成员国，6 个联系成员，2 个观察员，450 个附属成员。

宗旨：促进和发展旅游事业，使之有利于经济发展、国际相互了解、和平与繁荣以及不分种族、性别、语言或宗教信仰、尊重人权和人的基本自由，并强调在贯彻这一宗旨时要特别注意发展中国家在旅游事业方面的利益。

同中国的关系：1975 年承认中华人民共和国为中国唯一合法代表。1983 年，接纳中国为正式成员国。1987 年，中国首次当选为该组织执行委员会委员，并同时当选为统计委员会委员和亚太地区委员会副主席。1991 年，中国再次当选为该组织执委会委员。2003 年，世界旅游组织第 15 届全体大会在北京举行。2011 年，中国成功连任执委会成员国。世界旅游组织在中国设立有数个观测点，分别在四川成都、广西桂林阳朔、安徽黄山、湖南张家界、新疆喀纳斯、河南（焦作—云台山、洛阳—龙门石窟）、云南西双版纳、江苏常熟。

二、参加文化教育国际条约

（一）WTO 教育服务贸易

《WTO 协议》分为四大块，其中的第二块是服务贸易（GATS）。服务共 12 项，教育是其中的第五项，教育又分为 5 个部门。在 WTO 的视野中，教育是服务业，是一种产业。中国政府向 WTO 提交的《教育服务贸易减让表》主要内容如下：一是跨境交付（指一个成员国向任何其他成员国提供一种服务，如通过网络教育、函授教育，向别国提供教育服务）。中国不做承诺。二是境外消费（指一个成员国的居民在另外一个成员国的国境内享受一种服务。如出国留学）。中国没有限制。三是商业存在（指一个成员国的服务提供者，在任何其他成员国的境内，通过建立、经营和扩大商业实体提供服务，如到国外办学）。在"市场准入限制"中，中国"将允许中外合作办学，外方可获得多数拥有权"；在"国民待遇限制"中，中国"不做承诺"。四是自然人的流动（指一个成员国的自然人进入并且暂时居留在另外一个成员国的境内并提供服务，如外籍教师到中国来任教）。在"市场准入限制"中，中国仅保证"水平承诺"中的内容和承诺"外国个人教育服务提供者受到中国学校和其他教育机构邀请和雇佣，可以入境提供服务"。在"国民待遇限制"中，要求提供服务者有"资格如下：具有学士或者以上学位，具有相应的专业职称或者证书，具有 2 年的专业工作经验"。其中的"C. 高等教育服务（ CPC923 ）"，没做任何排除（已首先表明不包括军事、警察、政治和党校教育）。中国高等教育在《教育服务贸易减让表》根据以上承诺，与我国加入 WTO 前夕的改革开放政策相比，在"中外合作办学的拥有权上，外方可占多数权"这一条上有实质上的大变化，表明中国高等教育会更多地面向市场。

（二）保护世界文化和自然遗产公约

保护世界文化和自然遗产公约（联合国教科文组织大会第十七届会议于 1972 年 11 月 16 日在巴黎通过）强调：注意到文化遗产和自然遗产越来越受到破坏的威胁，保护不论属于哪国人民的这类罕见且无法替代的财产，对全世界人民都很重要；整个国际社会有责任通过提供集体性援助来参与保护具有突出的普遍价值的文化和自然遗产。1985 年 11 月 22 日，我国第六届全国人民代表大会常务委员会第十三次会议决定：批准《保护世界文化和自然遗产公约》

（三）保护非物质文化遗产公约

保护非物质文化遗产公约（联合国教科文组织第三十二届会议于 2003 年 10 月 17 日在巴黎通过）是人类历史上非物质文化遗产保护事业的重要里程碑，是参照国际人权文书，尤其是 1948 年的《世界人权宣言》以及 1966 年的《经济、社会、文化权利国际盟约》和《公民及政治权利国际盟约》而制定的。还参考了 1989 年的《保护民间创作建议书》、2001 年的《教科文组织世界文化多样性宣言》和 2002 年第三次文化部长圆桌会议通过的《伊斯坦布尔宣言》，强调非物质文化遗产的重要性，它是文化多样性的熔炉，又是可持续发展的保证。公约考虑到非物质文化遗产与物质文化遗产和自然遗产之间的内在相互依存关系，承认全球化和社会变革进程除了为各群体之间开展新的对话创造条件，也与不容忍现象一样使非物质文化遗产面临损坏、消失和破坏的严重威胁。保护人类非物质文化遗产是普遍的意愿和共同关心的事项。考虑到必须提高人们，尤其是年青一代对非物质文化遗产及其保护的重要意义的认识。非物质文化遗产是密切人与人之间的关系以及他们之间进行交流和了解的要素，其作用是不可估量的。非物质文化遗产主要体现为以下五大领域：一是口头传统和表现形式，包括作为非物质文化遗产媒介的语言；二是表演艺术；三是社会实践、仪式、节庆活动；四是有关自然界和宇宙的知识和实践；五是传统手工艺。

　　该公约于 2006 年 4 月生效，我国政府高度重视非物质文化遗产保护工作，积极参与了《保护非物质文化遗产公约》的谈判及其实施细则制定的全部过程，于 2004 年加入《保护非物质文化遗产公约》，成为较早加入该公约的国家之一。并且，我国两次当选"保护非物质文化遗产政府间委员会委员国"，积极参与履约指南等规则的制定。该公约使中国非物质文化遗产保护工作取得了重大突破。

第五章

我国在跨区域合作组织、国家群体及会议中的交流

近些年来，我国与跨区域合作组织、国家群体或以峰会、论坛形式的交流日益频繁。这些交流往往层次规格高，相关国家领导人积极出席。而且，交流的频率周期固定，活动流程规范，许多是每年举行一次会晤。还有的除了国家领导人峰会，还召开部长级会议、高管会晤，带动企业家、经济、文化、教育、科技等分论坛同时召开，使得我国与相关国家的交流形式更加丰富多彩。

第一节　跨区域合作组织的交流

一、上海合作组织

（一）19年发展

上海合作组织（以下简称"上合组织"）是中华人民共和国、俄罗斯联邦、哈萨克斯坦共和国、吉尔吉斯斯坦共和国、塔吉克斯坦共和国、乌兹别克斯坦共和国于2001年在中国上海宣布成立的永久性政府间国际组织。上合组织包含了亚洲和欧洲的国家，属于跨区域组织合作。

上合组织的前身是"上海五国"会晤机制。1996年和1997年，中、俄、哈、吉、塔为加强睦邻互信与友好合作关系，加紧就边界地区信任和裁军问题举行谈判，五国元首先后在上海和莫斯科举行会晤，分别签署了《关于在边境地区加强军事领域信任的协定》和《关于在边境地区相互裁减军事力量的协定》。这是亚太地区首份多国双边政治军事文件，受到国际社会的广泛关注和高度评价。

2001年6月14日至15日，上海五国元首在上海举行第六次会晤，乌兹别克斯坦以完全平等的身份加入"上海五国"。六国元首举行首次会议，并签署了《上海合作组织成立宣言》，上合组织正式成立。此次峰会还签署了《打击恐怖主义、分裂主义和极端主义上海公约》。

上合组织自2012年开始接收观察员国和对话伙伴国，2017年接收印度、巴基斯坦为正式成员。现有18个国家参加元首峰会活动，包括以上成员国8个、观察员国4个（阿富汗、白俄罗斯、伊朗、蒙古国）、对话伙伴国6个（阿塞拜疆、亚美尼亚、柬埔寨、尼泊尔、土耳其和斯里兰卡）。美国、加拿大、叙利亚、巴林、卡塔尔、以色列已申请成为观察员国。

上合组织每年举行一次成员国国家元首正式会谈，定期举行政府首脑会谈，轮流在成员国举行。还建立起了总检察长、安全会议秘书、外交部长、国防部长、经贸部长、文化部长、交通部长、紧急救灾部门领导人、国家协调员等会议机制。每个会议机制的运作，均有相应的文件予以规范。国家元首理事会是最高领导机构。上合组织设有两个常设机构——秘书处（设在北京）和地区反恐怖机构（设在塔什干）。2004年，获得联合国大会观察员地位，2005年，秘书处分别与独联体执委会和东盟秘书处签署了谅解备忘录。

上合组织的宗旨和任务主要是：加强成员国的相互信任与睦邻友好；维护和加强地区和平、安全与稳定，共同打击恐怖主义、分裂主义和极端主义、毒品走私、非法贩运武器和其他跨国犯罪；开展经贸、环保、文化、科技、教育、能源、交通、金融等领域的合作，促进地区经济、社会、文化的全面均衡发展，不断提高成员国人民的生活水平；推动建立民主、公正、合理的国际政治经济新秩序；恪守《联合国宪章》的宗旨和原则；相互尊重独立、主权和领土完整，互不干涉内政，互不使用或威胁使用武力；所有成员国一律平等；平等互利，通过相互协商解决所有问题；奉行不结盟、不针对其他国家和组织及对外开放原则。

上合组织合作的重点领域是安全合作，还有政治合作、经济合作等，其中涉及贸易投资、海关、金融、税收、交通、能源、农业、科技、电信、环保、卫生、教育等领域。上合组织成员国政府首脑理事会在2005—2008年、2010—2012年、2015年会议上，均涉及文化、旅游、人文、教育等领域的合作内容。教育合作的亮点主要是2007年在元首峰会上，俄罗斯时任总统普京倡议成立"上海合作组织大学"，得到各成员国的一致赞同。

2009年，上合组织成员国协商一致确定区域学、生态学、能源学、IT技术和纳米技术5个专业为优先合作方向，并按照基本的要求和标准遴选出了本国的项目院校，其中哈萨克10所、吉尔吉斯7所、中国10所、俄罗斯16所、塔吉克10所，共计53所。现上海合作组织大学项目院校已有74所，其中哈萨克斯坦14所、中国20所、吉尔吉斯斯坦9所、俄罗斯21所、塔吉克斯坦10所。中国院校涉及纳米技术、区域学、经济学、能源学、IT技术、教育学、生态学7个专业领域，参与的学校包括北京大学、清华大学、华中科技大学、首都师范大学（区域学牵头院校）、北京外国语大学、黑龙江大学、新疆大学、大连外国语大学、海南热带海洋学院、兰州大学（生态学牵头院校）、山东大学、东北师范大学（教育学牵头院校）、华北电力大学（能源学牵头院校）、中国石油大学、哈尔滨工业大学、兰州理工大学、吉林大学（IT 技术牵头院校）、长春理工大学（纳米技术牵头院校）、大连理工大学（经济学牵头院校）、新疆师范大学。

中国国家主席在 2015 年元首理事会会上提出"加强人文交流和民间交往"的主张，在 2017 峰会上提出拉紧人文纽带和坚持开放包容的建议。强调中方愿同各方继续做好上海合作组织大学运行工作；办好青年交流营、中小学生夏令营，并主办上海合作组织国家文化艺术节等活动；启动实施"中国—上海合作组织人力资源开发合作计划"；倡议建立媒体合作机制，愿意主办本组织首届媒体峰会。

2017 年 6 月 9 日，印度和巴基斯坦正式成为上海合作组织成员；同年 11 月 30 日，上海合作组织成员国政府首脑理事会第十六次会议在俄罗斯索契开幕。2018 年 6 月 9 日至 10 日，上海合作组织青岛峰会在山东省青岛市举办。2019 年 6 月 14 日，上海合作组织成员国元首理事会第十九次会议在吉尔吉斯斯坦首都比什凯克举行。

上合组织的成立对促进成员国之间的睦邻互信与友好关系、巩固地区安全和稳定、促进联合发展等发挥了积极作用。上合组织的建立和发展顺应了冷战结束后人类要求和平与发展的历史潮流，展示了不同文明背景、传统文化差异的国家通过互尊互信实现和平共处、团结合作的巨大潜力，为维护地区和世界的和平、安全与稳定做出了重要贡献，大大丰富了当代外交和地区合作的实践，在国际社会产生了广泛积极的影响。

（二）上合组织青岛峰会

2018 年 6 月 10 日，上合组织成员国元首理事会第十八次会议在青岛国际会议中心举行。这次峰会是上合组织实现扩员以来举办的首次峰会，具有承前启后的重要意义。国家主席习近平主持会议，来自 12 个国家的国家元首或政府首脑、10 个国际组织或机构负责人出席峰会。

上合组织成立以来，走过了不平凡的发展历程，取得了重大成就。以《上海合作组织宪章》《上海合作组织成员国长期睦邻友好合作条约》为遵循，构建起不结盟、不对抗、不针对第三方的建设性伙伴关系。这是国际关系理论和实践的重大创新，开创了区域合作新模式。上合组织是世界上幅员最广、人口最多的综合性区域合作组织，国际影响力不断提升，已经成为促进世界和平与发展、维护国际公平正义不可忽视的重要力量。

"上海精神"是上合组织共同的财富和家园。要继续在"上海精神"的指引下，同舟共济，精诚合作，齐心协力构建上海合作组织命运共同体，推动建设新型国际关系，携手迈向持久和平、普遍安全、共同繁荣、开放包容、清洁美丽的世界。要拉紧人文交流合作的共同纽带。扎实推进教育、科技、文化、旅游、卫生、减灾、媒体、环保、青少年等领域交流合作。当今世界，不同文明交流互鉴是各国人民的共同愿望。要提倡创新、协调、绿色、开放、共享的发展观，践行共同、综合、合作、可持续的安全观，秉持开放、融通、互利、共赢的合作观，树立平等、互鉴、对话、包容的文明观。

上合组织之所以能始终保持旺盛生命力、强劲合作动力，根本原因在于它创造性地提出并始终践行"上海精神"，主张互信、互利、平等、协商、尊重多样文明、谋求共同发展。"上海精神"超越了文明冲突、冷战思维、零和博弈等陈旧观念，掀开了国际关系史崭新的一页，得到国际社会日益广泛的认同。

中方在本次峰会上承诺，在上合组织银行联合体框架内设立 300 亿元人民币等值专项贷款；未来 3 年，为各成员国提供 3000 个人力资源开发培训名额和为各方培训 2000 名执法人员；利用风云二号气象卫星为各方提供气象服务。

本会上，成员国领导人签署和见证了《上海合作组织成员国元首理事会青岛宣言》，《〈上海合作组织成员国长期睦邻友好合作条约〉实施纲要（2018—2022年）》，《〈上海合作组织成员国元首致青年共同寄语〉实施纲要》，《上海合作组织秘书处与联合国教科文组织合作谅解备忘录（2018—2022年）》，旅游、对外交往等领域一系列决议，23 份合作文件的签署。

2020 年 5 月 27 日，俄总统新闻局发布的公告说，考虑到世界新冠疫情形势严峻以及各国所采取的抗疫举措，俄方决定推迟举办金砖国家领导人会晤和上海合作组织峰会，新的举办日期将视疫情发展情况而定。

二、APEC 会议

（一）APEC 会议发展

亚太经济合作组织（Asia-Pacific Economic Cooperation），简称亚太经合组织或 APEC。1989 年，亚太经合组织成立。1991 年，中国以主权国家身份，中国台北和中国香港以地区经济体名义正式加入亚太经合组织。现有 21 个成员。亚太经合组织也属于跨区域组织。

亚太经合组织的宗旨是：为本地区人民的共同利益保持经济的增长和发展；促进成员间经济的相互依存；加强开放的多边贸易体制；减少区域贸易和投资壁垒，维护本地区人民的共同利益。目标是：相互依存，共同利益，坚持开放的多边贸易体制和减少区域贸易壁垒。

首次领导人非正式会议于 1993 年在美国召开，此后每年召开一次，在各成员间轮流举行，由各成员领导人出席（中国台北只能派出主管经济事务的代表出席）。2001 年和 2014 年，亚太经合组织领导人非正式会议在中国举行。亚太经合组织领导人非正式会议迄今已先后举行了 25 次。

自成立以来，亚太经合组织在推动区域和全球范围的贸易投资自由化和便利化以及开展经济技术合作方面不断取得进展，为加强区域经济合作、促进亚太地区经济发展和共同繁荣做出了突出贡献。

2014 年，APEC 第二十二次领导人非正式会议在北京举行，这是中国加入亚太大家庭 23 年来第二次、也是时隔 13 年后再次成为 APEC 东道主。13 年间，中国已经从世界第七大经济体、第六大贸易国，发展成为世界第二大经济体和最大的货物贸易国，从参与者到引领者，以越来越开放的胸怀，进一步融入亚太、融入世界。中国国家主席在会上演讲指出，规划发展愿景，应对全球性挑战，打造合作平台，谋求联动发展——四个"共同"，为新形势下的亚太经合组织指明了方向。

互信、包容、合作、共赢的伙伴关系，是亚太经合组织的主要特点。具体表现出：一是开放性。推行开放的多边贸易体制，不是使亚太经合组织朝着组成一个贸易集团的方向发展，而是要建立一个新型的国际经济组织、开放的经济联合。二是灵活性。允许以不同速度来实现目标，采取集体制定目标，各成员依据自身的情况为达到集体目标各自作出努力的灵活的、循序渐进的、自由的、自愿的合作方式。三是非强制性。开放性质决定了其独特的行动准则，即不是靠谈判构成的条约规定，而是靠成员的协商和领导人的承诺来行事。

（二）2018 年和 2019 年会议

2018 年 11 月 18 日，亚太经合组织第二十六次领导人非正式会议在巴布亚新几内亚莫尔兹比港举行。中国国家主席出席并发表题为"把握时代机遇，共谋亚太繁荣"的重要讲话,强调亚太各方应该顺应经济全球化发展大势,秉持推动区域经济一体化宗旨,把握构建开放型世界经济大方向,努力保持亚太合作势头,稳步迈向更高水平。同时,提出四个坚持的倡议:坚持推进区域经济一体化,构建开放型亚太经济;坚持创新驱动,培育增长新动能;坚持完善互联互通网络,促进包容联动发展;坚持深化伙伴关系,携手应对共同挑战。

第二十六次会议是在世界经济和亚太经济机遇和挑战并存的背景下举行的。本次会议的主题是"把握包容性机遇,拥抱数字化未来"。与会各经济体领导人围绕"连接数字化未来,实现包容性增长"等重点议题深入交换看法,回顾合作历程,共商亚太愿景。

2019年10月30日,智利总统皮涅拉在总统府发表电视讲话宣布,智利政府将放弃主办亚太经合组织领导人非正式会议。

亚太经合组织走过了30年合作历程,互信、包容、合作、共赢的伙伴关系已经成为与会方的共同财富,自成立以来,为推动地区贸易投资自由化与便利化、促进区域经济一体化做出了积极贡献,一直是建设开放型世界经济的先驱。如今的亚太,是全球最具增长活力和发展潜力的经济板块,也是举世公认的世界经济增长的重要引擎。

三、亚欧会议

(一)亚欧会议发展

亚欧会议(Asia-Europe Meeting,ASEM)成立于1996年,是亚洲和欧洲间重要的跨区域政府间论坛,旨在通过政治对话、经济合作和社会文化交流,增进了解,加强互信,推动建立亚欧新型、全面伙伴关系。亚欧会议成员国有24.7亿人口,约占世界人口的39%,国内生产总值占世界总值的一半以上。

1996年3月1日至2日,首届亚欧首脑会议在泰国曼谷举行,来自亚、欧两大洲的25国和欧盟委员会的领导人出席。其中,亚洲为泰国、马来西亚、菲律宾、印度尼西亚、文莱、新加坡、越南、中国、日本和韩国;欧洲为欧盟15个成员国,即意大利、德国、法国、荷兰、比利时、卢森堡、丹麦、爱尔兰、英国、希腊、西班牙、葡萄牙、奥地利、芬兰、瑞典以及欧盟委员会。会议的主要议题包括亚欧会议的意义,亚欧在政治、经济、文化等领域的合作,亚欧会议的后续行动等。

会议通过了《主席声明》，并确定每两年召开一次首脑会议。

2004年10月，在越南河内举行的第五届亚欧首脑会议上，亚洲的柬埔寨、老挝和缅甸三国及欧盟10个新成员（塞浦路斯、捷克、爱沙尼亚、匈牙利、拉脱维亚、立陶宛、马耳他、波兰、斯洛伐克、斯洛文尼亚）正式加入，实现了亚欧会议的首次扩大。2006年9月，在芬兰赫尔辛基举行的第六届亚欧首脑会议决定接纳蒙古国、印度、巴基斯坦、东盟秘书处、保加利亚和罗马尼亚6个新成员，亚欧会议成员增至45个。2010年10月，在比利时布鲁塞尔举行的第八届亚欧首脑会议决定接纳俄罗斯、澳大利亚、新西兰3个新成员，亚欧会议成员增至48个。2012年11月，在老挝万象举行的第九届亚欧首脑会议正式吸收孟加拉国、瑞士和挪威3国加入，亚欧会议成员增至51个。2014年10月，在意大利米兰举行的第十届亚欧首脑会议决定接纳克罗地亚和哈萨克斯坦为新成员，亚欧会议成员增至53个。

亚欧会议的目标是在亚欧两大洲之间建立旨在促进增长的新型、全面伙伴关系，加强相互对话、了解与合作，为经济和社会发展创造有利的条件，维护世界和平与稳定。

亚欧会议的合作领域包括政治对话、经贸合作、社会文化及其他领域交流三大支柱。在文化交流和文明对话方面的共识不断增多，通过《亚欧会议文化与文明对话宣言》，制订了中长期亚欧文化合作的规划文件。各成员在科技、教育、能源、劳动、反恐、执法、环境和青年等领域也开展了合作。

亚欧会议活动机制包括首脑会议、外长会议以及其他部长级会议等，日常工作通过高官会进行沟通协调。亚欧首脑会议隔年在亚洲和欧洲轮流举行，迄今已举办12届。亚欧外长会议每两年举行一次，与首脑会议错年举行，迄今已举办13届。高官会每年2～3次。

亚欧工商论坛是亚欧会议各成员工商界定期对话机制，第十六届亚欧工商论坛已于2018年在比利时布鲁塞尔举行。亚欧议会伙伴会议由亚欧会议成员国议会与欧洲议会组成，第十届亚欧议会伙伴会议已于2018年在比利时布鲁塞尔举行。亚欧人民论坛系亚欧会议成员民间团体自行发起并参与的非政府组织论坛，第十二届亚欧人民论坛已于2018年在比利时根特举行。亚欧基金（Asia-Europe Foundation，ASEF）成立于1997年，是亚欧会议框架下的唯一常设机构，负责开展亚欧学术、文化和人员交流活动，致力于加强亚欧相互了解，资金来源以亚欧会议各成员自愿捐款为主。截至 2017 年年底，亚欧基金已在亚欧会议成员国举办了近 900 项活动，直接参与者达 6.5 万人次，成为推动亚欧民间交流的重要渠道。

（二）中国参与亚欧会议

1996 年 3 月，中国国务院总理出席了在泰国曼谷举行的首届亚欧首脑会议，发表了题为"建立面向二十一世纪的亚欧新型伙伴关系"的讲话。并每届都由国务院总理参加。2001 年，第三届亚欧外长会议在北京举行，中国国家主席出席会议开幕式并发表讲话。在第五届亚欧首脑会议上，中国与法国共同提出《亚欧会议文化与文明对话宣言》，得到了各方的积极响应，获得会议通过。2008 年 10 月 24 日至 25 日，第七届亚欧首脑会议在北京举办。中国国家主席在开幕式上发表题为"亚欧携手，合作共赢"的讲话。

中国教育部领导和文化部领导分别参加了如下会议：2009—2017 年的第二届至第六届亚欧教育部长会议（每两年一届）；2010—2018 年的第四届至第八届亚欧国家文化部长会议。

2017 年，在青岛举行了亚欧数字互联互通高级别论坛。

第二节　我国与国家群体的交流

在本节中，中国是以一国与相对应的多个有相同地域或相同族群的国家群体交流。例如，中国与东盟对话机制、中国与非洲论坛、中国与中东欧论坛、中国与拉共体论坛就是中国与相同地域国家群体的交流；而中国与阿拉伯国家论坛，就是与以阿拉伯人为主要族群的国家群体的交流，这些国家有统一的语言——阿拉伯语，也有着相似的文化和风俗习惯，绝大部分阿拉伯人信奉伊斯兰教。5个论坛以成立的时间排序，中阿论坛和中拉论坛为部长级会议。

一、东盟—中国（日本、韩国）领导人会议

（一）中国—东盟对话机制

中国和东盟（10+1）对话始于1991年，中国于1996年成为东盟的全面对话伙伴国。首次中国—东盟领导人会议于1997年举行，中国国家主席出席会议。领导人会议每年一次，在东盟国家轮流举办，至2019年11月，已经举办了22次。从第二次至第二十二次，中国均为国务院总理出席会议。2010年1月1日，贸易区正式全面启动。中国—东盟自由贸易区，英文缩写为CAFTA，是中国与东盟10国组建的自由贸易区。欧盟（European Union）、北美自由贸易区（NAFTA）以及于2002年11月签署的中国—东盟自由贸易区（China and ASEAN Free Trade Area，CAFTA）协议是世界上三大区域经济合作区。而中国—东盟自由贸易区是世界上人口最多的自由贸易区，也是由发展中国家组成的最大自由贸易区。

20世纪90年代后期，在经济全球化浪潮的冲击下，东盟国家逐步认识到启动新的合作层次、构筑全方位合作关系的重要性，并决定开展"外向型"经济合作。"10+3"（东盟10国领导人与中国、日本、韩国3国领导人举行的会议）和"10+1"

合作机制应运而生。近年来,"10+3"和"10+1"已发展成为东亚合作的主要渠道,被认为是亚洲地区的发展方向和振兴的重要标志。

中国为"10+3"和"10+1"合作机制的发展做出了重要贡献。在1997年举行的领导人非正式会议上,中国与东盟领导人发表了《联合宣言》,确定了睦邻互信伙伴关系。2002年,中国与东盟签署了《中国—东盟全面经济合作框架协议》,确定了2010年建立自由贸易区的目标。2003年10月,在第七次"10+3"和"10+1"以及第五次中日韩领导人会晤期间,温家宝总理与东盟10国领导人签署了《中国—东盟面向和平与繁荣的战略伙伴关系联合宣言》,出席了中国加入《东南亚友好合作条约》的签字仪式,并与日韩领导人签署了《中日韩推进三方合作联合宣言》。

目前"10+3""10+1"合作机制以经济合作为重点,逐渐向政治、安全、文化等领域拓展,已经形成了多层次、宽领域、全方位的良好局面,并在"10+3"框架内逐步开展了中日韩三边合作。"10+1"确定了五大重点合作领域,即农业、信息通信、人力资源开发、相互投资和湄公河流域开发。中日韩合作也确定了五大领域,包括经贸、信息产业、环保、人力资源开发和文化合作,并建立了6个部长会议机制。在"10+3""10+1"和中日韩合作机制下,每年均召开首脑会议、部长会议、高官会议和工作层会议。

(二)第21次和第22次中国—东盟(10+1)领导人会议

2018年11月14日,中国国务院总理在新加坡出席第21次中国—东盟领导人会议暨庆祝中国—东盟建立战略伙伴关系15周年纪念峰会并发表重要讲话。讲话强调,15年来,中国和东盟开展全方位、多层次、宽领域合作,将"2+7合作框架"升级为"3+X合作框架",取得了丰硕成果。中国与东盟关系实现了从量的积累到质的飞跃,展示出巨大活力和光明前景。中国和东盟丰富了战略合作内涵,开创了互利共赢格局,树立了妥处分歧的典范。双方人员往来从每年390万人次增加到近5000万人次,每周有3800多个航班往返于中国和东盟国家之间。

中国—东盟关系之所以能够行稳致远,主要得益于以下几个方面:一是始终坚持相互尊重、求同存异;二是始终坚持开放合作、共同发展;三是始终坚持相互包容、互学互鉴。李克强总理提出五点建议:第一,加强战略规划;第二,深化经贸合作;第三,培育创新亮点;第四,夯实人文支柱;第五,拓展安全合作。

会议通过了《中国—东盟战略伙伴关系 2030 年愿景》。《中国—东盟战略伙伴关系 2030 年愿景》为双方关系未来发展指明方向，也使中国成为首个与东盟就中长期关系发展做出远景规划的对话伙伴国。双方发表科技创新合作联合声明。中方愿积极支持和参与东盟智慧城市网络建设，并与东盟在数字经济、电子商务等领域继续合作。

在人文交流方面，双方欢迎文化艺术、信息媒体等方面取得的合作进展，确定 2019 年为中国—东盟媒体交流年。此外，双方同意进一步推动"一带一路"倡议与《东盟互联互通总体规划 2025》深入对接。

2019 年 11 月 4 日，第 22 次东盟与中日韩（10+3）领导人会议在泰国曼谷开幕。4 日上午，中国国务院总理出席会议并发表讲话指出，"10+3"合作因应对亚洲金融危机而诞生，走过了不平凡的发展历程，不仅造福了地区国家和人民，也为促进亚洲乃至世界经济发展做出了积极贡献，成为区域合作的成功样板，经验弥足珍贵。当前，国际形势经历了深刻复杂的变化，世界经济增速放缓，保护主义日益抬头，给东亚国家发展带来新的风险和挑战。"10+3"国家有责任加强团结协作，共同抵御风险挑战，拓展广阔发展空间，为地区和世界经济稳定增长注入新动能。

（三）东盟—中日韩（10+3）

东盟——中日韩（10+3）合作源于马来西亚总理马哈蒂尔在 1990 年提出的"东亚经济集团"设想，后来改称"东亚经济论坛"。东盟在 1995 年曼谷首脑会议上提出举行东盟与中、日、韩首脑会晤的设想。1997 年年底，首次东盟与中、日、韩（时为 9+3，1999 年柬埔寨加入东盟后成为 10+3）领导人非正式会晤在马来西亚吉隆坡举行。

2018 年 11 月 15 日，中国国务院总理在新加坡出席第 21 次东盟与中日韩领导人会议，并作重要发言指出，今年是"10+3"合作进入第二个 20 年的开局之年。各方应以此为新起点，发挥好"10+3"合作作为东亚合作主渠道的作用，加大力度推进区域经济一体化进程，朝着东亚经济共同体的方向共同努力。就下阶段"10+3"合作提出了 6 点建议：一是扎实推动东亚经济共同体建设；二是加快自贸区建设；三是强化金融安全；四是开拓创新合作；五是促进包容发展；六是拉紧人文纽带。

在拉进人文纽带方面,包括进一步加强文化、教育、旅游、媒体、青年等领域合作,扩大民众间交流,增进相互了解与信任。中方倡议在"东亚文化之都"和"东盟文化城市"基础上建立"10+3文化城市网络"。开拓在青年领域的合作,实施好《10+3旅游合作谅解备忘录》,开展联合办学、学分学历互认等教育合作,用好"10+3"合作基金,推动人文交流。继续发挥好东亚论坛、东亚思想库网络等平台作用,为东亚合作建言献策。中方将继续办好"10+3"大学校长论坛、"10+3"媒体合作研讨会、"了解中国"等项目,营造开放对话、互学互鉴良好氛围。

二、中非合作论坛

中非历来是命运共同体。共同的历史遭遇、共同的奋斗历程,让中非人民结下了深厚的友谊。中非永远是好朋友、好伙伴、好兄弟。中非友好历久弥坚、永葆活力,其根本原因就在于双方始终坚持平等相待、真诚友好、合作共赢、共同发展。中国始终秉持真实亲诚理念和正确义利观,同非洲各国团结一心、同舟共济、携手前进。中非合作论坛已经成为引领中非合作的一面旗帜,为南南合作树立了典范,成为带动国际社会加大对非洲关注和投入的先锋。

中国援建的坦赞铁路和非盟会议中心成为中非友谊的丰碑。中国政府和人民在援非抗击埃博拉行动中率先行动,引领国际社会援非抗疫,诠释了中非患难与共的兄弟情谊。非洲国家无私支持中国重返联合国,在中国汶川、玉树等地发生严重地震灾害后踊跃向中方捐款,中国人民对此铭记在心。

(一)论坛的建立与发展历程

中非合作论坛,是中华人民共和国和非洲国家之间在南南合作范畴内的集体对话机制。在中非双方共同倡议下,中非合作论坛成立于2000年。论坛的宗旨是平等互利、平等磋商、增进了解、扩大共识、加强友谊、促进合作。目前,论坛的成员包括中华人民共和国、与中国建交的53个非洲国家以及非洲联盟委员会。中非合作论坛部长级会议每3年举行一届。

2000年10月10—12日,第一届部长级会议在北京召开,中非合作论坛正式成立。中国国家主席出席并发表重要讲话。来自45个非洲国家的外交部部长、主管对外合作或经济事务的部长以及部分国际机构和地区组织的代表出席了会议。

2003 年，第二届部长级会议在埃塞俄比亚首都亚的斯亚贝巴举行，中国国务院总理在开幕式上发表了重要讲话。通过了《中非合作论坛——亚的斯亚贝巴行动计划（2004 至 2006 年）》，为今后 3 年中非合作制定了总体规划。

2006 年，第三届部长级会议提升为一次中非领导人峰会，即召开"中非合作论坛北京峰会暨第三届部长级会议"，中华人民共和国国家主席和 48 个非洲国家的元首、政府首脑或代表，非洲联盟委员会主席以及地区和国际组织的代表出席。53 个非洲国家中有 48 个国家派出代表团参加，其中有 42 个国家由元首亲自带队。

2009 年，中非合作论坛第四届部长级会议在埃及沙姆沙伊赫举行，中方宣布未来 3 年中国政府推进中非合作 8 项新举措。

2012 年，第五届部长级会议在北京人民大会堂隆重开幕。中国国家主席、南非总统等 7 位总统和两位总理、联合国秘书长以及 50 个论坛非洲成员国外交部部长和主管对外经济合作事务的部长、非洲联盟委员会主席、部分非洲地区和国际组织代表等出席开幕式。

2015 年，第六届部长级会议升格为峰会。中国国家主席和南非总统共同主持峰会。包括 42 位国家元首和政府首脑、非盟委员会主席在内的中非合作论坛 52 个成员代表出席。会议通过了《中非合作论坛约翰内斯堡峰会宣言》和《中非合作论坛——约翰内斯堡行动计划（2016—2018 年）》。

2018 年，第七届中非合作论坛北京峰会于 2018 年 9 月 3 日至 4 日在北京举行，中国国家主席出席开幕式并发表讲话。会议通过《关于构建更加紧密的中非命运共同体的北京宣言》和《中非合作论坛——北京行动计划（2019—2021 年）》。54 个论坛非洲成员代表与会，包括 40 位总统、10 位总理、1 位副总统以及非盟委员会主席等。与会的非洲各国正部长级高级官员多达 249 位。出席峰会的非方领导人和代表团数量均创下历次中非峰会的纪录。此外，联合国秘书长以及 26 个国际和非洲地区组织代表应邀出席，中外参会人员超过 3200 人，成为迄今中国举办的规模最大、规格最高的主场外交活动。

（二）约翰内斯堡峰会

2015 年 12 月 4 日，中非合作论坛约翰内斯堡峰会在南非约翰内斯堡开幕。2015 年是中非合作论坛成立 15 周年。2014 年，中非贸易总额和中国对非洲非金融类投资存量分别是 2000 年的 22 倍和 60 倍。

中国国家主席在该开幕式发言时提议，将中非新型战略伙伴关系提升为全面战略合作伙伴关系。并强调要为此做强和夯实以下"五大支柱"：第一，坚持政治上平等互信。第二，坚持经济上合作共赢。第三，坚持文明上交流互鉴。第四，坚持安全上守望相助。贫困是动荡的根源，和平是发展的保障，发展是解决一切问题的总钥匙。中方支持非洲人以非洲方式解决非洲问题，主张解决安全问题要标本兼治、综合施策，愿意积极参与非洲加强维护和平安全能力建设，支持非洲加快发展，消除贫困，实现持久和平。第五，坚持国际事务中团结协作。习主席强调，中非都拥有悠久灿烂的文明，我们要加强中非两大文明交流互鉴，着力加强青年、妇女、智库、媒体、高校等各界人员往来，促进文化融通、政策贯通、人心相通，推动共同进步，让中非人民世代友好。

为推进中非全面战略合作伙伴关系建设，中方决定提供总额600亿美元资金支持实施以下"十大合作计划"：一是中非工业化合作计划；二是中非农业现代化合作计划；三是中非基础设施合作计划；四是中非金融合作计划；五是中非绿色发展合作计划；六是中非贸易和投资便利化合作计划；七是中非减贫惠民合作计划；八是中非公共卫生合作计划；九是中非人文合作计划；十是中非和平与安全合作计划。其中，在文化教育交流方面，中方将为非洲援建5所文化中心；为非洲1万个村落实施收看卫星电视项目；为非洲提供2000个学历学位教育名额和3万个政府奖学金名额；每年组织200名非洲学者访华和500名非洲青年研修；每年培训1000名非洲新闻领域从业人员；支持开通更多中非直航航班，促进中非旅游合作。设立一批区域职业教育中心和若干能力建设学院，为非洲培训20万名职业技术人才，提供4万个来华培训名额。派遣30批农业专家组赴非洲。支持非洲国家建设5所交通大学。❶

（三）2018北京峰会

2018年9月3日，中非合作论坛北京峰会在北京开幕。与约翰内斯堡峰会相比，论坛增加了冈比亚、圣多美和普林西比、布基纳法索3名新成员。

中国国家主席在开幕式上发言强调，中国在合作中，坚持真诚友好、平等相

---

❶ 习近平. 开启中非合作共赢、共同发展的新时代——在中非合作论坛约翰内斯堡峰会开幕式上的致辞[EB/OL]. (2015-12-15)[2018-09-12]. www.xinhuanet.com/world/2015-12/04/c_1117363197.htm.

待；坚持义利相兼、以义为先；坚持发展为民、务实高效；坚持开放包容、兼收并蓄。还强调，面对时代命题，中国把为人类做出新的更大贡献作为自己的使命；愿同国际合作伙伴共建"一带一路"；将积极参与全球治理，秉持共商、共建、共享全球治理观；坚定不移地坚持对外开放。强调要携手打造的是"责任共担、合作共赢、幸福共享、文化共兴、安全共筑、和谐共生"六位一体的中非命运共同体。

中非各自拥有灿烂的文明，也愿为世界文明多样化做出更大贡献。中方强调要促进中非文明交流互鉴、交融共存，为彼此文明复兴、文化进步、文艺繁荣提供持久助力，为中非合作提供更深厚的精神滋养。要扩大文化艺术、教育体育、智库媒体、妇女青年等各界人员交往，拉紧中非人民的情感纽带。要抓住中非发展战略对接的机遇，用好共建"一带一路"带来的重大机遇，把"一带一路"建设同落实非洲联盟《2063年议程》、联合国2030年可持续发展议程以及非洲各国发展战略相互对接。

2018年北京峰会总结了2015年中非合作论坛约翰内斯堡峰会以来，中国全面落实约翰内斯堡峰会上确定的中非"十大合作计划"：一大批铁路、公路、机场、港口等基础设施以及经贸合作区陆续建成或在建设之中，中非和平安全、科教文卫、减贫惠民、民间交往等合作深入推进，中国承诺提供的600亿美元资金支持都已兑现或做出安排。"十大合作计划"给中非人民带来了丰硕成果，展现了中非共同的创造力、凝聚力、行动力，将中非全面战略合作伙伴关系成功推向新的高度。

北京峰会中方提出，未来3年和今后一段时间，中国愿以政府援助、金融机构和企业投融资等方式，向非洲提供600亿美元支持重点实施"八大行动"：一是实施产业促进行动；二是实施设施联通行动；三是实施贸易便利行动；四是实施绿色发展行动；五是实施能力建设行动；六是实施健康卫生行动；七是实施人文交流行动；八是实施和平安全行动。

在文化教育交流等方面，《中非合作论坛—北京行动计划（2019—2021年）》中明确，中国决定设立中国非洲研究院，同非方深化文明互鉴；打造中非联合研究交流计划增强版；实施50个文体旅游项目，支持非洲国家加入丝绸之路国际剧院、博物馆、艺术节等联盟；打造中非媒体合作网络；继续推动中非互设文化中心；支持非洲符合条件的教育机构申办孔子学院；支持更多非洲国家成为中国公民组团出境旅游目的地。在非洲设立10个鲁班工坊，向非洲青年提供职业技能培训；支持设立旨在推动青年创新创业合作的中非创新合作中心；实施头雁计划，为非洲培训 1000 名精英人才；为非洲提供 5 万个中国政府奖学金名额，为非洲提供 5 万个研修培训名额，邀请 2000 名非洲青年来华交流。开展环境保护宣传教育合作。向非洲派遣 500 名高级农业专家，培养青年农业科研领军人才和农民致富带头人。❶

峰会期间，中非双方领导见证签署的各类合作协议近 150 份，特别是 28 个国家和非盟委员会同中方签署的共建"一带一路"合作文件，掀起了又一波支持参与"一带一路"建设的热潮，扩展了"一带一路"的朋友圈。《关于构建更加紧密的中非命运共同体的北京宣言》中特别强调：非洲是"一带一路"的历史和自然延伸，是重要参与方。

三、中阿合作论坛

（一）论坛发展

2004 年 1 月 30 日，中国国家主席访问了设在埃及开罗的阿拉伯国家联盟（下称"阿盟"）总部，会见了阿盟秘书长和 22 个阿盟成员国代表。随后，中方外长与阿盟秘书长共同宣布成立"中国—阿拉伯国家合作论坛"（以下简称"中阿合作论坛"），并发表了《关于成立"中国—阿拉伯国家合作论坛"的公报》。

中阿合作论坛的宗旨是"加强对话与合作、促进和平与发展"。成员有中国和阿盟 22 个成员国（2011 年，阿盟中止叙利亚成员国资格）。组织机构：一是部长级会议为论坛长期机制，由各国外长和阿盟秘书长组成，每两年在中国或阿拉伯国家联盟总部（或任一国家）轮办 1 次部长级例会。二是高官委员会每年召开例会，由中阿双方轮流承办。还有逐步形成的中阿企业家大会暨投资等研讨会、论坛、节庆等机制和联络组。

截至 2020 年 7 月，中国—阿拉伯国家合作论坛已举行 9 届部长级会议，十几次高官会，以及密集的其他会议和活动。例如，仅 2017 年在中国的活动就有中阿改革发展研究中心（Center for China and Arab States Reform and Development Studies）揭牌成立、中阿合作论坛第 14 次高官会、首届中阿北斗合作论坛、第七

---

❶ 习近平. 携手共命运 同心促发展——在 2018 年中非合作论坛北京峰会开幕式上的主旨讲话 [EB/OL]. （2018-09-05）[2018-09-12]. http：//www.xinhuanet.com/world/2018-09/03/c_1123373881. htm.

届中阿关系暨中阿文明对话研讨会、第七届中阿企业家大会暨投资研讨会、第二届中国—阿拉伯国家妇女论坛、第五届中国阿拉伯友好大会等。

中阿高教与科研合作研讨会于 2009 年 11 月 10 日至 11 日在苏丹喀土穆举行。中国外交部、教育部、中国驻苏丹大使、中国大学校长代表团，苏丹高教与科研部长、科技部长、阿拉伯国家联盟秘书处、阿拉伯科研会同盟以及阿拉伯部分国家的教育和科研部代表出席了会议。与会代表提出如下建议：中阿双方的大学、科研机构将就最新科研成果以及在各发展领域应用其成果的方法、出版的图书和期刊方面交换信息；教授和研究生的学术访问；开展共同科研研究；人才培养和教师、学生交流；增加奖学金的可能性；加强政府机构间、校际间的教育交流与合作。

作为中阿双方开展平等对话、加强务实合作的重要平台，中阿合作论坛在推动双方加强对接方面大有可为。要适应新时代中阿关系发展，论坛建设要有新气象、新作为。论坛工作要贴近双方实际需要，通过加强交流，让双方思想形成更多交汇，这样集体行动才会更有力量。

（二）第八届和第九届部长级会议

2018 年 7 月 10 日，中国国家主席在北京举行的中阿合作论坛第八届部长会议开幕式上强调，中阿友谊源远流长，历久弥新。为促进各国共同繁荣进步，中方倡议共建"一带一路"，秉持共商、共建、共享原则，推动政策沟通、设施联通、贸易畅通、资金融通、民心相通，得到包括阿拉伯世界在内的国际社会广泛支持和积极参与。

作为历史上丝路文明的重要参与者和缔造者之一，阿拉伯国家身处"一带一路"交汇地带，是共建"一带一路"的天然合作伙伴。中国发表了对阿拉伯国家政策白皮书，"一带一路"成为中阿关系的重要内容。中阿双方签署了《中阿合作共建"一带一路"行动宣言》。中方在会议上宣布，建立全面合作、共同发展、面向未来的中阿战略伙伴关系。这是中阿友好合作新的历史起点。

中方倡导，增进战略互信，坚持对话协商，实现复兴梦想，实现互利共赢，促进包容互鉴。中方设立"以产业振兴带动经济重建专项计划"，提供 200 亿美元的贷款额度，再向叙利亚、也门、约旦、黎巴嫩人民提供 6 亿元人民币援助，探讨实施总额为 10 亿元人民币的有关国家维稳能力建设项目，共建"一带一路"空间信息走廊,成立配备 30 亿美元金融合作专项贷款的"中国—阿拉伯国家银行联合体"。未来 5 年,中国将进口超过 8 万亿美元商品,对外投资总额将超过 7500 亿美元。

未来 3 年,中国将从阿拉伯国家邀请 100 名青年创新领袖、200 名青年科学家、300 名科技人员来华研讨,再邀请 100 名宗教人士、600 名政党领导人访华,为阿拉伯国家提供 1 万个各类培训名额,向阿拉伯国家派遣 500 名医疗队员。中阿新闻交流中心正式成立,中阿电子图书馆门户网站项目正式启动,中阿共同在华举办的第四届"阿拉伯艺术节"正式启动。

中国再向巴勒斯坦提供 1 亿元人民币无偿援助,用于支持巴勒斯坦发展经济、改善民生。中国还将向巴勒斯坦提供紧急人道主义援助,并向联合国近东巴勒斯坦难民救济和工程处追加捐款。

2020 年 7 月 6 日,中国—阿拉伯国家合作论坛第九届部长级会议以视频方式举行。中国国务委员兼外交部部长、约旦外交与侨务大臣共同主持。阿盟所有成员国的外长和部长级官员以及阿盟秘书长盖特与会。会议发表了《中国和阿拉伯国家团结抗击新冠肺炎疫情联合声明》《安曼宣言》《论坛 2020 年至 2022 年行动执行计划》3 份成果文件。

(三)《中国和阿拉伯国家合作共建"一带一路"行动宣言》

2018 年 7 月 10 日,《中国和阿拉伯国家合作共建"一带一路"行动宣言》在北京签署。该行动宣言强调,中阿双方传承古代陆上和海上"丝绸之路"凝聚而成的共同历史价值,欢迎建设丝绸之路经济带和 21 世纪海上丝绸之路("一带一路")倡议,是共建"一带一路"的天然伙伴,致力于弘扬和平合作、开放包容、互学互鉴、互利共赢的丝路精神,实现政策沟通、设施联通、贸易畅通、资金融通、民心相通。中阿合作共建"一带一路"是中国和阿拉伯国家互利合作、提升中阿战略伙伴关系和实现共同发展的良好契机。

合作原则与目标包括:实现双方共同发展目标,加强双方在政治、安全、经济和社会领域的关系。按照共商、共建、共享原则,在中阿之间建设和平之路、繁荣之路、开放之路、创新之路、文明之路,使之有助于拓展合作领域,服务双方的共同利益。以构建人类命运共同体为目标,尊重彼此的核心利益和重大关切,深化互信和共同利益。

已有合作成就包括：中国同阿拉伯 9 国签署了"一带一路"合作文件，同 5 国签署了产能合作文件，同 7 国成为亚洲基础设施投资银行创始成员国。2017 年，中阿货物贸易额达 1913.52 亿美元。召开了一系列论坛和研讨会，实施和完成了大批建设项目。中国设立了 150 亿美元支持中东工业化专项贷款和 100 亿美元优惠性质贷款。在卡塔尔、阿联酋设立人民币清算中心，并同两国设立共计 200 亿美元的共同投资基金。多个中心挂牌和运行良好。2017 年，在华学习的阿拉伯学生达 20149 名，有 1129 名中国学生赴阿拉伯国家学习。中方在 9 国建立了 12 所孔子学院和 4 所孔子课堂。13 个国家成为中国公民组团出境旅游目的地。每周有 195 个民航航班往来于中国和阿拉伯国家。

合作重点与举措主要包括：以能源合作为主轴，以基础设施和贸易、投资便利化为两翼，在核能、航天卫星和新能源等高科技领域合作。加强对话协商，就双方发展战略和政策开展交流，根据各自优先方向，推动"一带一路"倡议同阿重大发展战略和政策对接，实现互利共赢。积极开展"网上丝绸之路（互联网领域）"、"空中丝绸之路"及建设"一带一路"空间信息走廊合作，打造立体化、多元化共建网络。加强官方与民间交流，深化教育、体育、卫生、艺术、出版、培训等领域合作，推进互设文化中心，推动建立友好城市网络。

（四）《中国—阿拉伯国家合作论坛 2018 年至 2020 年行动执行计划》

2018 年 7 月 10 日，《中国—阿拉伯国家合作论坛 2018 年至 2020 年行动执行计划》在北京签署并发布。执行计划的合作内容广泛，包含政治、经济、能源、自然资源和环境、农业、旅游、人力资源开发、知识产权、文化、文明对话、教育与科研、科技、卫生、新闻出版广播影视、民间合作、其他领域。

文化合作主要有：2018 年在中国举办第四届"阿拉伯艺术节"及中阿文化部长论坛，欢迎 2020 年在阿拉伯国家举办第四届"中国艺术节"。中方邀请阿方参与中方在华举办的"丝绸之路国际艺术节""海上丝绸之路国际艺术节""丝绸之路（敦煌）国际文化博览会"，以及"丝绸之路国际剧院联盟""丝绸之路国际艺术节联盟""丝绸之路国际博物馆联盟""丝绸之路国际美术馆联盟""丝绸之路国际图书馆联盟"等"一带一路"重要文化交流合作活动和机制。实施"意会中国—阿拉伯知名艺术家访华创作""中阿丝绸之路文化之旅""中阿丝绸之路文化论坛"，积极签署建立双方文化合作机制的谅解备忘录。加强互访，鼓励开设文化中心、教授对方语言文学、继续介绍对方文化的努力，双方主要文化机构间建立友好合作关系。加强图书馆和信息领域合作，保护遗产、文献和档案。

教育和科研合作主要包括：增加双方包括公派硕士和博士在内的奖学金名额，推动中阿高校积极建立校际联系。扩大双方学生交流规模，提高研究生比例，支持"中阿翻译联合培养计划"实施。支持阿拉伯国家汉语教师的培养计划。支持在职业教育领域实施联合计划和联合项目。借鉴对方在教育领域使用先进技术的经验。通过举办研讨会、会议、讲座和互换学术、智库刊物、杂志等方式，鼓励中阿双方研究机构间合作。

旅游、民间交往、新闻传播等方面合作主要有：中方欢迎阿拉伯国家提出成为中国公民组团出境旅游目的地的申请，鼓励双方旅游机构和企业开展旅游合作和旅游推介，积极发展双方在旅游安全领域的合作。向中阿各友好协会提供更多支持。计划于 2018 年至 2020 年，每年邀请阿盟国家青年代表和青年媒体人来华参加亚非青年联欢节。支持开展妇女领域高层对话、专题研讨、文化交流、互访及培训等活动。促进遗传资源、传统知识和民间文艺保护和发展等方面开展探讨和合作。2019 年，中方继续与阿盟秘书处和阿拉伯国家广播联盟合作在华举办第四届中阿广播电视合作论坛。中国中央广播电视总台制作并播出介绍有关中阿人文领域交流合作的纪录片或专题片，并在阿盟秘书处和阿拉伯国家广播联盟协调下，推动该片在阿盟成员国媒体播出。积极研究建立中阿智库长期交流机制的可能性。欢迎阿方青年科研人员通过"杰出青年科学家来华工作计划"来中国进行短期研究工作，中国科技部每年举办"先进适用技术与科技管理培训班"，共建联合实验室，科技园区合作。继续在中国举办阿方人才培训班。

四、中国—中东欧国家合作

2012 年 4 月 26 日，首次中国—中东欧国家领导人会晤在波兰华沙举行，中国—中东欧国家合作（"16+1 合作"）正式启动。中东欧 16 国包括波兰、爱沙尼亚、拉脱维亚、立陶宛、罗马尼亚、保加利亚、匈牙利、捷克、斯洛伐克、斯洛文尼亚、塞尔维亚、克罗地亚、波黑、黑山、马其顿和阿尔巴尼亚。2012 年 9 月，中国政府在外交部设立中国—中东欧国家合作秘书处，作为推进合作的协调机构。秘书处中方成员单位包括 20 多家中央部委和有关机构。中东欧国家任命国家协调员负责与中方秘书处协调对接。2013 年 11 月 26 日，第二次中国—中东欧国家领导人会晤在罗马尼亚布加勒斯特举行，国务院总理李克强与中东欧 16 国领导人共同发表《中国—中东欧国家合作布加勒斯特纲要》，明确每年举行中国—中东欧国家领导人会晤。此外，每年举行两次国家协调员会议。2015 年 4 月，设立"外交部中国—中东欧国家合作事务特别代表"。

（一）领导人会晤

2012 年 4 月 26 日，首次中国—中东欧国家领导人会晤在波兰华沙举行。中国国务院总理提出了中国关于促进与中东欧国家友好合作的 12 项举措，与会中东欧 16 国领导人对此予以高度评价。以后每次会晤，中方都由国务院总理出席。

2013 年 11 月 26 日，第二次中国—中东欧国家领导人会晤在罗马尼亚布加勒斯特举行，中国国务院总理出席会晤并提出中国—中东欧国家战略合作框架，包括"三大原则"，即相互尊重，平等相待；互利共赢，共同发展；中欧合作，相向而行；以及六大领域，分别为做大、做实经贸合作，加快推进互联互通，大力加强绿色合作，积极拓展融资渠道，深挖地方合作潜力，丰富人文交流。与中东欧 16 国领导人共同发表《中国—中东欧国家合作布加勒斯特纲要》，提出 38 项合作举措。

2014 年 12 月 16 日，第三次中国—中东欧国家领导人会晤在塞尔维亚贝尔格莱德举行，中方提出打造中国与中东欧合作新亮点，构建互联互通新走廊，拓展产业合作新空间，搭建投融资协作新框架和扩大人文交流新领域。与中东欧 16 国领导人共同发表《中国—中东欧国家合作贝尔格莱德纲要》，提出 49 项举措。

2015 年 11 月 24 日，第四次中国—中东欧国家领导人会晤在中国苏州举行，中方提出"1+6"合作框架，即一个目标和六大重点。一个目标是制定未来五年合作规划，六大重点包括落实合作推进路线图，对接"一带一路"倡议与中东欧国家发展战略并开展基础设施建设合作，打造产能合作新样板，不断创新投融资合作方式，促进贸易投资双增长和扩大人文交流的广度深度。11 月 26 日，中国国家主席在北京与 16 国领导人举行集体会见。

2016 年 11 月 5 日，第五次中国—中东欧国家领导人会晤在拉脱维亚里加举行，中方提出四大倡议：一是深化基础设施和互联互通合作；二是发挥好金融合作的支撑作用；三是开拓绿色经济合作新空间；四是进一步密切人文领域交流合作。李克强总理与中东欧16国领导人共同发表《中国—中东欧国家合作里加纲要》，提出64项合作举措；共同发表关于开展三海港区基础设施、装备合作的里加声明。

2017年11月27日，第六次中国—中东欧国家领导人会晤在匈牙利布达佩斯举行。中方积极评价"16+1合作"五年来取得的丰硕成果，将"16+1合作"定位为具有重要影响的跨区域合作机制，并提出做大经贸规模、做好互联互通、做强创新合作、做实金融支撑、做深人文交流五大建议。发表《中国—中东欧国家合作五年成果清单》。

2018年7月7日，第七次中国—中东欧国家领导人会晤在保加利亚索非亚举行，中方就"16+1合作"未来发展蓝图提出五点建议：一是共同维护经济全球化和自由贸易；二是深入挖掘园区建设和创新合作潜力；三是继续拓展金融合作渠道；四是着力提升地方合作水平；五是不断拉紧人文交流纽带。中国同中东欧16国领导人共同见证"一带一路"、交通和能源基础设施建设、工业园区、金融、教育、文化、质检等领域20余项合作协议的签署。

2019年4月12日，第八次中国—中东欧国家领导人会晤在克罗地亚杜布罗夫尼克举行，会晤主题为"搭建开放、创新、伙伴之桥"。中方就中国—中东欧国家合作下一步发展提出建议：一是共同维护多边贸易体制；二是进一步扩大贸易规模；三是推进共建"一带一路"合作；四是大力拓展创新合作；五是持续推动中小企业和产业园区建设合作；六是深入开展人文交流合作。会晤发表《中国—中东欧国家合作杜布罗夫尼克纲要》，欢迎希腊作为正式成员加入中国—中东欧国家合作。中国同中东欧国家领导人共同见证17项合作协议的签署。

（二）地方领导人会议

2013年7月，首次中国—中东欧国家地方领导人会议在重庆举行。马其顿总理和罗马尼亚总理及中外方近70个地方省市代表团、600多家企业的代表近千人与会。

2014年8月，第二次中国—中东欧国家地方领导人会议在捷克布拉格举行。中国国务院副总理，捷克总统、总理、众议长以及中国15个省区市、捷克12个州和其他中东欧15国数十个地方省州市代表共1300余人出席。

2016年6月，第三次中国—中东欧地方领导人会议在中国河北省唐山市举办。

中国国务院副总理、捷克总理、黑山副总理以及中国 14 个省区市、中东欧 16 国 58 个省州市代表共约 1300 人出席。

（三）文化教育领域

2012 年，在上海中国国际旅游交易会期间举行中东欧国家旅游产品专场推介会。2013 年，先后举行中国—中东欧国家文化合作论坛、教育政策对话、农业经贸合作论坛、青年政治家论坛以及首次高级别智库研讨会。2014 年，举行中国—中东欧国家旅游促进机构和旅游企业联合会成立大会、第二届中国—中东欧国家高级别智库研讨会、第二次中国—中东欧国家教育政策对话。2015 年为"中国—中东欧国家旅游合作促进年"，举行中国—中东欧国家旅游合作促进年启动仪式、第二次中国—中东欧国家旅游合作高级别会议等活动。同年，举办第三届中国—中东欧国家教育政策对话、中国—中东欧国家高校联合会第二次会议、第二届中国—中东欧国家高级别智库研讨会等活动。2016 年为"中国—中东欧国家人文交流年"，举办中国—中东欧国家艺术合作论坛、首届中国—中东欧国家文学论坛、中东欧 16 国记者访华团、中东欧 16 国知名画家写生团、首届中国—中东欧国家文化产业论坛、中国—中东欧国家合唱夏令营、第四届中国—中东欧国家教育政策对话和中国—中东欧国家高校联合会第三次会议、中东欧国家国际戏剧节艺术总监访华团、中国—中东欧国家非物质文化遗产保护专家级论坛、中国—中东欧国家旅游合作高级别会议等活动。同年，分别举行第二届中国—中东欧国家舞蹈夏令营、中国—中东欧国家高级别智库研讨会。2017 年为"中国—中东欧国家媒体年"，举办中国—中东欧国家媒体年开幕式暨"中东欧主题影展"开幕式、中国—中东欧国家新闻发言人对话会、中东欧国家广电高级记者编辑研修班等活动，中国与中东欧国家媒体围绕政策沟通、新闻报道、节目交流、联合制作、影视节展、人才培养等主题开展了 50 余项合作项目。同年，分别举行中国—中东欧国家舞蹈冬令营、中国—中东欧国家文化季、第二届中国—中东欧国家文化创意产业论坛暨第 11 届国际服务贸易论坛、首届中国—中东欧国家文化遗产论坛、第四次中国—中东欧国家旅游合作交流会、第三届中国—中东欧国家舞蹈夏令营、中国与中东欧智库建设国际学术论坛、第三届中国—中东欧国家文化合作论坛、第五届中国—中东欧国家教育政策对话、中国—中东欧国家高校联合会第四次会议、中国—中东欧国家林业科研教育国际研讨会、第四次中国—中东欧旅游合作高级别会议、第四次中国—中东欧国家高级别智库研讨会等活动。

此外,"16+1合作"已建立地方、经贸投资、农业、旅游、人文教育等十余个领域合作平台。

五、中拉论坛

中国—拉共体论坛（China-CELAC Forum）简称中拉论坛（CCF）。

2013年以来,在中拉领导人的亲自关心和推动下,双方探讨整体合作的进程明显加快。特别是,2014年1月,拉共体古巴峰会专门通过《关于支持建立中拉论坛的特别声明》,明确表达了拉美和加勒比国家的积极意愿。2014年7月,中国国家主席访问巴西、阿根廷、委内瑞拉、古巴4国,7月17日,在巴西利亚举行的中国—拉美和加勒比国家领导人首次会晤。双方共同宣布建立平等互利、共同发展的中拉全面合作伙伴关系,会晤通过《中国—拉美和加勒比共同体领导人巴西利亚会晤联合声明》,宣布建中拉论坛并尽早在北京召开论坛首届部长级会议。中拉论坛的建立成为中拉共建美好未来的新起点。

(一)成员与会议机制

中拉论坛包括中国和拉共体33个成员国,即安提瓜和巴布达、阿根廷、巴哈马、巴巴多斯、伯利兹、玻利维亚、巴西、智利、哥伦比亚、哥斯达黎加、古巴、多米尼加、多米尼克、厄瓜多尔、萨尔瓦多、格林纳达、危地马拉、圭亚那、海地、洪都拉斯、牙买加、墨西哥、尼加拉瓜、巴拿马、巴拉圭、秘鲁、圣卢西亚、圣基茨和尼维斯、圣文森特和格林纳丁斯、苏里南、特立尼达和多巴哥、乌拉圭、委内瑞拉。

中拉论坛首届部长级会议上通过的《中拉论坛机制设置和运行规则》规定,中拉论坛定位为由中国和拉共体成员国外交部牵头的政府间合作平台,主要机制包括部长级会议、中国—拉共体"四驾马车"外长对话、国家协调员会议(高官会)。部长级会议:原则上每3年在中国和拉共体轮值主席国或中拉双方商定的其他成员国轮流举行,必要时可召开特别会议。"四驾马车"外长对话:通过在联合国大会期间会晤或互访等方式,就中拉论坛事务以及共同关心的国际和地区问题保持磋商。国家协调员会议:主要职责为筹备部长级会议,跟踪落实部长级会议成果，制定中拉论坛阶段性工作规划。每年至少举行一次。还有各专业领域论坛和会议。

（二）主要活动

2015年1月8日至9日，中国—拉共体论坛首届部长级会议在北京举行。中国国家主席同拉共体轮值主席国哥斯达黎加总统、候任轮值主席国厄瓜多尔总统、委内瑞拉总统和拉共体"四驾马车"成员国巴哈马总理出席会议开幕式。中国国家主席发表题为《共同谱写中拉全面合作伙伴关系新篇章》的致辞。中国国务院总理集体会见与会拉方代表团团长。拉共体成员国中29国外长、部长或高级代表出席，联合国拉美经委会、美洲开发银行、拉美开发银行等地区组织和机构代表作为嘉宾与会。会议通过《中国—拉共体论坛首届部长级会议北京宣言》《中国与拉美和加勒比国家合作规划（2015—2019）》《中国—拉共体论坛机制设置和运行规则》3个成果文件。双方商定下届部长级会议将于2018年在智利举行。

2015年9月27日，中国外交部长与拉共体"四驾马车"成员国厄瓜多尔外长、哥斯达黎加外长、巴巴多斯外长、多米尼加副外长在纽约举行对话，古巴副外长、墨西哥副外长等参加。双方就加强中拉关系，推进中拉论坛首届部长级会议成果落实等交换意见。

2015年，首届中拉基础设施合作论坛、首届中拉科技创新论坛、中拉政党论坛首次会议、第二届中拉青年政治家论坛、第九届中国—拉美企业家高峰会、第五届中拉民间友好论坛等分论坛陆续举办；中拉双方就中方350亿美元对拉一揽子融资安排保持密切沟通，中方发布相关实施方案；中国政府向拉共体成员国增加奖学金和培训名额、首期"未来之桥"中拉青年领导人培训交流营等人文交流计划有序开展。

2018年1月19日至22日，中国—拉美和加勒比国家共同体论坛第二届部长级会议在智利圣地亚哥举行。中方高度肯定中拉论坛三年来的发展，提出以共建"一带一路"引领中拉关系，这体现了中方对深化中拉合作，实现共同发展的真诚意愿。中方愿与拉方一道，以共建"一带一路"为新契机，深化中拉"1+3+6"合作框架，推动中拉合作优化升级、创新发展。各方积极赞同中方提出在"一带一路"框架下深化双方合作的新思路、新理念，一致认为"一带一路"倡议为拉美实现发展提供了新的重大机遇。会议通过了《圣地亚哥宣言》《中国与拉共体成员国优先领域合作共同行动计划（2019—2021）》。会议还专门通过并发表了《"一带一路"特别声明》，该声明意义重大，使一带一路领域范围扩至最远，是继首届"一带一路"国际合作高峰论坛之后的最大亮点。

2018年9月25日，中国国务委员兼外长在纽约联合国总部出席中国—拉共体"四驾马车"外长第六次对话，拉共体其他成员国代表参加。

2019年9月26日，中国国务委员兼外长在纽约联合国总部主持中国—拉共体"四驾马车"外长第七次对话。拉共体成员国代表参加。

2019年，第五届中拉基础设施合作论坛、第三期中拉融资合作专项培训班、中拉青年发展论坛、第五届中拉智库论坛、第十三届中拉企业家高峰会成功举办。

第三节　专题会议的交流

本节阐述的金砖国家合作（峰会）、G20集团峰会、夏季达沃斯都是经济峰会，博鳌论坛、夏季达沃斯和世界互联网大会属于定时、定址会议。

一、金砖国家合作

（一）金砖国家峰会

金砖国家峰会是由巴西、俄罗斯、印度、南非和中国5个国家每年召开一次的会议。传统"金砖四国"引用了巴西、俄罗斯、印度和中国的英文首字母。由于该词与英语单词的砖（BRIC）类似，因此被称为"金砖四国"。从第三届峰会开始，南非加入后，其英文单词已变为"BRICS"，并改称为"金砖国家"。金砖国家峰会从首届2009年6月16日召开以来，至2019年11月，已经召开了十一届。2017年、2018年和2019年均开起了"金砖+"模式，邀请不同的发展中国家参加对话会，扩大了朋友圈。

历届峰会的主要议题或成果如下。

首届，国际金融机构改革、粮食安全、能源安全、气候变化以及"金砖四国"未来对话与合作前景等。

第二届，世界经济金融形势、国际金融机构改革、气候变化、"金砖四国"对话与合作等。

第三届，对金砖国家的未来合作进行了详细的规划，决定深化在金融、智库、工商界、科技、能源等领域的交流合作。

第四届，探讨了成立金砖国家开发银行的可能性，明确提出全球治理改革的诉求，呼吁建立更具代表性的国际金融架构，提高发展中国家的发言权和代表性。

第五届,决定设立金砖国家开发银行、外汇储备库,宣布成立金砖国家工商理事会和智库理事会,在财金、经贸、科技、卫生、农业、人文等近 20 个领域形成新的合作行动计划。会议推动构建金砖国家与非洲国家的伙伴关系,首次举行了金砖国家与非洲领导人对话会。

第六届,成立金砖国家开发银行,建立金砖国家应急储备安排,签署多项合作协议。

第七届,同欧亚经济联盟、上海合作组织成员国、观察员国和受邀国领导人对话,就全球政治经济领域重大问题以及金砖国家合作深入交换了意见。

第八届,就金砖国家合作及其他共同关心的国际和地区问题深入交换看法,签署了农业研究、海关合作等方面的谅解备忘录和文件,同意进一步推动保险和再保险市场合作、税收体系改革、海关部门互动等,并探讨设立一个金砖国家评级机构的可能性,就在农业、信息技术、灾害管理、环境保护、妇女儿童权利保护、旅游、教育、科技、文化等领域加强合作进行了沟通协调。

第九届,在中国厦门举行,厦门峰会为金砖合作机制描绘出第二个"金色十年"的美好愿景。峰会开拓性举办"金砖+"领导人对话会,邀请墨西哥、埃及、几内亚、泰国、塔吉克斯坦国家领导人参加对话。峰会宣言强调了人文交流在金砖国家合作发展中的地位和作用,金砖国家将致力于弘扬多元文化,拓展全方位人文交流,鼓励社会各界广泛参与金砖合作,促进各国文化和文明的互学互鉴,增进各国人民之间的沟通和理解,深化传统友谊,让金砖伙伴关系的理念深植于民心,为金砖合作奠定更广泛的民意支持基础。同意深化文化、教育、科技、体育、卫生、媒体机构、地方政府等领域合作,打造金砖国家合作的第三支柱。鼓励金砖国家加强文明交流互鉴,在多元共享基础上培育共同价值理念。欢迎金砖国家制定一份推进文化务实合作行动计划的有关构想,欢迎成立金砖国家图书馆联盟、博物馆联盟、美术馆联盟和青少年儿童戏剧联盟。将继续为建立金砖国家文化理事会开展工作,为金砖国家加强文化合作提供必要平台。同意继续推进金砖国家在治国理政、电影、媒体、智库、青年、议会、地方、工会等各领域交流合作。

第十届,峰会继续举办"金砖+"领导人对话会。非洲等 21 个国家的领导人或领导人代表以及有关非洲区域组织负责人受邀出席对话会。峰会发表了《约翰内斯堡宣言》,包括政治、安全、金融、经济、社会、人文等领域多项合作成果。

本次峰会在"反对单边主义和保护主义、邀请 9 个非洲国家的领导人参会并会晤、新工业革命伙伴关系、经济与政治和人文三大领域全面合作与交流、勇于承担完善全球治理责任"5 方面展现了亮点。

第十一届，2019 年 11 月 10 日至 15 日在巴西利亚举行。5 国领导人围绕"经济增长打造创新未来"主题，就金砖国家合作及共同关心的重大国际问题深入交换意见，达成广泛共识。此次会晤对外传递出 4 个积极信号：一是弘扬多边主义；二是反对保护主义；三是反对外来干涉；四是金砖国家增进团结合作。

2020 年 5 月 27 日，俄总统新闻局发布的公告说，考虑到世界新冠疫情形势严峻以及各国所采取的抗疫举措，俄方决定推迟举办金砖国家领导人会晤和上海合作组织峰会，新的举办日期将视疫情发展情况而定。

（二）金砖国家峰会的意义

在这个全球化势能下滑的时刻，以全球第二大经济体中国为首的几个新兴经济体承诺加强合作，为全球化提供新的助力，这足以为全球市场带来信心和鼓舞。

第十一届金砖国家峰会的召开，使"金砖国家"合作机制日趋完善。作为全球新兴经济体代表的金砖国家，随着峰会的年年召开，其国际影响力也日益增强。今后或许会有更多的新兴经济体加入进来，"分量"大增的"金砖国家"将在国际政治经济事务中发挥更为重要的作用。

金砖国家不仅因为经济规模和经济活力为全球瞩目，更是作为上一轮全球化的得益者和后发国家中的优等生在全球治理议程中发挥着越来越重要的作用。因此从某种意义上讲，金砖国家回报全球化是题中应有之义，也符合希望继续推动全球化进程的人们对它们的角色期许。

首先，应对全球化进程目前所遭遇的问题，需要经济集团间更多的合作而非争吵，而各方围绕全球化规则和全球治理议程的博弈也是为了更好地形成合力，以一种更加公平多赢的方式推进全球化进程。其次，金砖国家彼此间也还有各种问题需要协调和解决，认为大家走到一起是为了"团结起来一致对外"绝对是一种误读。从某种意义上讲，夯实金砖国家间的合作基础，协调彼此间的利益冲突，在现阶段可能要比改写全球化规则和议程占据金砖国家集团更多的关注和精力。

全球金融危机爆发以来，欧美发达经济体市场需求下降，令中国的产能过剩矛盾更突出，而以中国市场为代表的对能源资源产品需求的下降，导致全球大宗商品价格下跌。在这种情形下，中国和其他金砖国家都迎来了经济结构的深度调整期，而如何更好地取长补短，着眼于彼此之间价值链的优化，真正实现抱团取暖，也成为摆在金砖国家面前的现实挑战。

近年来的实践表明，这不是一个轻而易举的任务。全球价值链一经形成便很难重组，牵一发就会搅动整个利益格局，除了和传统发达经济体之间的博弈外，金砖国家彼此间也出现了新的竞争甚至冲突。除了一些传统的地缘战略利益冲突外，金砖国家间在经济层面上的竞争也带来了新的张力，如大家都想往价值链的上端走，都想在全球需求相对低迷的情形下开拓非传统市场等。

因此，金砖国家之间想取得共赢，真正发挥合力改写全球化进程中不合理、不公正的议程和规则，首先必须协调好彼此间的利益冲突。从这个层面上讲，金砖国家间的合作便具有双重意义：既要避免陷入崛起中的大国与守成大国之间的冲突，也要避免新兴国家自身之间的冲突，而只有完成这个双重任务，全球化的势头才能避免走衰，更为公正合理、可持续的全球化范式和国际政治经济新秩序才有可能达成。

此外，金砖国家在应对共同的社会政治和经济发展挑战上有很多合作空间。金砖国家各自内部面临的由现代化进程引发的问题有很多带有共性色彩。比如，如何更好地分配经济发展的红利，如何在保持城市化的节奏和可持续性与保障社会的流动性之间维系平衡，如何在兼顾普遍发展规律的基础上探求更适合本国人民的文化心理传统和社会发展现状的权力、利益分享机制和矛盾解决平台，等等。

当然，人们也预期金砖国家们会在改善全球贸易规则和改进全球治理等方面发挥更大作用。传统的发达市场经济体心态可能更为复杂，它们一方面当然期待金砖国家们能够献计献策并出钱出力做大全球化蛋糕，但另一方面又会因随之而来的对既有全球化规则和全球治理议程的改动和其中所涉及的利益格局的搅动心怀犹疑。在这样一个语境之下，金砖国家峰会可能会被有意无意地解读为一个新兴经济体集团存在感的宣示，并隐含有和更多代表全球化既有秩序、规则及利益格局的七国集团之间的张力。

（三）中国国家主席高度评价金砖合作并指明发展方向

金砖国家合作已经走过 12 个年头。中国国家主席多次高度评价金砖国家的合作并指明了前进的方向。

2019年11月14日,中国国家主席在巴西利亚举行的金砖国家领导人第十一次会晤峰会上发表题为"携手努力共谱合作新篇章"的重要讲话,强调金砖国家要展现应有责任担当,倡导并践行多边主义,营造和平稳定的安全环境;把握改革创新的时代机遇,深入推进金砖国家新工业革命伙伴关系;促进互学互鉴,不断拓展人文交流广度和深度。中国将坚持扩大对外开放,推进高质量共建"一带一路",努力推动构建亚太命运共同体和人类命运共同体。习近平强调,促进互学互鉴的人文交流。应该不断拓展人文交流广度和深度。以"金砖+"合作为平台,加强同不同文明、不同国家的交流对话,让金砖的朋友圈越来越大,伙伴网越来越广。

2018年7月27日,中国国家主席在南非约翰内斯堡举行的"金砖+"领导人对话会上指出,当今世界正处于大发展、大变革、大调整时期,新兴市场国家和发展中国家面临共同的机遇和挑战。新兴市场国家和发展中国家加强团结合作愈显重要。对拓展"金砖+"合作指明了今后的发展方向,即四个共同:共同深化互利伙伴关系,共同挖掘发展新动能,共同营造有利外部环境,共同构建新型国际关系。❶

2017年9月4日,在金砖国家领导人厦门会晤大范围会议上,中国国家主席指出,金砖合作之所以得到快速发展,关键在于找准了合作之道。我们应该再接再厉,全面深化金砖伙伴关系,开启金砖合作第二个"金色十年"。第一,致力于推进经济务实合作;第二,致力于加强发展战略对接;第三,致力于推动国际秩序朝更加公正合理方向发展;第四,致力于促进人文民间交流。

2017年9月3日,中国国家主席在金砖国家工商论坛开幕式上指出,在过去10年中,金砖国家携手同行,成长为世界经济的新亮点。金砖合作正处在承前启后的关键节点上。观察金砖合作的发展历程,有两个维度十分重要。一是要把金砖合作放在世界发展和国际格局演变的历史进程中来看;二是要把金砖合作放在五国各自和共同发展的历史进程中来看。应该在今后的合作中发扬光大的,一是平等相待、求同存异,二是务实创新、合作共赢,三是胸怀天下、立己达人。

2016年10月16日,中国国家主席在金砖国家领导人第八次会晤大范围会议上强调,金砖国家一步一个脚印,合作不断走深走实,发展为具有重要影响的国

---

❶ 商洋,骆珺. 习近平出席"金砖+"领导人对话会 [EB/OL]. (2018-07-27) [2018-08-29]. www.xinhuanet.com/politics/leaders/2018-07-27/c_1123188035.htm.

际机制，取得了丰硕成果。这是共谋发展、不断前行的 10 年，拓展合作、互利共赢的 10 年，敢于担当、有所作为的 10 年。

2015 年 7 月 9 日，中国国家主席在金砖国家领导人第七次会晤上就加强金砖国家伙伴关系谈了几点看法。第一，构建维护世界和平的伙伴关系；第二，构建促进共同发展的伙伴关系；第三，构建弘扬多元文明的伙伴关系；第四，构建加强全球经济治理的伙伴关系。2015 年 11 月 15 日，中国国家主席在金砖国家领导人非正式会晤上指出，真金不怕火炼。伙伴的意义和价值，不仅在于顺境中共襄盛举，更在于逆境时携手前行。只要我们坚定信心、加强协调，我们的合作就一定能乘风破浪、穿云破雾，让世界对金砖国家的成色有新的认识。

2014 年 7 月 15 日，中国国家主席在金砖国家领导人第六次会晤上提出，我们应该坚持开放精神，发挥各自比较优势，加强相互经济合作，培育全球大市场，完善全球价值链，做开放型世界经济的建设者。我们应该坚持包容精神，推动不同社会制度互容、不同文化文明互鉴、不同发展模式互惠，做国际关系民主化的实践者。我们应该坚持合作精神，继续加强团结，照顾彼此关切，深化务实合作，携手为各国经济谋求增长，为完善全球治理提供动力。我们应该坚持共赢精神，在追求本国利益的同时兼顾别国利益，做到惠本国、利天下，推动走出一条大国合作共赢、良性互动的路子。对金砖国家合作，我们尤为珍视，列为外交优先领域，坚持同金砖国家做好朋友、好兄弟、好伙伴。

2013 年 3 月 27 日，中国国家主席在南非德班举办的第五次金砖国家领导人会晤时主旨讲话中指出，我们来自世界四大洲的 5 个国家，为了构筑伙伴关系、实现共同发展的宏伟目标，为了推动国际关系民主化、推进人类和平与发展的崇高事业走到了一起。求和平、谋发展、促合作、图共赢，是我们共同的愿望和责任。中国将继续同金砖国家加强合作，使金砖国家经济增长更加强劲、合作架构更加完善、合作成果更加丰富，为各国人民带来实实在在的利益，为世界和平与发展做出更大贡献！

二、G20 峰会

（一）峰会发展

G20 峰会（20 国集团财长和央行行长会议）是一个国际经济合作论坛，于

1999 年 12 月 16 日在德国柏林成立，属于布雷顿森林体系框架内非正式对话的一种机制，由原 8 国集团以及其余 12 个重要经济体组成。中国是二十国集团的创始成员，并于 2005 年作为主席国成功地举办了第七届二十国集团财长和央行行长会议。20 国集团从 2008 年起召开领导人峰会以商讨对策，并从 2009 年起每年举行两次峰会。中国于 2016 年举办 G20 领导人峰会。

非正式性是 G20 机制的性质。一是非正式的特征决定了 G20 的主要目标是在大国之间谋求共识，议题之间相互关联的特点，决定了保持议题开放更有利于领导人统筹各项议题，通过"议题联系"来建立解决问题的共识；二是其他专门性的正式国际组织可以参与 G20 峰会，如会议邀请了联合国、国际货币基金组织、世界银行、世界贸易组织、国际劳工组织等来参加，由它们负责具体议题领域达成协议的执行，让领导人将更多时间集中于各问题统筹达成共识的"务虚"层面。峰会的另一个目的是纠正过往有关环球经济的会议和管理中没有包含新兴工业国家的局面。

2013 年 9 月 5 日至 6 日，在俄罗斯圣彼得堡举行了 G20 领导人第八次峰会。G20 峰会通过了涉及 12 个领域的《二十国集团领导人圣彼得堡宣言》（以下简称《宣言》），明确了世界最为紧迫的任务是增强全球经济复苏动力、促进更高速度的增长和改善就业。中国国家主席习近平代表中国新一届政府在峰会上作了重要发言，提出发展创新、增长联动、利益融合等一系列新理念，倡导二十国集团成员建立伙伴关系，树立命运共同体意识，在竞争中合作，在合作中共赢。呼吁各国要采取负责任宏观经济政策，共同完善全球经济治理，维护和发展开放型世界经济。习近平主席提出的重要主张得到与会各国的普遍接受和认同，中方的很多观点和建议均被纳入《宣言》，集中发出了"中国声音"，体现了中国的话语权，提高了中国在全球经济治理中的地位与作用。

2017 年 7 月 7 日，中国国家主席在二十国集团领导人汉堡峰会上发表了"坚持开放包容，推动联动增长"的讲话，提出四点意见：第一，我们要坚持建设开放型世界经济大方向；第二，我们要共同为世界经济增长发掘新动力；第三，我们要携手使世界经济增长更加包容；第四，我们要继续完善全球经济治理。中国国家主席指出：不久前，中国成功举办了"一带一路"国际合作高峰论坛。与会各方本着共商、共建、共享精神，在促进政策沟通、设施联通、贸易畅通、资金融通、民心相通上取得丰硕成果，努力打造治理新理念、合作新平台、发展新动力。这同二十国集团的宗旨高度契合。

(二) 2016年杭州峰会

2016年9月4日至5日，G20领导人峰会在中国杭州举行。杭州峰会以"构建创新、活力、联动、包容的世界经济"为主题，二十国集团成员、8个嘉宾国领导人以及7个国际组织负责人与会。当初多个国家争办2016年G20领导人峰会。在征询成员广泛意见后，中国成为首选。这既体现了国际社会对中国的高度信任，也展示了中国愿为国际社会做出贡献的真诚愿望。中国作为G20主席国，邀请老挝、乍得、塞内加尔、泰国、哈萨克斯坦、埃及6个发展中国家参会，使杭州峰会成为G20历史上发展中国家参与最多的一次盛会。

杭州峰会体现的中国特色：一是议程设置上体现了战略视野；二是成果推进上体现了引领作用；三是办会风格上体现了开放包容；四是活动安排上体现了中国印记。杭州峰会第一次把发展问题置于全球宏观政策框架的突出位置，第一次就落实联合国2030年可持续发展议程制订行动计划，第一次集体支持非洲和最不发达国家工业化，这"三个第一次"，具有开创性意义。

峰会期间，中国国家主席主持二十国集团领导人杭州峰会，开展了53场活动，包括峰会期间举行了33场双边会谈会见并同其他来宾进行接触交流。80多小时密集日程以分钟计算，为峰会顺利举行做出的贡献，赢得各方高度赞赏。

峰会发表了《二十国集团领导人杭州峰会公报》和28份具体成果文件。这些成果主要体现在以下几方面：一是体现了共迎挑战的伙伴关系精神；二是明确了世界经济的前进方向；三是制定了一系列务实的行动计划（《二十国集团落实2030年可持续发展议程行动计划》《二十国集团全球贸易增长战略》《二十国集团全球投资指导原则》）；四是展现了谋求共同发展的决心。

中方作为主席国，提出了重要理念：在中国国家主席与会的重要讲话中，特别是在二十国集团工商峰会上发表的《中国发展新起点 全球增长新蓝图》主旨演讲中，围绕世界对中国经济的关切，发出了权威声音；着眼困扰世界经济的难题，给出了中国答案。习主席以历史的眼光和宏阔的视野，回顾中国改革开放的伟大征程，立足中国今天所处新的历史起点，展望中国未来发展方向，提出了5个"坚定不移"的重要理念，与我国"十三五"规划提出的创新、协调、绿色、开放、共享五大发展理念相呼应，展现了中国未来发展的宏伟蓝图，有力回应了国际社会对中国发展方向和中国经济前景的关注，极大地增强了各方信心，释放出中国在实现自身发展同时，也将为世界带来更多机遇的重要信号。针对当前世界经济中的突出问题，提出了共同构建创新型、开放型、联动型和包容型世界经济的主张。其核心和实质，就是抓住创新这个动力，沿着开放的路径，本着联动的精神，追求包容的目标，让增长和发展惠及所有国家和人民。还首次全面阐述了中方的全球经济治理观，即全球经济治理应该以平等为基础，以开放为导向，以合作为动力，以共享为目标，共同构建公正高效的全球金融治理格局、开放透明的全球贸易投资治理格局、绿色低碳的全球能源治理格局、包容联动的全球发展治理格局。

二十国集团领导人杭州峰会前完成了参加《巴黎协定》的国内法律程序。中国倡议二十国集团发表了首份气候变化问题主席声明，率先签署了《巴黎协定》。中国向联合国交存批准文书是中国政府做出的新的庄严承诺。

中国国家主席密集的双边活动中，"一带一路"频频出现。出席杭州峰会之前，加拿大总理特鲁多来华访问，宣布了一个重大决定——加入亚洲基础设施投资银行。加拿大由此成为第一个申请加入亚投行的北美洲国家。2016年9月2日，中国国家主席与哈萨克斯坦总统会谈，哈方提出支持"丝绸之路经济带"建设同"光明之路"新经济政策对接。俄罗斯、澳大利亚、意大利、土耳其、新加坡、老挝、沙特等各国政要纷纷表示出对接"一带一路"合作的强烈愿望。

（三）2030年教育培训与人力资源建设指南

在《二十国集团落实2030年可持续发展议程行动计划》的"人力资源开发和就业"中强调：在G20成员和非G20成员中，通过教育、高质量学徒制、职业技术培训和终身制学习，开发人力资源仍是一项重要任务（可持续发展目标4）。G20正致力于推动以可持续方式提升国内外具有就业所需技术和职业技能的青年和成年数量。G20通过了加强人力资源开发与G20就业工作组政策统一性和协调性的跨年度框架。G20也通过了促进高质量就业框架、技能战略、培训战略、促进更好的青年就业政策原则。G20支持采取统筹政策，通过培训等方式，促进普惠、高效的技能职业教育培训。

在《二十国集团深化结构性改革议程》的"（二）推进劳动力市场改革及获取教育与技能的指导原则"中强调要"改善职业教育、职业培训、高等教育和技能培训与再培训的普及与效率""通过提高早期幼儿教育、基础教育和中等教育的普及性与质量来改善教育产出","（三）鼓励创新的指导原则"中强调"增强研究机构／大学与产业界的合作","（九）促进包容性增长的指导原则"中强调"通过降低就业壁垒以及改善教育和培训产出，改善机会平等；扩大学前、初等教育和中等教育的覆盖面并提高效率""减少性别平等障碍，特别是在教育、就业和创业领域"。

（四）2018 年第十三次峰会

2018 年 11 月 30 日，中国国家主席出席在阿根廷布宜诺斯艾利斯举行的二十国集团领导人第十三次峰会，并在第一阶段会议上发表引导性讲话，深刻分析人类历史大势，明确提出了二十国集团引领世界经济沿着正确轨道向前发展的四点倡议，赢得与会领导人的高度认同。

"以史为鉴，可以知兴替。"各国相互协作、优势互补是生产力发展的客观要求，也代表着生产关系演变的前进方向。在这一进程中，各国逐渐形成利益共同体、责任共同体、命运共同体。无论前途是晴是雨，携手合作、互利共赢是唯一正确选择。

对于二十国集团今后的发展，中国国家主席提出了四个坚持。即坚持开放合作，维护多边贸易体制；坚持伙伴精神，加强宏观政策协调；坚持创新引领，挖掘经济增长动力；坚持普惠共赢，促进全球包容发展。今年是国际金融危机发生10 周年，也是二十国集团领导人峰会 10 周年。国际金融危机发生以来，中国经济对世界经济增长贡献率超过 30%。2018 年，中国成功举办首届国际进口博览会，赢得国际社会广泛赞誉。今后，中国将每年举办中国国际进口博览会，向世界进一步敞开中国市场。在世界银行最新《营商环境报告》中，中国排名较前一年上升 32 位。

（五）第十四次（2019）和第十五次（2020）峰会

2019 年 6 月 27 日至 29 日，二十国集团领导人第十四次峰会在日本大阪举行。28 日，中国国家主席在峰会上发表题为《携手共进，合力打造高质量世界经济》的重要讲话，强调二十国集团要坚持改革创新，挖掘增长动力；坚持与时俱进，完善全球治理；坚持迎难而上，破解发展瓶颈；坚持伙伴精神，妥善处理分歧。

习近平宣布中国将进一步开放市场，努力实现高质量发展，为创造世界经济更加美好的明天不懈努力。并且提出，要尊重、保护、鼓励创新，提倡国际创新合作；要进一步扩大中国的服务业开放。

2020年3月26日，二十国集团领导人应对新冠肺炎特别峰会（网络视频）开始举行，中国国家主席在北京出席，并发表题为"携手抗疫 共克时艰"的重要讲话，强调当前国际社会最需要的是坚定信心、齐心协力、团结应对，全面加强国际合作，凝聚起战胜疫情的强大合力，携手赢得这场人类同重大传染性疾病的斗争。中国国家主席提出了4点倡议：坚决打好新冠肺炎疫情防控全球阻击战；有效开展国际联防联控；积极支持国际组织发挥作用；加强国际宏观经济政策协调。只要我们同舟共济、守望相助，就一定能够彻底战胜疫情，迎来人类发展更加美好的明天！

2020年9月5日，二十国集团（G20）教育部长视频会议召开，中国教育部部长在会上介绍了中国政府在学前教育、教育国际化、教育领域新冠肺炎疫情防控三个领域的思考、探索和实践。到2020年年底，中国将实现全国学前三年毛入园率达85%、普惠性幼儿园覆盖率达80%的目标。在教育国际化方面，中国政府出台政策文件再次明确了加快和扩大教育对外开放，未来我们将主动加强同世界各国的互鉴、互容、互通，形成更全方位、更宽领域、更多层次、更加主动的教育对外开放局面。在教育领域防疫抗疫方面，我们在全国范围内采取了不同学段、不同地区分期分批开学、做好线上线下教育衔接、加强健康教育及强化应急预案等一系列措施，确保实现大中小学秋季全面安全、有序复学的目标。

三、博鳌亚洲论坛

（一）论坛发展

博鳌亚洲论坛（Boao Forum for Asia，BFA）（以下简称"论坛"）是一个非政府、非营利性、定期、定址的国际组织。

论坛由菲律宾前总统拉莫斯、澳大利亚前总理霍克及日本前首相细川护熙于1998年倡议，并于2001年2月27日，26个国家的代表在中国海南博鳌召开大会，正式宣布成立博鳌亚洲论坛。中国海南博鳌为论坛总部的永久所在地，从2002年开始，论坛每年定期在博鳌召开年会。至2016年，博鳌亚洲论坛发起国增至29个。

论坛的宗旨是立足亚洲，面向世界，促进和深化本地区内和本地区与世界其他地区间的经济交流、协调与合作。为政府、企业及专家学者等提供一个共商经济、社会、环境及其他相关问题的高层对话平台。通过论坛与政界、商界及学术界建立的工作网络为会员与会员之间、会员与非会员之间日益扩大的经济合作提供服务。

20年来，博鳌亚洲论坛始终致力于提供高层对话平台，以增进和深化贸易、投资联系，推动建立伙伴关系，加深亚洲跨文化间相互理解。开放，自始至终都是政府、企业和专家学者在论坛反复强调的共识和举措；开放，更是亚洲经济繁荣发展的客观要求和内生动力。论坛致力于通过区域经济的进一步整合，推进亚洲国家实现共同发展，得到亚洲各国普遍支持，赢得世界广泛关注。2018年博鳌亚洲论坛设置了"全球化与'一带一路'建设"等四大板块。

2019年3月26日至29日，博鳌亚洲论坛2019年年会在海南博鳌举行。本次年会的主题是"共同命运、共同行动、共同发展"。中国国务院总理出席年会并发表主旨演讲。本届年会共设置50多场的正式讨论，包括开幕大会、分论坛、CEO对话、圆桌会议等。来自世界各地的2000多位政商学媒界代表与会，吸引了国内外168家1400多名记者参会。

2020年年会未举办。因新冠肺炎疫情在全球蔓延，人类卫生健康面临严峻挑战，世界经济受到严重冲击。为支持和配合国际社会的防疫措施，保障参会代表健康和安全，博鳌亚洲论坛理事会经过慎重研究，决定2020年不举办年会。

（二）中国国家主席出席2018年年会并发表主旨演讲

2018年4月10日，中国国家主席在博鳌亚洲论坛2018年年会开幕式上发表了"开放共创繁荣 创新引领未来"的主旨演讲，评价博鳌亚洲论坛成立以来，立足亚洲，面向世界，在凝聚亚洲共识、促进各方合作、推进经济全球化、推动构建人类命运共同体等方面建言献策，提出许多富有价值的"博鳌方案"，做出了积极贡献。面向未来，提出：我们要相互尊重、平等相待，对话协商、共担责任，我们要同舟共济、合作共赢，兼容并蓄、和而不同，敬畏自然、珍爱地球。中国人民将继续扩大开放、加强合作，坚定不移奉行互利共赢的开放战略，坚持引进来和走出去并重，推动形成陆海内外联动、东西双向互济的开放格局，实行高水平的贸易和投资自由化便利化政策，探索建设中国特色自由贸易港。中国人民将继续与世界同行、为人类做出更大贡献，坚定不移走和平发展道路，积极发展全球伙伴关系，坚定支持多边主义，积极参与推动全球治理体系变革，构建新型国际关系，推动构建人类命运共同体。无论中国发展到什么程度，都不会威胁谁，都不会颠覆现行国际体系，都不会谋求建立势力范围。在扩大开放方面，中国将采取以下重大举措：大幅度放宽市场准入；创造更有吸引力的投资环境；加强知识产权保护；主动扩大进口。

共建"一带一路"倡议源于中国，但机会和成果属于世界，中国不打地缘博弈小算盘，不搞封闭排他小圈子，不做凌驾于人的强买强卖。需要指出的是，"一带一路"建设是全新的事物，在合作中有些不同意见是完全正常的，只要各方秉持和遵循共商共建共享的原则，就一定能增进合作、化解分歧，把"一带一路"打造成为顺应经济全球化潮流的最广泛国际合作平台，让共建"一带一路"更好地造福各国人民。

（三）2018 年年会的文化与教育分论坛

文化之夜——分论坛。来自中国、以色列等国的 5 位讨论嘉宾就"世界人文历史中的开放精神"主题开展了"科技发展带来什么""再谈传统文化""科技与文化的关系"3 方面的讨论。

民办教育——分论坛。来自清华大学等机构的 5 名讨论嘉宾就"民办教育新政"主题，在"《民办教育促进法》促进教育融合""公办教育和民办教育共融共生""教书和与人缺一不可"3 方面展开了讨论。

亚洲大学的崛起——教育圆桌 11。来自中国等 11 个国家的大学校长作为讨论嘉宾就"亚洲大学的作用""创新研究型大学是新经济发展的重要基石""大学教育与多元文化"3 方面展开了讨论。

四、夏季达沃斯论坛

世界经济论坛（World Economic Forum，WEF）是一个非官方的国际组织，总部设在瑞士日内瓦。其前身是 1971 年由现任论坛主席、日内瓦商学院教授克劳斯·施瓦布创建的"欧洲管理论坛"，以"共同讨论、分享经验"为主要形式，探讨世界经济社会发展前沿话题的"欧洲管理论坛"。因在全球的影响力不断扩大，它在 5 年以后改为会员制。1987 年，更名为"世界经济论坛"。论坛的年会每年 1 月底至 2 月初在瑞士的达沃斯小镇召开，故也称"达沃斯论坛"。

"世界经济论坛新领军者年会"是由世界经济论坛主席施瓦布和中国国务院总理共同提议设立的年会，其目的是为"全球成长型公司"创造一个可以共同规划未来工商业发展远景，并同世界 1000 强公司、各国和地区政府之间展开对话的互动合作平台。因其与每年年初在瑞士达沃斯举办的"世界经济论坛"年会相辅相成，所以也被誉为"夏季达沃斯论坛"。首届世界经济论坛新领军者年会于 2007 年在中国大连举办。随后，每逢双届（双年）就在天津举行，单届（单年）就在大连举行。2018 年第十二届论坛以"在第四次工业革命中打造创新型社会"为主题，吸引了 4 位国家元首或政府首脑、38 位国家副元首、副总理、副首相或部长聚首津门，42 个国家的将近 200 名政要出席，100 多个国家的 2000 多名嘉宾参会。2019 年以"领导力 4.0：全球化新时代的成功之道"为主题的第十三届夏季达沃斯论坛吸引了全球 90 多个国家和地区的 2000 余名政商界领袖、学界专家和媒体代表参会。论坛共举办企业家对话会、文化晚宴、专业分论坛等 200 余场，利用 3 天时间讨论了 5G、全球化、人工智能、气候变化、无人驾驶汽车等热点话题。

2019 年 7 月 2 日上午，中国国务院总理出席 2019 年第十三届夏季达沃斯论坛开幕式并发表特别致辞表示，经济全球化是社会生产力发展的客观要求和科技进步的必然结果，总体上各国都从中受益。面对当前世界经济下行压力，要弘扬伙伴精神，平等协商、求同存异、管控分歧、扩大共识、形成合力。以规则为基础、以世贸组织为核心的多边贸易体制的权威性和有效性应当得到尊重和维护。李克强强调，下一步，我们将坚定不移抓好发展这个第一要务。深入落实已出台的宏观政策措施，不搞"大水漫灌"式强刺激，不走铺摊子、粗放增长的老路。不断深化改革，着力打造市场化、法治化、国际化的营商环境，进一步激发市场主体活力。着力抓好实施更大规模减税降费和"放管服"改革两件大事。

五、世界互联网大会

世界互联网大会（World Internet Conference，WIC）是由中华人民共和国倡导并每年在浙江省嘉兴市桐乡乌镇举办的世界性互联网盛会，旨在搭建中国与世界互联互通的国际平台和国际互联网共享共治的中国平台,让各国在争议中求共识、在共识中谋合作、在合作中创共赢。会议主要邀请国家和地区政要、国际组织的负责人、互联网企业领军人物、互联网名人、专家学者,涉及网络空间各个领域,体现多方参与。这是中国举办的规模最大、层次最高的互联网大会,也是世界互联网领域的高峰会议。至今已经举办了五届。

从表面上看,世界互联网大会只是由省部级的中华人民共和国国家互联网信息办公室和浙江省人民政府共同主办的论坛,视乎规格不太高,为何要纳入本章?笔者认为:因为互联网已经改变了世界,将继续以加速度改变未来世界,因此人类亟待在世界互联网可持续健康发展方面达成共识,需要规则,需要共建,需要共享。所以将其纳入具有重要意义。

互联网的出现与发展,不过是短短二十多年的事,但是,它对世界的影响却是深远的、不可预测的、不容忽视的。互联网不仅涉及网络文化传播、经济创新发展、数字经济整合乃至互联网技术标准、互联网治理等前沿热点问题,直接关联、困扰着小到"普通人"的福祉大到"国家政体"的安全稳定、健康发展,无所不及、无所不能。这是因为"互联网+"元素已经融入了政治生活、经济建设、生态文明、精神风貌以及日常生活、文化传承、交通旅游、医疗健康等领域的方方面面。

网络的本质在于互联,信息的价值在于互通。只有加强信息基础设施建设,铺就信息畅通之路,不断缩小不同国家、地区、人群间的信息鸿沟,才能让信息资源充分涌流。

同样,互联网的快速发展也给世界带来了困惑。互联网技术的日新月异,也让世界各国尝到了苦头,不敢有丝毫怠慢的心理和行为。无论哪一个国家,都不能轻视互联网的影响力、积极推动力和破坏力。它需要全球、全人类一切爱好和平的国家和人们真正团结起来,充分利用互联网这个平台,维护世界的和平与安定,使科技发展造福人类。

(一)首届世界互联网大会

首届世界互联网大会于 2014 年 11 月 19 日至 21 日举办。大会主题为互联互通、共享共治。首届"乌镇峰会"开启了新的世界互联网发展对话窗,输送了新的话题源,产生了新的共识圈,规划了新的强网路。中国的互联网已走过 20 年岁月，对于"命运共同体"新梦想有着谋求共治互联网的诉求。中国作为全球网民数量最多的国家及最大的电子信息产品生产基地，已经不满足于尊重其他国家严格的网络管理方式，而是希望他国承认并加入"具有中国特色的互联网"，希望在尚无国际性规则的互联网世界加强话语权及参与规则制定的意愿。中国将此次互联网大会的主题定为"互联互通、共享共治"，意思就是互联网的治理不能被个别发达国家的公司主导。在首届世界互联网大会上，中国在互联网方面不断增长的影响力已经显现出来。此次大会其中一个目标就是显示中国已经准备好在互联网管理和发展方面承担更大的责任。所以说，中国举办世界互联网大会，就是旨在搭建中国与世界互联互通的国际平台和国际互联网共享共治的中国平台。

来自近 100 个国家和地区的政要、国际组织代表、著名企业高管、网络精英、专家学者等 1000 多人参加了会议，其中，外国嘉宾占比达 50%。

会议期间，中方呼吁国际社会齐心协力，携手建立多边、民主、透明的国际互联网治理体系，共同构建和平、安全、开放、合作的网络空间，并提出九点倡议，具体包括：促进网络空间互联互通、尊重各国网络主权、共同维护网络安全、联合开展网络反恐、推动网络技术发展、大力发展互联网经济、广泛传播正能量、关爱青少年健康成长以及推动网络空间共享共治。

（二）第二届世界互联网大会

2015 年 12 月 16 日至 18 日，第二届世界互联网大会举行。大会主题为互联互通·共享共治——构建网络空间命运共同体。开幕式上，中国国家主席发表主旨演讲指出，以互联网为代表的信息技术日新月异，引领了社会生产新变革，创造了人类生活新空间，拓展了国家治理新领域，极大提高了人类认识水平，认识世界、改造世界的能力得到了极大提高。世界因互联网而更多彩，生活因互联网而更丰富。对于推进全球互联网治理体系变革，应坚持的四项原则：一是尊重网络主权；二是维护和平安全；三是促进开放合作；四是构建良好秩序。并提出 5 点主张：第一，加快全球网络基础设施建设，促进互联互通；第二，打造网上文化交流共享平台，促进交流互鉴；第三，推动网络经济创新发展，促进共同繁荣；第四，保障网络安全，促进有序发展；第五，构建互联网治理体系，促进公平正义。

演讲展示了中国对网络空间人类未来发展的前瞻性思考。最核心的就是提出了国际互联网治理的中国方案，侧重点是推动构建国际互联网治理体系。习主席强调了以发展为核心，强调共享合作，而不是变成垄断。将网络主权置于第一位，这与中国一贯主张的反对霸权、不干涉内政、尊重国际法基本原则等是一致的。尊重网络主权是中国向国际互联网治理体系贡献的一个重要概念，体现了以中国为代表的发展中国家秉持在尊重各国网络主权基础上开展国际互联网治理的意愿。五点主张，是中国对网络空间治理与网络安全的整体战略思考，体现了中国的道义和担当，必将对推动全球网络空间治理结构的良性变革产生深刻影响。

俄罗斯、巴基斯坦、哈萨克斯坦、吉尔吉斯斯坦、塔吉克斯坦的总理等 8 位外国领导人，50 多个国家的部长级官员，600 多位互联网企业领军人物、互联网名人、专家学者参会（其中美国最多，达 100 多人），20 多个国际组织的负责人，14 个国家和地区的 108 家媒体的 700 多名记者，共 120 多个国家和地区的 2000 多名嘉宾与会，中外嘉宾比例约各占 50%。全球重要互联网企业悉数到场。

在第二届世界互联网大会上，世界互联网大会组委会秘书处高级别专家咨询委员会正式成立，并举行了首次会议，通过了高咨委章程，产生了高咨委联合主席。高咨委委员由组委会秘书处邀请产生。首届高咨委委员共 31 名，会议确定中国专家任高咨委秘书长。

（三）第三届世界互联网大会

2016 年 11 月 16 日至 18 日，第三届世界互联网大会举办，大会主题为创新驱动，造福人类——携手共建网络空间命运共同体。

在大会开幕式上，中国国家主席通过视频发表重要讲话。第三届大会功能定位更明确，内容更丰富，涉及互联网经济、互联网创新、互联网文化、互联网治理、互联网国际合作等前沿热点问题。世界互联网发展治理的中国方案充分体现了大国的责任、胸怀与智慧，得到了与会嘉宾的热烈响应和高度评价，引领了大会各个论坛和议题的方向，成为与会嘉宾研讨交流、贡献创见的思想基础。

来自 110 多个国家和地区的 1600 余名嘉宾参会。其中包括 60 多位国外部长级嘉宾、10 余位国际组织负责人和多位具有国际影响力的网信企业负责人。大会共举办 16 个论坛、20 个议题，300 余位中外嘉宾作了富有创见的演讲、发言。15 个世界互联网领先科技成果的现场发布精彩纷呈。大会发布了《2016 年世界互联网发展乌镇报告》。新建大会主场馆乌镇互联网国际会展中心启用。近 300 家中外知名互联网企业参展"互联网之光"博览会。博览会集中展示中国互联网发展成就和全球范围内互联网技术成果。大会首次推出世界互联网领先科技成果发布活动，充分汇集和展示全球最领先、最前沿的一批互联网新技术新成果。

（四）第四届世界互联网大会

第四届世界互联网大会于 2017 年 12 月 3 日至 5 日举行。大会主题为发展数字经济促进开放共享——携手共建网络空间命运共同体，围绕数字经济、前沿技术、互联网与社会、网络空间治理和交流合作 5 方面进行探讨交流。

中国国家主席向大会发出贺信指出，互联网发展给世界各国主权、安全、发展利益带来许多新的挑战。全球互联网治理体系变革进入关键时期，构建网络空间命运共同体日益成为国际社会的广泛共识。我们倡导"四项原则""五点主张"，就是希望与国际社会一道，尊重网络主权，发扬伙伴精神，大家的事由大家商量着办，做到发展共同推进、安全共同维护、治理共同参与、成果共同分享。希望大家集思广益、增进共识，深化互联网和数字经济交流合作，让互联网发展成果更好造福世界各国人民。

该会举办了 20 场主分论坛。大会首次发布了《中国互联网发展报告 2017》和《世界互联网发展报告 2017》，为各国更好推动互联网发展提供了有益借鉴。在世界互联网领先科技成果发布活动上，来自苹果、高通、微软、阿里巴巴、华为等中外知名互联网企业的一批最新尖端成果集中亮相。来自 80 多个国家和地区的 1500 多名嘉宾与会。

（五）第五届世界互联网大会

第五届世界互联网大会于 2018 年 11 月 7 日至 9 日举行。大会主题为创造互信共治的数字世界——携手共建网络空间命运共同体。大会设置了"创新发展""普遍安全""开放包容""美好生活""共同繁荣"5 大板块共 19 场分论坛，重点探讨人工智能、5G、大数据、网络安全、数字丝路等议题。

中国国家主席向大会致贺信并指出，互联网、大数据、人工智能等现代信息技术不断取得突破，数字经济蓬勃发展，各国利益更加紧密相连。世界各国虽然国情不同、互联网发展阶段不同、面临的现实挑战不同，但推动数字经济发展的愿望相同、应对网络安全挑战的利益相同、加强网络空间治理的需求相同。各国应该深化务实合作，以共进为动力、以共赢为目标，走出一条互信共治之路，让网络空间命运共同体更具生机活力。

来自 76 个国家和地区的政府代表、国际组织代表、中外互联网企业领军人物、知名专家学者等约 1500 名嘉宾参会。会上发布了《世界互联网发展报告 2018》和《中国互联网发展报告 2018》蓝皮书。15 项世界互联网领先科技成果面向全球发布。建筑面积达 4.8 万平方米的宴会中心正式启用，成为继会展中心之后又一个大会地标性建筑。

（六）第六届世界互联网大会

第六届世界互联网大会于 2019 年 10 月 20 日至 22 日在浙江省桐乡市乌镇举行。大会主题为"智能互联　开放合作——携手共建网络空间命运共同体"。来自全球 80 多个国家的 1500 位来宾参与。"互联网之光"博览会吸引了 38 个国家和地区的 601 家企业参展，累计参观人数超 10 万人次。

中国国家主席致贺信指出，2019 年是互联网诞生 50 周年。当前，新一轮科技革命和产业变革加速演进，人工智能、大数据、物联网等新技术新应用新业态方兴未艾，互联网迎来了更加强劲的发展动能和更加广阔的发展空间。发展好、运用好、治理好互联网，让互联网更好造福人类，是国际社会的共同责任。各国应顺应时代潮流，勇担发展责任，共迎风险挑战，共同推进网络空间全球治理，努力推动构建网络空间命运共同体。

7 年来，中国举办的六届世界互联网大会充分发挥了在网络空间互联互通、共享共治中的积极作用，搭建高端平台、深化交流合作，共同培育互利共赢的网络市场，世界各国在网络空间的联系更加紧密、交流更加频繁、合作更加深入。致力于让互联网更好造福人民，充分释放溢出效应，助推中国经济转型、社会进步、民生改善，也为世界互联网发展提供了更多机遇。

六、中国国际进出口商品展会

中国国际进出口交易展会共有 3 个。一是中国进出口商品交易会（驻地广州）。中华人民共和国成立后，于 1957 年春创办，因每年春秋两季在广州举办，又称广交会，63 年来已成为中国外贸第一促进平台、中国外贸的晴雨表和风向标，是中国对外开放的窗口、缩影和标志，成果斐然。已举办了127届，迄今为止，广交会基本上还是仅有出口贸易的单一功能平台。二是中国国际进口博览会（驻地上海）。是迄今为止世界上第一个以进口为主题的国家级展会，是国际贸易发展史上一大创举。2018年开始举办中国国际进口博览会，是中国着眼于推动新一轮高水平对外开放做出的重大决策，是中国主动向世界开放市场的重大举措。这体现了中国支持多边贸易体制、推动发展自由贸易的一贯立场，是中国推动建设开放型世界经济、支持经济全球化的实际行动。三是中国国际服务贸易交易会（驻地北京）。是全球唯一一个国家级、国际性、综合型的服务贸易平台，自2012年起每年5月28日在北京举行（即京交会），至今已经举办了六届。是目前全球唯一涵盖服务贸易12大领域的综合型服务贸易交易会。

（一）中国进出口商品交易会（广州）——60多年的外贸奉献

中国进出口商品交易会由商务部和广东省人民政府联合主办，中国对外贸易中心承办，是中国目前历史最长、规模最大、商品种类最全、到会采购商最多且分布国别地区最广、成交效果最好、信誉最佳的综合性国际贸易盛会。

2016年10月第120届广交会开幕之际，中国国家主席致贺信，充分肯定了广交会在我国改革开放和经济社会发展中的重要地位和积极贡献，指明了新时期广交会的工作重点和努力方向，对广交会进一步扩大对外开放、培育外贸竞争新优势、加快建设经贸强国、推动广交会改革创新具有十分重大的意义。

截至第123届，广交会累计出口成交约13237亿美元，累计到会境外采购商约842万人次。目前，每届广交会展览规模达118.5万平方米，境内外参展企业近2.5万家，210多个国家和地区的约20万名境外采购商与会。

第124届中国进出口商品交易会已于2018年11月4日落下帷幕，展览总面积118.5万平方米，总展位60645个，出口成交额298.6亿美元，境外采购商189812人，参展商25583家境内外企业。

2020年6月15日，第127届广交会通过互联网迎接了来自全球的近2.6万家参展企业参与这场国际贸易的"云交易"。

广交会历经63年的改革创新发展，经受各种严峻考验，从未中断，加强了中国与世界的贸易往来，展示了中国形象和发展成就，是中国企业开拓国际市场的优质平台，是贯彻实施我国外贸发展战略的引导示范基地。广交会正力图建设"智慧广交会"和"绿色广交会",积极推进从出口贸易单一功能平台向结识客户、展示洽谈、行业交流、信息发布、产品推介等综合功能平台转变,更好发挥全方位对外开放平台作用,把广交会打造成国际一流的"卖全球买全球"的新时代全方位对外开放平台。

(二)中国国际进口博览会(上海)——各国的大合唱

1. 首届中国国际进口博览会

2017年5月,中国国家主席宣布:中国将从2018年起举办中国国际进口博览会。经过一年多的筹备,首届中国国际进口博览会于2018年11月5日至10日在上海(成为会议永久驻地)召开。首届进口博览会主题为"新时代,共享未来"。中国国家主席出席了首届中国国际进口博览会开幕式,并发表题为"共建创新包容的开放型世界经济"的主旨演讲,强调各国应该坚持开放融通,拓展互利合作空间;坚持创新引领,加快新旧动能转换;坚持包容普惠,推动各国共同发展。落实2030年可持续发展议程,减少全球发展不平衡,推动经济全球化朝着更加开放、包容、普惠、平衡、共赢的方向发展,让各国人民共享经济全球化和世界经济增长成果。为进一步扩大开放,中国将在以下几方面加大推进力度。第一,激发进口潜力。中国主动扩大进口,不是权宜之计,而是面向世界、面向未来、促进共同发展的长远考量。第二,持续放宽市场准入。特别是外国投资者关注、国内市场缺口较大的教育、医疗等领域也将放宽外资股比限制。第三,营造国际一流营商环境。中国将尊重国际营商惯例,对在中国境内注册的各类企业一视同仁、平等对待。第四,打造对外开放新高地。中国将支持自由贸易试验区深化改革创新,持续深化差别化探索,加大压力测试,发挥自由贸易试验区改革开放试验田作用。第五,推动多边和双边合作深入发展。坚定维护世界贸易组织规则,支持对世界贸易组织进行必要改革,共同捍卫多边贸易体制。

中国国际进口博览会由中国主办,世界贸易组织等多个国际组织和众多国家共同参与,不是中国的独唱,而是各国的大合唱。它强调共建创新包容的开放型世界经济,向着构建人类命运共同体目标不懈奋进,开创人类更加美好的未来! ❶

---

❶ 习近平. 共建创新包容的开放型世界经济 [EB/OL]. (2018-11-05) [2018-08-29]. http://news.cctv.com/2018/11/05/ARTIuCxQkrUrpk8ulDRYHu6v181105.shtml.

首届中国国际进口博览会共有 172 个国家、地区和国际组织参会，3600 多家企业参展，其中有 200 多家世界 500 强、行业龙头企业。展览总面积达 30 万平方米，超过 40 万名境内外采购商到会洽谈采购。按一年计，累计意向成交 578.3 亿美元。4500 多名各界知名人士出席虹桥国际经贸论坛。

会议期间，越南总理称赞，这体现了合作共赢的理念，大力推动了世界经济增长。多米尼加总统梅迪纳认为，本届进口博览会对我们来说是一次绝佳的契机，让我们可以了解中国市场需要的产品和服务。国际货币基金组织总裁拉加德评价，中国正在打造通往繁荣之桥、通往未来之桥。保时捷中国总裁及首席执行官严博禹认为，参展商不只是在展示商品，同时也是在展示不同的文化。

2. 第二届中国国际进口博览会

2019 年 11 月 5—10 日，第二届中国国际进口博览会在上海召开。5 日，中国国家主席出席开幕式并发表题为"开放合作　命运与共"的主旨演讲，强调各国要以更加开放的心态和举措，共建开放合作、开放创新、开放共享的世界经济，重申中国开放的大门只会越开越大，中国坚持以开放促改革、促发展、促创新，持续推进更高水平的对外开放。

作为迄今为止世界上第一个以进口为主题的国家级博览会，进博会为各国商品进入中国搭建了新的平台、开辟了新的渠道，是国际贸易发展史上的一大创举，绘就出一幅中国与世界深度交融、互利共赢的生动图景。会期 6 天。按一年计，本届进博会累计意向成交 711.3 亿美元，比首届增长 23%，交出了一份耀眼的"成绩单"。本届进博会共有 181 个国家、地区和国际组织参会，3800 多家企业参展，超过 50 万名境内外专业采购商到会洽谈采购，展览面积达 36 万平方米。据初步统计，全球或中国大陆首发新产品、新技术或服务 391 件，高于首届。500 多页的会刊，政策解读、新品展示、对接签约等 380 多场配套活动引人关注。通过举办进博会，中国向全世界开放市场，用实际行动支持经济全球化和贸易自由化，体现了新时代中国对外开放的决心、信心，彰显了中国作为一个大国的自信和担当。

第三届中国国际进口博览会将于 2020 年 11 月 5—10 日在上海举行。

（三）中国国际服务贸易交易会（北京）——12 大贸易领域全覆盖

中国（北京）国际服务贸易交易会自 2012 年起每年 5 月 28 日在北京举行（即京交会），至今已经举办了六届。京交会由商务部和北京市人民政府共同举办，世贸组织、联合国贸发会议、经合组织等国际组织共同支持。是中国服务贸易领域唯一的国际性、国家级、综合型展会，也是目前全球唯一涵盖服务贸易12大领域的综合型服务贸易交易会。（包括商务服务，通信服务，建筑及相关工程服务，金融服务，旅游与旅行相关服务，娱乐、文化与体育服务，运输服务，健康与社会服务，教育服务，分销服务，环境服务，其他服务）

2019京交会有来自130个国家和地区的8000家企业、机构参展，共实现意向签约项目440个，意向签约金额1050.6亿美元。从2019年开始，京交会将由原来的两年一办调整为一年一办。2020年5月24日，经国务院同意，成立2020年中国国际服务贸易交易会组织委员会和执行委员会。

2020年9月4日至9日，2020年中国国际服务贸易交易会在北京举办。中国国家主席于9月4日在2020年中国国际服务贸易交易会全球服务贸易峰会上的致辞指出，2020年中国国际服务贸易交易会以"全球服务，互惠共享"为主题，希望以此为契机，搭建起平台和桥梁，让各国人民充分展示服务贸易领域新发展新突破，共同享受人类社会发展进步新技术新成果。我们期待与会嘉宾深入交流、加强合作，为深化服务贸易和投资合作、增强经济社会发展活力贡献智慧和力量。

本届服贸会举办了覆盖服务贸易全部12大领域的展览展示和190场论坛及洽谈活动，组建了80家中央企业交易团、16家中央金融企业交易团及38个省区市交易团，共有来自148个国家和地区的2.2万家企业和机构线上线下参展参会。

第六章

"一带一路"国际合作高峰论坛与文化教育交流成就

　　"一带一路"国际合作高峰论坛是"一带一路"倡议提出以来我国乃至全世界最重要、最隆重、规模最大的文化交流活动。在中国举办的"一带一路"国际合作高峰论坛已经成为我国主场外交和经济、文化交流的最重要平台之一。两次论坛规模之大、参会国家和国家领导人之多，是中华人民共和国成立以来的其他重大活动难以相比的，这充分说明"人类命运共同体"的论断深受世界各国的认同，说明中国倡导的"一带一路"发展理念能够普惠世界大多数国家，说明共建共享与民心相通引起了各国的共鸣。近几年来的经济、文化教育交流成果已经充分体现出我国作为负责任大国的国际形象，受到世界各国的欢迎。

第一节 "一带一路"国际合作高峰论坛

"一带一路"倡议是为促进沿线国家经贸合作发展、增强各国政治互信而创建的一种新型的区域合作模式，最终达到互利共赢的新局面，进一步实现全球化再平衡。文化是推动经济和政治发展的主要驱动力之一，文化交流是增进沿线各国相互了解，传播中华民族优秀文化的主要途径。由于"一带一路"沿线分布众多国家，文化差异较大，在文化交流过程中往往存在较多的制约因素，为促进文化交流顺畅进行，必须实施发展共性文化、营造友好环境等相应对策，进而深化命运共同体意识，推进"一带一路"倡议有效实施。中国在北京主办"一带一路"国际合作高峰论坛就是为推进"一带一路"倡议所召开的共商大计的重要国际性会议。

"一带一路"国际合作高峰论坛是中国政府主办的高规格论坛活动，主要包括开幕式、圆桌峰会和高级别会议3部分。举办地在北京怀柔雁栖湖国际会议中心。

一、首届"一带一路"国际合作高峰论坛（2017）

2017年5月14日至15日，中国在北京主办"一带一路"国际合作高峰论坛。15日，中华人民共和国主席习近平与29位国家总统、总理出席在北京举行的"一带一路"国际合作高峰论坛圆桌峰会。其中有阿根廷总统马克里，白俄罗斯总统卢卡申科，智利总统巴切莱特，捷克总统泽曼，印度尼西亚总统佐科，哈萨克斯坦总统纳扎尔巴耶夫，肯尼亚总统肯雅塔，吉尔吉斯斯坦总统阿坦巴耶夫，老挝国家主席本扬，菲律宾总统杜特尔特，俄罗斯总统普京，瑞士联邦主席洛伊特哈德，土耳其总统埃尔多安，乌兹别克斯坦总统米尔济约耶夫，越南国家主席陈大光，柬埔寨首相洪森，埃塞俄比亚总理海尔马里亚姆，斐济总理姆拜尼马拉马，希腊总理齐普拉斯，匈牙利总理欧尔班，意大利总理真蒂洛尼，马来西亚总理纳吉布，蒙古国总理额尔登巴特，缅甸国务资政昂山素季，巴基斯坦总理谢里夫，波兰总理希德沃，塞尔维亚总理，当选总统武契奇，西班牙首相拉霍伊，斯里兰卡总理维克勒马辛哈。❶

（一）论坛的参与方多、代表性强

来自 29 个国家的国家元首、政府首脑与会，来自 130 多个国家和 70 多个国际组织的 1500 多名代表参会，覆盖了五大洲各大区域。

这次高峰论坛是"一带一路"框架下最高规格的国际活动，也是中华人民共和国成立以来由中国首倡、中国主办的层级最高、规模最大的多边外交活动。对外发出了各方合力推动"一带一路"国际合作、携手构建人类命运共同体的积极信号，对世界、对中国都有着十分重要的意义。

这次高峰论坛亮点很多，主要体现在以下几方面。一是进一步明确了未来"一带一路"的合作方向，就是要将"一带一路"建设成为和平之路、繁荣之路、开放之路、创新之路、文明之路。二是规划了"一带一路"建设的具体路线图。三是确定了一批"一带一路"将实施的重点项目。习近平主席宣布丝路基金新增资金 1000 亿元人民币。共商、共建、共享是"一带一路"国际合作的核心理念，是各方推动"一带一路"的重要共识，也写入了联合国决议、亚太经合组织领导人宣言等重要文件。本次领导人圆桌峰会联合公报再次确认了这一原则。❷

高峰论坛期间及前夕，各国政府、地方、企业等达成一系列合作共识、重要举措及务实成果，中方对其中具有代表性的一些成果进行了梳理和汇总，形成高峰论坛成果清单。清单主要涵盖政策沟通（十项）、设施联通（十四大项）、贸易畅通（十六大项）、资金融通（十六大项）、民心相通（二十大项）5 大类，共 76 大项、270 多项具体成果。

民心相通大项目助推文化教育。中国政府在民心相通的二十大项成果中重点

---

❶ "一带一路"国际合作高峰论坛圆桌峰会联合公报［EB/OL］．（2017-05-15）［2018-12-16］．www.beltandroadforum.org/n100/2017/0514/c24-414.html.

❷ 杨洁篪就"一带一路"国际合作高峰论坛接受媒体采访［EB/OL］．（2017-05-18）［2018-12-16］．http：//www.beltandroadforum.org/n100/2017/0514/c24-332.html.

签署了以下文件❶：一是将加大对沿线发展中国家的援助力度，未来3年总体援助规模不少于600亿元人民币；二是向南南合作援助基金增资10亿美元，用于发起中国—联合国2030年可持续发展议程合作倡议，支持在沿线国家实施100个"幸福家园"、100个"爱心助困"、100个"康复助医"等项目；三是提供10亿美元，设立难民奖学金，为500名青少年难民提供受教育机会，资助100名难民运动员参加国际和区域赛事活动；四是与黎巴嫩共和国政府、突尼斯共和国政府、土耳其共和国政府和联合国教科文组织签署文化交流协议；五是与波兰政府签署政府间旅游合作协议；六是中国政府倡议启动《"一带一路"科技创新合作行动计划》，实施科技人文交流、共建联合实验室、科技园区合作、技术转移四项行动；七是与一批国际组织签署援助协议；八是中国教育部与俄罗斯、哈萨克斯坦、波黑、爱沙尼亚、老挝等国教育部门签署教育领域合作文件，与塞浦路斯签署相互承认高等教育学历和学位协议，与沿线国家建立音乐教育联盟；九是中国科技部与蒙古国教育文化科学体育部、匈牙利国家研发与创新署签署合作文件；十是中国国家卫生和计划生育委员会与捷克、挪威等国卫生部签署卫生领域合作文件；十一是中国国家旅游局与乌兹别克斯坦国家旅游发展委员会、智利经济、发展与旅游部、柬埔寨旅游部签署旅游合作文件；十二是中国国家新闻出版广电总局与土耳其、沙特阿拉伯有关部门签署合作文件，中国中央电视台与有关国家主流媒体成立"一带一路"新闻合作联盟；十三是中国国务院新闻办公室与柬埔寨、文莱、阿联酋、巴勒斯坦、以色列、阿尔巴尼亚相关部门签署媒体交流合作以及谅解智库合作促进计备忘录；十四是中国国家开发银行将举办"一带一路"专项双多边交流培训，设立"一带一路"专项奖学金；十五是中国民间组织国际交流促进会和150多家中外民间组织共同成立"丝路沿线民间组织合作网络"，"一带一路"智库合作联盟启动"增进'一带一路'民心相通国际智库合作项目"；十六是丝路国际智库网络50多家国际成员和伙伴与中方共同发布《丝路国际智库网络北京共同行动宣言》等。❷

例如，中国和意大利签署了包含文化教育等条款的《中国和意大利关于加强

---

❶ "一带一路"国际合作高峰论坛成果清单（全文）[EB/OL]．（2017-05-16）[2018-12-16]．http://www.beltandroadforum.org/n100/2017/0516/c24-422.html．

❷ "一带一路"国际合作高峰论坛成果清单[EB/OL]．（2017-05-16）[2018-12-16]．http://www.beltandroadforum.org/n100/2017/0516/c24-422.html．

合作的行动计划（2017年—2020年）》❶。在文化与创意产业章节中，双方强调历史和艺术遗产保护与开发合作项目的重要性，包括当代视觉艺术（艺术品、建筑和设计）的推广和当代艺术创作方面的合作。双方表示将推动和支持中意影视媒体合作，积极参与对方主办的媒体影视周节等活动，支持利用中国相关城市的长期展馆开展"意大利博物馆"在华巡展计划。双方支持两国被列入联合国教科文组织《世界遗产名录》的世界遗产地开展结对合作，以促进文化遗产保护，推动乡村旅游和可持续旅游发展。在教育合作章节中，双方重申将在对等原则和遵守各自法律法规的基础上，加强汉语及意大利语在对方国家的教学及推广，双方支持通过开设对方国家语言课程、推动学生交流以及开展校际合作等方式扩大中、意语言教学。在旅游和中意民间更紧密的联系章节中，双方同意加强旅游合作，分享各自推广战略、开展旅游领域专家交流、相互参加旅游展会，并加强在世界旅游组织框架下的合作。2018年将举办"中国—欧盟旅游年"，为中意双方制定21世纪海上丝绸之路沿线文化旅游合作战略提供了契机。在游客往来方面，双方强调进一步扩大双向游客往来，对促进经济增长、加强人民相互了解和传统友谊具有重要意义。

（二）习近平主席绘蓝图、指方向

"一带一路"建设植根于丝绸之路的历史土壤，重点面向亚欧非大陆，同时向所有朋友开放。不论来自亚洲、欧洲，还是来自非洲、美洲，都是"一带一路"建设国际合作的伙伴。"一带一路"建设将由大家共同商量，"一带一路"建设成果将由大家共同分享。

习近平主席提出"一带一路"倡议的初衷和希望实现的最高目标就是：在"一带一路"建设国际合作框架内，各方秉持共商、共建、共享原则，携手应对世界经济面临的挑战，开创发展新机遇，谋求发展新动力，拓展发展新空间，实现优势互补、互利共赢，不断朝着人类命运共同体方向迈进。

习近平主席宣布"一带一路"的创想，是在重新唤起人们对于那段很久之前就已经熟悉的丝绸之路的繁荣回忆。俄罗斯总统普京说，这是一个有益、重要且有前景的倡议；白俄罗斯总统卢卡申科说，"一带一路"倡议具有历史性的意义，

---

❶ 中国和意大利关于加强经贸、文化和科技合作的行动计划（2017—2020年）[EB/OL]．(2017-05-16)[2018-12-16]．http://www.beltandroadforum.org/n100/2017/0516/c27-431.html．

将为全球经济创造新的增长点；塞尔维亚总统武契奇说，"一带一路"倡议是一项促进世界稳定的倡议，从精神层面和物质层面将不同的国家、文化和人民连接在一起；希腊总理齐普拉斯说，"一带一路"倡议与很多国家和地区的经济发展目标相吻合，将促进欧亚大陆和世界范围内的交流，推动经济合作，强化贸易投资，堪称"具有深远影响的世纪倡议"；塞内加尔总统萨勒说，沿着古丝绸之路发展的"一带一路"将跨越大洋和大陆，连接世界各国人民；意大利前总理普罗迪说，作为一个意大利人，这是历史的一个记忆，当年的丝绸之路，是从威尼斯到中国，而现在又回来了。联合国秘书长古特雷斯说，"一带一路"倡议不仅对发展中国家具有重要意义，对整个世界的经济发展、经济合作都意义重大。希望因这些项目受益的国家能够在经济上充分融合，使"一带一路"的红利能够造福不同的人群，让他们充分受益于这些项目带来的积极影响。

因此，"一带一路"应该是和平之路、繁荣之路、开放之路、创新之路和文明之路。

和平之路："一带一路"建设离不开和平安宁的环境。我们要构建以合作共赢为核心的新型国际关系，打造对话不对抗、结伴不结盟的伙伴关系。各国应该尊重彼此主权、尊严、领土完整，尊重彼此发展道路和社会制度，尊重彼此核心利益和重大关切。要树立共同、综合、合作、可持续的安全观，营造共建共享的安全格局。要着力化解热点，坚持政治解决；要着力斡旋调解，坚持公道正义；要着力推进反恐，标本兼治，消除贫困落后和社会不公。

繁荣之路：发展是解决一切问题的总钥匙。推进"一带一路"建设，要聚焦发展这个根本性问题，释放各国发展潜力，实现经济大融合、发展大联动、成果大共享。产业是经济之本，抓住新工业革命的发展新机遇，培育新业态，保持经济增长活力。金融是现代经济的血液，要建设多元化融资体系和多层次资本市场，发展普惠金融，完善金融服务网络。设施联通是合作发展的基础，要着力推动陆上、海上、天上、网上四位一体的联通，要建设全球能源互联网，要促进政策、规则、标准三位一体的联通。

开放之路：打造开放型合作平台，参与全球治理和公共产品供给，携手构建广泛的利益共同体。要有"向外看"的胸怀，维护多边贸易体制，推动自由贸易区建设，促进贸易和投资自由化便利化。也要着力解决发展失衡、治理困境、数字鸿沟、分配差距等问题，建设开放、包容、普惠、平衡、共赢的经济全球化。

创新之路：坚持创新驱动发展，加强在数字经济、人工智能、纳米技术、量子计算机等前沿领域合作，推动大数据、云计算、智慧城市建设，连接成21世纪的数字丝绸之路。要促进科技同产业、科技同金融深度融合，优化创新环境，集聚创新资源。要为互联网时代的各国青年打造创业空间、创业工场，成就未来一代的青春梦想。要践行绿色发展的新理念，倡导绿色、低碳、循环、可持续的生产生活方式，加强生态环保合作，建设生态文明，共同实现2030年可持续发展目标。

文明之路：要建立多层次人文合作机制。要推动教育合作，扩大互派留学生规模，提升合作办学水平。要发挥智库作用，建设好智库联盟和合作网络。在文化、体育、卫生领域，要创新合作模式，推动务实项目。要用好历史文化遗产，联合打造具有丝绸之路特色的旅游产品和遗产保护。要加强各国议会、政党、民间组织往来，密切妇女、青年、残疾人等群体交流，促进包容发展。也要加强国际反腐合作，让"一带一路"成为廉洁之路。

（三）各国元首、首脑齐聚共商

会议期间，习近平主席与前来参会的各国领导人举行了会谈。

5月11日，习近平同越南国家主席陈大光举行会谈。❶ 习近平强调，要扩大人文交流，积极开展教育、医疗、青年和文化产业合作。越南是"一带一路"沿线重要国家。会谈后，两国元首共同见证了两国教育等领域双边合作文件的签署。

5月12日，习近平会见蒙古国总理额尔登巴特时指出❷，要充实青年、媒体、地方往来等领域交流内涵，增进两国人民友好和互信。习近平会见波兰总理希德沃时指出，波兰是最早同中华人民共和国建交的国家之一，要加强文化、教育、旅游、地方等领域合作，促进人文交流。习近平会见埃塞俄比亚总理海尔马里亚姆时指出❸，中埃合作已经走在中非合作前列，提议将中埃关系定位提升为全面战略合作伙伴关系；要加强青年、妇女、高校、智库、媒体、文化等人文领域交流

---

❶ 习近平同越南国家主席陈大光举行会谈［EB/OL］．（2017-05-14）［2018-12-16］．http://www.beltandroadforum.org/n100/2017/0514/c24-385.html.

❷ 习近平会见蒙古国总理额尔登巴特［EB/OL］．（2017-05-14）［2018-12-16］．http://www.beltandroadforum.org/n100/2017/0514/c24-386.html.

❸ 习近平会见埃塞俄比亚总理海尔马里亚姆［EB/OL］．（2017-05-14）［2018-12-16］．http://www.beltandroadforum.org/n100/2017/0514/c24-388.html.

合作；埃塞俄比亚是海上丝绸之路的历史和自然延伸。习近平会见捷克总统泽曼时指出❶，继续扩大教育、文化、科技、卫生、旅游、影视、地方等领域交流，拓展青年交往，加强冬季运动项目交流合作；中捷已经就共建"一带一路"签署双边合作规划，这是中方同欧洲国家签署的首个双边合作规划。习近平同乌兹别克斯坦总统米尔济约耶夫举行会谈时指出❷，中乌建立起全面战略伙伴关系；双方在共建"一带一路"框架内紧密合作，实施了一系列大型合作项目；乌兹别克斯坦是最早支持和参与"一带一路"建设的国家，中乌在"一带一路"建设合作中取得丰硕成果。会谈后，两国元首共同见证了旅游和地方交往等领域双边合作文件的签署。

5月13日，习近平会见匈牙利总理欧尔班时指出❸，两国建立了全面战略伙伴关系，要加强"一带一路"倡议同匈方"向东开放"战略深度对接，加强全面合作顶层规划；要加强人文交流，扩大文化、教育、旅游、地方等领域合作。习近平会见希腊总理齐普拉斯时指出，中希（希腊）两国作为东西方文明的重要代表，应该充分发挥深厚的文化底蕴优势，不断释放双方人文合作潜力，充分利用文明古国论坛这一新平台，推动不同文明交流对话。习近平会见巴基斯坦总理谢里夫时指出，中方始终把中巴关系置于中国外交优先方向，愿同巴方不断充实中巴全天候战略合作伙伴关系内涵。习近平会见瑞士联邦主席洛伊特哈德时指出❹，瑞士是"一带一路"倡议的积极支持者和参与者，自2016年中瑞确立创新战略伙伴关系以来，两国关系加速发展。共同办好中瑞旅游年系列活动，加强航空、文化、冬季运动等方面合作。习近平会见马来西亚总理纳吉布时指出❺，当前，中马关系处于历史最好时期；中方愿推动中马全面战略伙伴关系取得更加丰硕的成果；两国积极对接21世纪海上丝绸之路和马来西亚经济转型计划；中方愿同马方加强

---

❶ 习近平会见捷克总统泽曼[EB/OL].（2017-05-14）[2018-12-16].http://www.beltandroadforum.org/n100/2017/0514/c24-389.html.

❷ 习近平同乌兹别克斯坦总统米尔济约耶夫举行会谈[EB/OL].（2017-05-14）[2018-12-16].http://www.beltandroadforum.org/n100/2017/0514/c24-390.html.

❸ 习近平会见匈牙利总理欧尔班[EB/OL].（2017-05-14）[2018-12-16].http://www.beltandroadforum.org/n100/2017/0514/c24-391.html.

❹ 习近平会见瑞士联邦主席洛伊特哈德[EB/OL].（2017-05-14）[2018-12-16].http://www.beltandroadforum.org/n100/2017/0514/c24-401.html.

❺ 习近平会见马来西亚总理纳吉布[EB/OL].（2017-05-14）[2018-12-16].http://www.beltandroadforum.org/n100/2017/0514/c24-402.html.

教育、文化、人员往来和旅游等领域合作。马来西亚是古代海上丝绸之路上的重要国家，也是最早响应"一带一路"倡议的沿线国家，更是共建"一带一路"早期收获最丰硕的国家之一。习近平会见西班牙首相拉霍伊时指出❶，加强文化交流互鉴，培养更多青年友好使者，推进地方和民间交往；西班牙地理位置有着特殊优势，可以为"一带一路"建设的拓展发挥重要作用。义乌至马德里中欧班列开通运行，成为亚欧大陆互联互通的重要桥梁和"一带一路"建设的早期成果。习近平同土耳其总统埃尔多安举行会谈时指出❷，中方高度赞赏土方支持并积极参与"一带一路"建设，愿同土方以签署互设文化中心协定为契机，推动双边人文交流。会谈后，两国元首共同见证了文化等领域合作文件的签署。习近平同智利总统巴切莱特举行会谈时指出❸，智利是第一个同中华人民共和国建交的南美国家，也是第一个同中国签署自由贸易协定的拉美国家，在发展对华关系方面开创了多项"第一"。扩大文化、教育和旅游等人文交流，丰富全面战略伙伴关系内涵。

5月14日，习近平会见俄罗斯总统普京时指出❹，中俄两国是好邻居、好朋友、好伙伴；今年是中俄友好、和平与发展委员会成立20周年和俄中友协成立60周年，双方制定丰富多彩的活动计划并积极落实，巩固了中俄全面战略协作伙伴关系的社会和民意基础；中俄达成了"一带一路"建设同欧亚经济联盟对接的战略共识；愿同欧亚经济联盟深化务实合作，推动对接项目落地。习近平会见哈萨克斯坦总统纳扎尔巴耶夫时指出❺，中哈建交25年来，两国关系一直快速发展。双方高层交往密切，政治互信不断巩固，务实合作全面推进；2013年访问哈萨克斯坦时首次提出建设丝绸之路经济带的倡议，现在已得到包括哈萨克斯坦在内的100

---

❶ 习近平会见西班牙首相拉霍伊［EB/OL］.（2017-05-14）［2018-12-16］.http：//www.beltandroadforum.org/n100/2017/0514/c24-403.html.

❷ 习近平同土耳其总统埃尔多安举行会谈［EB/OL］.（2017-05-14）［2018-12-16］.http：//www.beltandroadforum.org/n100/2017/0514/c24-404.html.

❸ 习近平同智利总统巴切莱特举行会谈［EB/OL］.（2017-05-14）［2018-12-16］.http：//www.beltandroadforum.org/n100/2017/0514/c24-405.html.

❹ 习近平会见俄罗斯总统普京［EB/OL］.（2017-05-14）［2018-12-16］.http：//www.beltandroadforum.org/n100/2017/0514/c24-408.html.

❺ 习近平会见哈萨克斯坦总统纳扎尔巴耶夫［EB/OL］.（2017-05-14）［2018-12-16］.http：//www.beltandroadforum.org/n100/2017/0514/c24-409.html.

多个国家和国际组织的积极响应。习近平会见印度尼西亚总统佐科时指出❶，2013年10月我在印度尼西亚首次提出共同建设21世纪海上丝绸之路倡议；要推动旅游、教育、文化交流，加强多边组织中沟通和协调。

5月15日，习近平会见肯尼亚总统肯雅塔时指出❷，肯尼亚是中非产能合作先行先试试点国家之一，在中非合作中发挥着引领和示范作用；要加强人文领域交流合作，推进中国文化中心项目。习近平会见菲律宾总统杜特尔特时指出❸，菲律宾是共建"一带一路"的重要伙伴。要密切文化、青年、旅游、人员往来等领域交流合作。

5月16日，习近平会见日本自民党干事长二阶俊博时指出❹，"一带一路"倡议可以成为中日两国实现互利合作、共同发展的新平台和"试验田"。习近平会见意大利总理真蒂洛尼时指出，中意同为文明古国，古老的丝绸之路将两国紧密相连，架起一座东西方文明交流互鉴的桥梁；要落实好中意2017年至2020年经贸、文化和科技合作行动计划，希望意方继续在欧盟发挥积极作用，维护中欧关系良好发展势头。

（四）圆桌峰会达成5个共识与发表联合公报

1. 圆桌峰会在5个方面达成了共识

一是致力于推动"一带一路"建设国际合作，携手应对世界经济面临的挑战。大家积极评价"一带一路"建设国际合作取得的进展，认为在当前世界经济形势下，"一带一路"建设对于挖掘新的经济增长点、增强各国内生发展动力、促进全球经济增长具有重要意义，有利于推动经济全球化向包容普惠方向发展。让各国政策沟通更有力，设施联通更高效，贸易更畅通，资金更融通，民心更相通。

二是支持加强经济政策协调和发展战略对接，努力实现协同联动发展。加强

---

❶ 习近平会见印度尼西亚总统佐科 [EB/OL]. (2017-05-14) [2018-12-16]. http://www.beltandroadforum.org/n100/2017/0514/c24-410.html.

❷ 习近平会见肯尼亚总统肯雅塔 [EB/OL]. (2017-05-15) [2018-12-16]. http://www.beltandroadforum.org/n100/2017/0515/c24-417.html.

❸ 习近平会见菲律宾总统杜特尔特 [EB/OL]. (2017-05-15) [2018-12-16]. http://www.beltandroadforum.org/n100/2017/0515/c24-419.html.

❹ 习近平会见日本自民党干事长二阶俊博 [EB/OL]. (2017-05-16) [2018-12-16]. http://www.beltandroadforum.org/n100/2017/0516/c24-424.html.

经济、金融、贸易、投资等领域宏观政策协调，共同营造有利的外部发展环境。我们支持构建开放型世界经济，推动自由贸易区建设，促进贸易和投资自由化便利化。我们期待围绕各自国家的发展战略以及国际和地区组织制订的合作规划加强有效对接，优势互补，协同并进。我们都重视创新发展，支持在跨境电子商务、大数据、智慧城市、低碳发展等前沿领域加强合作，培育新产业、新业态、新模式，挖掘增长新动力。

三是希望将共识转化为行动，推动各领域务实合作不断取得新成果。互联互通有助于打破制约经济发展的瓶颈，对增强各国发展动力、改善民众福祉具有重要意义。"一带一路"建设国际合作要继续把互联互通作为重点，以重大项目和重点工程为引领，推进公路、铁路、港口、航空、油气管道、电力、通信网络等领域合作，打造基础设施联通网络。我们决定继续积极推进经济走廊建设，办好经贸、产业合作园区，加强国际产能和装备制造合作，推动实体经济更好更快发展。我们都重视投资和融资合作，支持扩大相互金融市场开放，鼓励开发性金融机构发挥重要作用，努力构建稳定、可持续、风险可控的金融保障体系。

四是架设各国民间交往的桥梁，为人民创造更美好的生活。文明交流互鉴是古丝绸之路留下的精神财富，民心相通应该成为"一带一路"建设国际合作的重要组成部分。我们愿探讨多层次、宽领域的人文合作，加强教育、科技、文化、卫生、旅游、体育等领域交流合作，搭建更多合作平台，开辟更多合作渠道。我们愿积极创造条件，让社会各阶层、各群体都参与到合作中来，营造多元互动、百花齐放的人文交流局面。我们将顺应人民期待，加强环境保护、应对气候变化、反腐败等领域合作。我们还将完善签证便利化举措，让各国民间往来更顺畅、更舒心。

五是坚信"一带一路"建设是开放包容的发展平台，各国都是平等的参与者、贡献者、受益者。将以海纳百川的胸襟，坚持共商、共建、共享原则，相互尊重、民主协商、共同决策，在开放中合作，在合作中共赢。大家充分肯定"一带一路"国际合作高峰论坛的作用。

2. 联合公报发出共同声音

参加"一带一路"国际合作高峰论坛圆桌峰会的31位国家等的领导人发表联合公报。在时代背景、合作目标、合作原则、合作举措、愿景展望5个方面形成以下主要内容。

在时代背景中，特别强调了当前是一个充满机遇的时代，各国都在追求和平、发展与合作。联合国 2030 年可持续发展议程为国际发展合作描绘了新蓝图。特别强调欢迎各国积极开展双边、三方、区域和多边合作，消除贫困，创造就业，应对国际金融危机影响，促进可持续发展，推进市场化产业转型，实现经济多元化发展。参会领导人认识到，各国特别是发展中国家仍然面临消除贫困、促进包容持续经济增长、实现可持续发展等共同挑战。参会领导人注意到"一带一路"倡议能够在挑战和变革中创造机遇。该倡议加强了亚欧互联互通，同时对非洲、拉美等其他地区开放，为各国深化合作提供了重要机遇，取得了积极成果，未来将为各方带来更多福祉。

在合作目标中，参会领导人们主张加强"一带一路"倡议和各种发展战略的国际合作，建立更紧密的合作伙伴关系，推动南北合作、南南合作和三方合作。重申在公平竞争和尊重市场规律与国际准则的基础上，大力促进经济增长、扩大贸易和投资。主张加强各国基础设施联通、规制衔接和人员往来。需要特别关注最不发达国家、内陆发展中国家、小岛屿发展中国家和中等收入国家，突破发展瓶颈，实现有效互联互通。致力于扩大人文交流，维护和平正义，加强社会凝聚力和包容性，促进民主、良政、法治、人权，推动性别平等和妇女赋权；共同打击一切形式的腐败和贿赂；更好应对儿童、残疾人、老年人等弱势群体诉求；完善全球经济治理，确保所有人公平享有发展机遇和成果。鼓励《巴黎协定》所有批约方全面落实协定。鼓励政府、国际和地区组织、私营部门、民间社会和广大民众共同参与，建立巩固友好关系，增进相互理解与信任。

在合作原则中，参会领导人们强调将秉持和平合作、开放包容、互学互鉴、互利共赢、平等透明、相互尊重的精神，在共商、共建、共享的基础上，本着法治、机会均等原则加强合作。平等协商的基础是恪守《联合国宪章》的宗旨和原则，尊重各国主权和领土完整等国际法基本准则。互利共赢就是要寻求利益契合点和合作最大公约数，兼顾各方立场。和谐包容即尊重自然和文化的多样性，相信所有文化和文明都能够为可持续发展做贡献。充分认识市场作用和企业主体地位。强调项目的经济、社会、财政、金融和环境可持续性，统筹好经济增长、社会进步和环境保护之间的关系。

在合作举措方面，重点推动政策沟通、设施联通、贸易畅通、资金融通、民心相通。加强对话协商，促进各国发展战略对接，促进欧洲、亚洲、南美洲、非洲等地区之间伙伴关系的努力。加强创新合作，支持电子商务、数字经济、智慧城市、科技园区等领域的创新行动计划，加强互联网时代创新创业模式交流。逐步构建国际性基础设施网络。实现基础设施规划和建设协同效应最大化。维护多边贸易体制的权威和效力，让普通民众从贸易中获益。培育新的贸易增长点、促进贸易平衡、推动电子商务和数字经济等方式扩大贸易。推动全球价值链发展和供应链连接。促进可再生能源和能效等领域合作。加强通关手续等方面信息交流，推动监管互认、执法互助、信息共享。合作构建长期、稳定、可持续的融资体系。构建稳定、公平的国际金融体系。加强人文交流和民间纽带，深化教育、科技、体育、卫生、智库、媒体以及包括实习培训在内的能力建设等领域务实合作。鼓励不同文明间对话和文化交流，促进旅游业发展，保护世界文化和自然遗产。

在愿景展望中，倡导携手推进"一带一路"建设和加强互联互通倡议对接的努力，为国际合作提供了新机遇、注入了新动力，有助于推动实现开放、包容和普惠的全球化。重申，促进和平、推动互利合作、尊重《联合国宪章》宗旨原则和国际法，这是我们的共同责任；实现包容和可持续增长与发展、提高人民生活水平，这是我们的共同目标；构建繁荣、和平的人类命运共同体，这是我们的共同愿望。

3. 和平交往与发展的四大重任

"一带一路"建设是以古丝绸之路这一人类和平交往与发展的历史符号，需求全球五大洲各国人民和平共处，共建共享，共同发展，持续繁荣，人民幸福的宏大目标。因此，"一带一路"建设主要承载着以下四个重任：一是我们对文明交流的渴望，将继续担当文明沟通的使者，推动各种文明互学互鉴，让人类文明更加绚烂多彩。二是我们对和平安宁的期盼，将成为拉近国家间关系的纽带，让各国人民守望相助，各国互尊互信，共同打造和谐家园，建设和平世界。三是我们对共同发展的追求，将帮助各国打破发展瓶颈，缩小发展差距，共享发展成果，打造甘苦与共、命运相连的发展共同体。四是我们对美好生活的向往，将把每个国家、每个百姓的梦想凝结为共同愿望，让理想变为现实，让人民幸福安康。

2018年，共建"一带一路"取得新的重要进展，67个国家同中国签署了合作文件。截至2019年3月3日，同中国签署合作文件的国家和国际组织的总数已经达到152个。

二、第二届"一带一路"国际合作高峰论坛（2019）

2019年4月，第二届"一带一路"国际合作高峰论坛在北京举行，这是一次进一步凝聚共识、推动合作的重要机遇。

（一）习近平主席讲话高瞻远瞩

2019年4月26日，第二届"一带一路"国际合作高峰论坛开幕式在北京举行，国家主席习近平出席开幕式并发表主旨演讲。晚上，习近平举行欢迎晚宴，并发表祝酒辞。4月27日，举行圆桌峰会，国家主席习近平主持会议并致开幕辞，参会各国领导人共同讨论通过《联合公报》。圆桌峰会闭幕后，习近平会见中外记者，介绍第二届"一带一路"国际合作高峰论坛圆桌峰会的情况和主要成果。

1. 开幕式主旨演讲凝聚人心

4月26日上午，习近平在开幕式上发表了《齐心开创共建"一带一路"美好未来》的主旨演讲。以"春秋多佳日，登高赋新诗"开场，习近平指出，来自世界各地的朋友再次聚首，期待着同大家一起，登高望远，携手前行，共同开创共建"一带一路"的美好未来。

习近平强调，首届高峰论坛的各项成果顺利落实，150多个国家和国际组织同中国签署共建"一带一路"合作协议。从亚欧大陆到非洲、美洲、大洋洲，共建"一带一路"为增进各国民生福祉做出了新贡献，成为共同的机遇之路、繁荣之路。面向未来，我们要聚焦重点、深耕细作，共同绘制精谨细腻的"工笔画"，推动共建"一带一路"沿着高质量发展方向不断前进。❶

习近平指出，我们要秉持共商共建共享原则，坚持开放、绿色、廉洁的理念，努力实现高标准、惠民生、可持续目标。我们要积极架设不同文明互学互鉴的桥梁，深入开展教育、科学、文化、体育、旅游、卫生、考古等各领域人文合作，加强议会、政党、民间组织往来，密切妇女、青年、残疾人等群体交流，形成多元互动的人文交流格局。

习近平强调，下一步，中国将更广领域扩大外资市场准入；更大力度加强知

---

❶ 习近平在第二届"一带一路"国际合作高峰论坛开幕式上的主旨演讲[EB/OL].（2019-04-26）[2020-09-16].http://www.xinhuanet.com/politics/leaders/2019-04-26/c_1124420187.htm.

识产权保护国际合作；更大规模增加商品和服务进口；更加有效实施国际宏观经济政策协调；更加重视对外开放政策贯彻落实。

2. 晚宴祝酒辞聚友真诚

时在中春，阳和方起。4月26日晚，习近平在主持欢迎晚宴会并发表祝酒辞时指出，在座的很多人为了各自国家人民幸福安康，为了世界繁荣稳定，在全球各地奔波忙碌。走四方固然辛苦，但收获是"朋友圈"越来越大。今天，我们跨越万里，相会北京，更要珍惜这次难得的聚会。今天的聚会，让我们在思想碰撞中得到启迪。世界文明的魅力在于多姿多彩，人类进步的要义在于互学互鉴。千百年来，古丝绸之路见证了沿线国家在互通有无中实现发展繁荣，在取长补短中绽放灿烂文明。面对当今世界的各种挑战，我们应该从丝绸之路的历史中汲取智慧，从当今时代的合作共赢中发掘力量，发展全球伙伴关系，开创共同发展的光明未来。

"与君远相知，不道云海深。"习近平强调，无论是顺境还是逆境，无论前方是坦途还是荆棘，我们都要弘扬伙伴精神，不忘合作初心，坚定不移前进。我们都应该抱有这样一个信念：各国人民都应该拥有一个更加美好的未来，共建"一带一路"一定会迎来一个更加美好的世界。❶

3. 圆桌峰会指明发展方向

4月27日上午，举行圆桌峰会，习近平等40个国家和国际组织的领导人出席圆桌峰会，围绕"共建'一带一路'、开创美好未来"的主题，就推进互联互通、加强政策对接以及推动绿色和可持续发展等议题深入交换意见，达成广泛共识。下午通过了联合公报。

习近平在圆桌峰会开幕辞中指出，首届"一带一路"国际合作高峰论坛举行两年来，我们本着共商共建共享原则，全面推进政策沟通、设施联通、贸易畅通、资金融通、民心相通，为世界经济增长注入了新动力，为全球发展开辟了新空间。我们再次举行高峰论坛，就是希望同各方一道，让共建"一带一路"走深、走实，更好造福各国人民。

习近平强调，我们期待同各方一道，完善合作理念，着力高质量共建"一带一路"。要把共商共建共享原则落到实处；本着开放、绿色、廉洁的理念，追求高

---

❶ 习近平在第二届"一带一路"国际合作高峰论坛欢迎宴会上的祝酒辞[EB/OL].（2019-04-26）[2020-09-16].http://www.xinhuanet.com/politics/leaders/2019-04/26/c_1124422726.htm.

标准、惠民生、可持续目标；把支持联合国 2030 年可持续发展议程融入共建"一带一路"，统筹推进经济增长、社会发展、环境保护。明确合作重点，着力加强全方位互联互通。要继续聚焦基础设施互联互通，深化智能制造、数字经济等前沿领域合作，实施创新驱动发展战略，扩大市场开放，提高贸易和投资便利化程度，建设多元化融资体系和多层次资本市场，广泛开展人文交流，实施更多民生合作项目。要打造全方位的互联互通，推动形成基建引领、产业集聚、经济发展、民生改善的综合效应。强化合作机制，着力构建互联互通伙伴关系。要共同推动建设开放型世界经济，反对保护主义，继续把共建"一带一路"同各国发展战略、区域和国际发展议程有效对接、协同增效，鼓励更多国家和企业深入参与，做大共同利益的蛋糕。要本着多边主义精神，扎实推进共建"一带一路"机制建设，为各领域务实合作提供坚实保障。❶

（二）硕果累累

第二届高峰论坛的重要成果，除了联合公报之外，还列出了详尽的成果清单。成果清单包括中方打出的举措或发起的合作倡议、在高峰论坛期间或前夕签署的多双边合作文件、在高峰论坛框架下建立的多边合作平台、投资类项目及项目清单、融资类项目、中外地方政府和企业开展的合作项目，共 6 大类 283 项。联合公报和成果清单中涉及文化、教育、科技、智库的方面的国家项目、部委项目、企事业单位和社团项目主要内容如下。

1. 联合公报人文交流项目丰富

《共建"一带一路" 开创美好未来——第二届"一带一路"国际合作高峰论坛圆桌峰会联合公报》包含加强发展政策对接、加强基础设施互联互通、加强务实合作、推动可持续发展、加强人文交流、下一步工作等 6 个方面共 38 条。主要内容如下。

重申加强多边主义对应对全球挑战至关重要。相信，构建开放、包容、联动、可持续和以人民为中心的世界经济，有利于促进共同繁荣。再次确认对落实联合国 2030 年可持续发展议程的承诺。实现世界经济强劲、可持续、平衡和包容增长，提高人民生活质量，是我们的共同目标；打造繁荣与和平世界的共同命运，是我

---

❶ 习近平在第二届"一带一路"国际合作高峰论坛举行圆桌峰会［EB/OL］．（2019-04-27）［2020-09-16］．http://www.xinhuanet.com/politics/leaders/2019-04/27/c_1124425120.htm

们的共同愿望。

期待通过"一带一路"倡议及其他合作框架与倡议，重振古丝绸之路精神。赞赏"一带一路"合作取得的进展及创造的重要机遇，特别是在创新和技术、人文交流等领域取得的合作成果。这些合作为实现联合国可持续发展目标做出了贡献。展望未来，我们将高质量共建"一带一路"，通过促进民心相通，增进各国人民福祉。

在加强人文交流方面，重点强调了，互联互通让不同国家、人民和社会之间的联系更加紧密。我们欢迎扩大人文交流的努力，包括加强青年间的交往。我们重视加强在人力资源开发、教育和职业培训方面的合作，以增强民众更好适应未来工作的能力，促进就业并提高人民生活水平。我们期待在科技、文化、艺术、创意经济、农村发展和民间工艺、考古和古生物、文化和自然遗产保护、旅游、卫生、体育等领域进一步开展交流和合作。我们欢迎各国议会、友好省市、智库、学界、媒体和民间团体加强交往，促进妇女交流和残疾人交流，并在海外劳工方面加强合作。

附件中包含了内容非常丰富的3方面65个文件。涉及人文交流的有："一带一路"国际合作高峰论坛咨询委员会；"一带一路"国际科学组织联盟；"一带一路"新闻合作联盟；"一带一路"国际智库合作委员会；"数字丝绸之路"倡议；国际丝绸之路科学院；"一带一路"绿色发展国际联盟；《关于进一步推进"一带一路"国家知识产权务实合作的联合声明》；蒙古国倡议奖励促进"一带一路"合作的外交官和青年学者；巴库进程框架下的世界跨文化对话论坛等。

2. 国家人文交流项目高端

继续实施"丝绸之路"政府奖学金项目，增加硕士、博士学位奖学金名额；未来5年邀请来自共建"一带一路"国家的政党、政治组织、政要和智库、学者、社会组织等1万名代表来华交流；与共建"一带一路"国家共同实施"一带一路"图书馆合作项目和"一带一路"版权贸易合作计划；与联合国教科文组织合作发起并设立"丝绸之路青年学者资助计划"项目；将启动第一届"一带一路"法治合作研修项目，与世界银行合办企业廉洁合规经营培训班，举办"一带一路"国家反腐败研修班；2019年将举办第二届中国国际进口博览会，并于博览会期间举办全球电子商务高峰论坛；与老挝、保加利亚、拉脱维亚、萨尔瓦多、巴拿马等国政府签署科学、技术和创新领域的合作协定，与以色列政府签署创新合作行动计划；与尼日尔、巴基斯坦、纳米比亚、尼日利亚、毛里求斯、几内亚6国政府签署文化交流合作文件，将与尼泊尔、罗马尼亚两国政府签署关于防止盗窃、盗掘和非法进出境文化财产的合作文件；与有关国家（地区）出版商、学术机构和专业团体共同建立"一带一路"共建国家出版合作体，与有关国家共同组建"一带一路"纪录片学术共同体。

3. 部委人文交流项目务实

中国科技部：与有关国家科技创新主管部门共同发布《"创新之路"合作倡议》；宣布实施"一带一路"创新人才交流项目，未来5年支持5000人次到中国及其他"一带一路"共建国家人才开展创新交流合作；与奥地利交通、创新和技术部，日本国文部科学省，墨西哥能源部，以色列外交部国际合作署，希腊教育、研究与宗教事务部，新西兰商业、创新与就业部签署科技创新领域的合作文件，与乌兹别克斯坦科学技术署、乌拉圭教育文化部、南非科技部、以色列科技部、马耳他科学技术理事会、印尼研究技术与高等教育部签署成立联合研究中心、联合实验室的合作文件。

中国科学院：宣布实施"一带一路"硕士生奖学金计划；与联合国教科文组织、比利时皇家海外科学院、保加利亚科学院、智利大学、哈萨克斯坦科学院、吉尔吉斯斯坦科学院、奥克兰大学、巴基斯坦科学院、俄罗斯科学院、斯里兰卡佩拉德尼亚大学、泰国科技发展署、欧洲科学与艺术院等37家共建"一带一路"国家的科研机构和国际组织共同发起成立"一带一路"国际科学组织联盟。

中国国家发展和改革委员会：和联合国儿童基金会共同发起"一带一路"沿线国家"关爱儿童、共享发展，促进可持续发展目标实现"合作倡议；与匈牙利外交与对外经济部签署关于在"一带一路"双边合作规划框架下共同建立中匈合作促进中心的谅解备忘录，与匈牙利创新和技术部签署关于开展"数字丝绸之路"合作的双边行动计划。与奥地利数字化和经济事务部，瑞士财政部、经济教育与科研部签署关于开展第三方市场合作的谅解备忘录，与新加坡贸易与工业部签署关于加强第三方市场合作实施框架的谅解备忘录。

中国财政部：所属上海国家会计学院将与中亚区域经济合作学院、亚洲开发银行、英国特许公认会计师公会等机构联合启动中国中亚会计精英交流项目。

中国国家广播电视总局：与阿拉伯国家广播联盟签署关于共建"一带一路"的合作框架协议。

4. 企事业单位和社团项目接地气

中国国家汉办：举办"一带一路"共建国家青年学生"汉语桥"夏令营活动。

中国国务院发展研究中心：与丝路国际智库网络54家国际成员和伙伴共同通过《关于推进丝路国际智库网络发展的三年工作计划（2019—2021）》。

中国人民日报社：与有关国家媒体共同建设"一带一路"新闻合作联盟，评选国际传播"丝路"奖。

中国新华社：与波兰通讯社、意大利克拉斯集团、俄罗斯国际文传电讯社、阿塞拜疆通讯社等32家机构共同成立"一带一路"经济信息网络。

中国民间组织国际交流促进会：将发起实施"丝路一家亲"行动，未来2年，将推动沿线国家社会组织建立500对合作伙伴关系，在沿线发展中国家开展200项民生合作项目。

中国世界旅游城市联合会：与西非旅游组织签署合作框架协议。

中国联合国教科文组织全国委员会：与联合国教科文组织合作举办"一带一路"青年创意与遗产论坛，并发布《长沙倡议》。

中国国家博物馆：与俄罗斯、英国、意大利、阿塞拜疆、埃塞俄比亚等33个国家和地区的157家博物馆或研究所共同成立丝绸之路国际博物馆联盟，并签署《丝绸之路国际博物馆联盟展览合作框架协议》。

中国国家图书馆：与蒙古国、新加坡、文莱、塔吉克斯坦等26个国家和地区的图书馆共同成立丝绸之路国际图书馆联盟，并通过《丝绸之路国际图书馆联盟成都倡议》。

中国美术馆：与俄罗斯、韩国、希腊、白俄罗斯、哈萨克斯坦、越南、斯里兰卡、乌克兰、立陶宛、保加利亚、孟加拉国、匈牙利、土耳其、摩尔多瓦、亚美尼亚、波兰等18个国家的21家美术馆和重点美术机构共同成立丝绸之路国际美术馆联盟。

中国上海国际艺术节：与克罗地亚、保加利亚、摩洛哥、沙特阿拉伯等40个国家和地区的159个艺术节和机构共同成立丝绸之路国际艺术节联盟并发布《2018丝绸之路国际艺术节联盟合作计划》。

中国对外文化集团有限公司：与俄罗斯、欧盟、日本、菲律宾等37个国家和地区的106家剧院、文化机构共同成立丝绸之路国际剧院联盟并通过《丝绸之路国际剧院联盟共同发展倡议》。

中国有关智库：与哈萨克斯坦纳扎尔巴耶夫大学、印度尼西亚战略与国际问题研究中心、保加利亚"一带一路"全国联合会、非洲经济转型中心、新加坡国立大学东亚研究所、韩国"一带一路"研究院、俄罗斯瓦尔代俱乐部、美国哈佛大学艾什中心等智库共同发起成立"一带一路"国际智库合作委员会。

（三）亮点纷呈

一是确立高质量共建"一带一路"目标，指明合作方向。习近平主席在开幕式主旨演讲中强调，共建"一带一路"要向高质量发展，要秉持共商共建共享原则，坚持开放、绿色、廉洁理念，实现高标准、惠民生、可持续目标。这些重要内容完整地写入了圆桌峰会联合公报，成为国际共识。

二是构建全球互联互通伙伴关系，推动联动发展。习近平主席强调，共建"一带一路"，关键是互联互通，要通过构建全球互联互通伙伴关系，实现共同发展。与会各方对此普遍予以支持，同意在伙伴关系引领下，本着多边主义精神，合力推进全方位互联互通，建设高质量、可持续、抗风险、价格合理、包容可及的基础设施，并加强各国政策、规则和标准的"软联通"。各方期待就此同中方深化合作，支持"一带一路"同各国发展战略有效对接，与区域和国际发展议程相互融合。有127个国家和29个国际组织同中方签署"一带一路"合作文件。此次论坛期间，有关国家和国际组织还在科技、文化、智库、媒体等领域同中方签署了100多项多双边合作文件。

三是取得丰硕务实成果，体现互利共赢。作为东道主，中方牵头汇总了各方达成的具体成果，形成了一份283项的成果清单。各方共同发起并设立了"一带一路"共建国家标准信息平台、中国同意大利等国共同设立新型合作基金。论坛期间，各方发布了一系列高质量的合作倡议和报告。中方发布了《共建"一带一路"倡议：进展、贡献与展望》，对五年多来共建"一带一路"走过的历程做出全方位回顾，提出下一步高质量发展的意见和建议。由国际知名人士组成的高峰论坛咨询委员会向高峰论坛提交了政策建议报告，分析研究"一带一路"合作对改善互联互通，并就未来"一带一路"合作重点和高峰论坛发展方向提出政策建议。

四是搭建地方及工商界对接新平台，拓展合作机遇。企业家大会是第二届高峰论坛的创新安排。80多个国家和地区的政府官员、国际组织和机构代表、商协会代表、中外知名企业家共800多人出席。中外企业对接洽谈并签署合作协议，总金额 640 多亿美元，展现了"一带一路"带来的巨大商机。此次论坛期间还首次举办地方合作分论坛，中国地方政府同有关国家地方政府和企业开展了一系列务实合作，达成了多个具有带动作用的合作项目。

五是完善"一带一路"合作架构，打造支撑体系。此次论坛期间，各方在继续开展双边合作、三方合作的同时，还在文化、智库、媒体等领域发起成立 20 多个"一带一路"多边对话合作平台，包括设立"一带一路"绿色发展国际联盟、国际科学组织联盟、"一带一路"国际智库合作委员会等。一个以高峰论坛为引领、各领域多双边合作为支撑的"一带一路"国际合作架构已基本成型。

六是发挥元首外交引领作用，深化双边关系。来华与会的国家均与中国保持着友好关系，都是共建"一带一路"的伙伴。高峰论坛期间，习近平主席为多位外国领导人访华举行国事活动，并举行了数十场密集的双边会见，实现了全覆盖，从领导人的高度引领中国同与会各国巩固了友好、深化了合作。

第二节 "一带一路"倡议提出以来主要成果与战略意义

一、"一带一路"倡议下交流的主要成果

2018年8月27日,习近平在北京人民大会堂出席推进"一带一路"建设工作5周年座谈会上强调,坚持对话协商、共建共享、合作共赢、交流互鉴,推动共建"一带一路"走深走实造福人民。共建"一带一路"正在成为我国参与全球开放合作、改善全球经济治理体系、促进全球共同发展繁荣、推动构建人类命运共同体的中国方案。

习近平指出,过去几年共建"一带一路"完成了总体布局,绘就了一幅"大写意",今后要聚焦重点、精雕细琢,共同绘制好精谨细腻的"工笔画"。要推动教育、科技、文化、体育、旅游、卫生、考古等领域交流蓬勃开展,围绕共建"一带一路"开展卓有成效的民生援助。[1]

"一带一路"倡议提出以来,时间记录下这样一个个标志性时刻。2014年11月8日,中国国家主席在亚太经合组织领导人北京会议召开前夕,宣布中国出资400亿美元成立丝路基金,为"一带一路"项目建设提供投融资支持;2015年3月28日,中国对外发布《推动共建丝绸之路经济带和21世纪海上丝绸之路的愿景与行动》;2015年12月25日,由中国倡议、57国共同参与组建的新型多边金融机构——亚洲基础设施投资银行正式成立;2017年5月14日至15日,首届"一带一路"国际合作高峰论坛在北京举行,包括29个国家的元首和政府首脑在内,140多个国家、80多个国际组织的1600多名代表从世界各地来到北京与会;2017年10月24日,中共十九大通过关于《中国共产党章程(修正案)》的决议,

---

[1] 习近平. 推动共建"一带一路"走深走实造福人民[EB/OL]. (2018-07-27)[2018-08-28]. www.xinhuanet.com/politics/leaders/2018-08/27/c_1123336562.htm.

推进"一带一路"建设等正式写入党章；2018 年 1 月，中拉共同发表《"一带一路"特别声明》，"一带一路"倡议正式延伸至拉美；2019 年 4 月，第二届"一带一路"国际合作高峰论坛在北京召开，40 个国家和国际组织的领导人出席圆桌峰会。

二、"一带一路"倡议下文化交流的现实意义

文化交流是促进区域经济共同发展的坚实基础。文化是经济增长的助推剂，而文化交流是促进区域经济共同增长的坚实基础。首先，文化交流可以增进各国经济合作主体之间的信任，减少合作双方的质疑与顾虑。其次，文化交流拓宽了国际市场，促进经济贸易发展。最后，文化交流不仅将本国的文化带出国门，同时也将文化产品推向国际市场，进而促进区域经济合作，推动区域经济共同发展。

文化交流是加强沿线国家政治互信的中坚力量。政治互信是国家与国家间交往的基础，是国际关系中的重要组成部分。文化交流是加强"一带一路"沿线国家政治互信的中坚力量。"一带一路"沿线分布着拥有各种政治体制的国家，一国政治体制建立在该国历史传统、文化观念和价值观念的基础之上，通过多种形式的文化交流，了解对方的文化传统与社会意识，进而增强国家间政治互信程度。文化交流是连接国与国之间的密切纽带，也是国家间合作的重要桥梁，加强文化交流有利于拓宽国家政府间的合作渠道，进一步深化"一带一路"倡议的发展。

文化交流是实现文化传播与资源共享的有效途径。一方面，文化交流可以促进文化传播，使其他国家更深刻地了解本国文化，提升本国文化在国际上的影响力。中华文化博大精深，源远流长。中国传统文化主张"和"字，任何情况讲求"以和为贵"，"包容"是中华文化的主要特征。和谐包容、互利共赢同样是"一带一路"倡议的原则与理念。开展文化交流活动可以促进中华文化广泛传播，使其他国家真正了解中华文化，并积极参与到"一带一路"倡议中去。另一方面，文化交流也是实现各国资源共享的有效途径。"一带一路"沿线国家在资源、技术和人才方面的发展各有长处，通过文化交流的方式可以将优势资源向外传递，让本国的资源惠及世界，实现互利互惠、共同繁荣。❶

---

❶ 王亚楠，姜莉."一带一路"倡议下的文化交流发展对策研究［J］.商业经济，2017（6）.

第三节　唱响"一带一路"经济带文化教育交流与合作

一、"一带一路"文化交流与合作

（一）合作的典范

2014年6月22日，中国、哈萨克斯坦、吉尔吉斯斯坦跨国联合申报的丝绸之路项目"丝绸之路：起始段和天山廊道的路网"列入《世界遗产名录》。

这一线路跨度近5000千米，沿线包括中心城镇遗迹、商贸城市、交通遗迹、宗教遗迹等5类代表性遗迹共33处，中国境内有22处考古遗址、古建筑等遗迹，哈萨克斯坦、吉尔吉斯斯坦境内各有8处和3处遗迹。

丝绸之路申遗成功，是世界上第一个以联合申报的形式成功列入《世界遗产名录》的丝绸之路项目，也是中国第一个跨国联合申报世界遗产的项目。

（二）《文化部"一带一路"文化发展行动计划（2016—2020年）》

基本原则：一是政府主导，开放包容；二是交融互鉴，创新发展；三是市场引导，互利共赢。

发展目标：一是文化交流合作机制逐步完善。与"一带一路"沿线国家和地区政府、民间文化交流合作机制进一步健全，部际、部省等工作机制进一步完善。形成政府统筹、社会参与、市场运作的整体发展机制和跨地区、跨部门、跨行业的文化交流合作协调发展态势。二是文化交流合作平台基本形成。加快在"一带一路"沿线国家和地区设立中国文化中心，形成布局合理、功能完备的设施网络。以"一带一路"为主题的各类艺术节、博览会、交易会、论坛、公共信息服务等平台建设逐步实现规范化和常态化。三是文化交流合作品牌效应充分显现。打造文化交流合作知名品牌，继续扩大"欢乐春节"品牌在沿线国家的影响，充分发挥"丝绸之路文化之旅""丝绸之路文化使者"等重大文化交流品牌活动的载体作用。四是文化产业及对外文化贸易渐成规模。面向"一带一路"国际文化市场的文化产业发展格局初步形成，文化企业规模不断壮大，文化贸易渠道持续拓展，服务体系建设初见成效。

重点任务：一是健全"一带一路"文化交流合作机制。国际交流机制建设计划：推动成立"丝绸之路国际剧院联盟""丝绸之路国际图书馆联盟""丝绸之路国际博物馆联盟""丝绸之路国际美术馆联盟""丝绸之路国际艺术节联盟""丝绸之路国际艺术院校联盟"等，与"一带一路"沿线地区组织和重点国家逐步建立城际文化交流合作机制。国内合作机制建设计划：建立"一带一路"部省对口合作机制，共同研究制定中长期合作规划，在项目审批、资金、人才、技术等方面予以支持，建立对口项目合作机制和目标任务考核机制，研究提出绩效评估办法。二是完善"一带一路"文化交流合作平台。优先推动"一带一路"沿线国家和地区的中国文化中心建设，打造国际艺术节、博览会、艺术公园等，支持各类论坛、交易会等设立文化交流板块。逐步建立"丝绸之路"文化数据库。优先在缅甸、马来西亚、印度尼西亚、越南、匈牙利、罗马尼亚、保加利亚、哈萨克斯坦、白俄罗斯、塞尔维亚、拉脱维亚、土库曼斯坦、以色列等"一带一路"沿线国家设立中国文化中心。将"中国新疆国际民族舞蹈节""丝绸之路国际艺术节""海上丝绸之路国际艺术节""丝绸之路（敦煌）国际文化博览会""厦门国际海洋周""中国海洋文化节"等活动打造成国际交流合作平台，建设"海上丝绸之路（泉州）艺术公园"和"中阿友谊雕塑园"等重点项目平台。三是打造"一带一路"文化交流品牌。打造"丝绸之路文化之旅"品牌，联合沿线国家和地区共同开发丝绸之路文化旅游精品线路及相关文创产品。开展智库交流与合作，举办青年汉学家、翻译家研修活动，实施中国文化译介人才发展计划。在戏剧、音乐、舞蹈、美术等领域开展联合创作，在国内实施"中华优秀传统艺术传承发展计划"。推进海上丝绸之路申遗以及世界文化遗产"丝绸之路：长安—天山廊道的路网"扩展项目。四是推动"一带一路"文化产业繁荣发展。以文化旅游、演艺娱乐、工艺美术、创意设计、数字文化为重点领域，实施特色文化产业项目，推动动漫游戏产业面向"一带一路"国家发展。提高"一带一路"文化遗产与旅游、影视、出版、动漫、游戏、建筑、设计等产业结合度，促进文物资源、新技术和创意人才等产业要素的国际流通。五是促进"一带一路"文化贸易合作。扶持外向型骨干文化企业与"一带一路"沿线国家和地区文化企业围绕重点领域开展项目合作。

二、"一带一路"教育交流与合作

2017年5月11日，国务院新闻办公室举行"一带一路"沿线国家民心相通情况发布会，会上介绍了教育领域在推进与"一带一路"沿线国家民心相通方面的工作。在推进与"一带一路"沿线国家民心相通中，教育既具有黏合剂、催化剂和润滑剂的功能，又具有基础性、先导性和"润物无声"的人文交流属性，发挥着越来越重要的作用。"一带一路"倡议提出后，中国教育积极行动，制定了《推进共建"一带一路"教育行动》。

在国际上，中国教育主动对接沿线国家需求，着重推进了三方面的工作。

一是加快推进语言互通，为民心相通架设桥梁。仅2016年，国家就公派了42个非通用语种的1036人出国学习培训，填补了9个国内空白语种；支持北外等高校开齐外语专业，实现外语专业设置全覆盖；同时，接收了17万人来华学习汉语，在沿线国家共有46万人通过孔子学院、孔子课堂学习汉语。

二是大力实施"丝绸之路"留学推进计划，为民心相通培育使者。设立"丝绸之路"中国政府奖学金，承诺每年向沿线国家提供1万个奖学金新生名额；截至2016年年底，"一带一路"沿线国家在华留学生就达20多万；国家支持中国学生到沿线国家留学，2012年以来，我国共有35万多人赴"一带一路"沿线国家留学，仅2016年，就有7.5万人，比2012年增长了38.6%。

三是全面拓展与深化教育人文交流，为民心相通系牢纽带。发挥了包括中俄、中印尼在内的高级别人文交流机制的引领作用，共商、共建、共享了中国—东盟教育交流周、教育部长圆桌会议、大学校长论坛等重要平台，打造了一批教育人文交流品牌活动，如"中国—东盟双十万学生流动计划升级版"项目等。

在国内，创造性采用省部签约共建方式，引领与推动14个签约省份在三方面着力，即在发挥区位优势深耕周边国家人文交流，发挥资源优势专耕特色人文交流，依托品牌交流平台细耕专业领域人文交流这三方面，成为推进"一带一路"民心相通的生力军。高校在推进"一带一路"民心相通方面做了大量的工作。

教育领域进一步推进民心相通工作方面整体的部署，主要是如下三方面。

一是高端引领。借助"一带一路"国际合作高峰论坛上和一批具有世界影响力的国际组织和有关国家交换新签署的合作备忘录和学历互认的学历,发布设立丝绸之路中国政府奖学金的有关情况,大力为沿线国家培养优秀急需的人才,同时也呼吁各国共同推进留学工作的开展。

二是重点突破。对外加大政府间签署更多的教育合作和学历互认协议的力度,在国内主要是重点抓好、抓实省部共建平台。

三是全面推进。指导各省(区、市)、各教育部直属的高校制订自己的"一带一路"教育行动计划。

《推进共建"一带一路"教育行动》本质上就是一个对外提出倡议,然后加强对接的行动方案。对各国的广泛参与充满信心是基于文件3方面的核心要义:一是突出了"共商、共建、共享";二是突出了合作共赢;三是突出中国担当。❶

2017年4月,亚欧高等教育资历互认协作工作组第五次会议在马来西亚吉隆坡举行。与会代表对中方主导的"建设亚洲国家信息中心协作网络组织网站(ANICCW)""建立亚欧跨境教育质量保障协作网络组织(CBQAN)""制定《亚欧高等教育资历互认指南与操作手册》"3项行动计划取得的实质性进展,给予了充分肯定。会议达成一系列共识,其中包括吸引更多国家相关机构加入网站,鼓励亚欧会议成员国高等学校加入网站,尽快完善亚欧跨境教育质量保障协作网络组织的运行机制、管理架构和组织章程,原则同意秘书处委托清华大学草拟的《亚欧高等教育资历互认指南与操作手册》的内容框架,向第六届亚欧教育部长会议提交"关于建立亚欧高等教育资历互认联盟的倡议"等。❷

三、旅游交流

中国明代著名学者徐霞客经30多年旅行撰写了《徐霞客游记》,其开篇之日即5月19日,被定为中国旅游日。近年来,我国颁布了《旅游法》,出台了《国民旅游休闲纲要》。

---

❶ 田学军. 中国教育为"一带一路"建设厚植民意根基 [EB/OL]. (2017-05-11) [2018-12-16] . http://www.moe.edu.cn/s78/A20/moe_863/201706/t20170620_307364.html.

❷ 王庆环. 亚欧高等教育资历互认取得实质进展 [EB/OL]. (2017-04-26) [2018-09-30] . https://www.yidaiyilu.gov.cn/xwzx/hwxw/11741.htm.

旅游业是中国对外友好交往的高架桥。中国政府高度重视旅游在促进人文交流中的作用，确定了 150 多个国家作为中国公民旅游目的地，还先后与俄罗斯、韩国、印度、美国等开展"国家旅游年"活动。

（一）举办首届世界旅游发展大会

2016 年 5 月 19 日，由中国政府和联合国世界旅游组织共同主办的首届世界旅游发展大会于中国旅游日在北京召开。来自 100 多个国家和国际组织的上千位嘉宾出席大会，反映出国际社会对旅游事业的高度重视，也反映出各国对世界和平与发展的深切渴望。

在首届世界旅游发展大会开幕式上，中国国务院总理做《让旅游成为世界和平发展之舟》致辞时提出三点建议：第一，实施国际旅游合作计划，为世界经济复苏加油助力。第二，加强南北和南南旅游对话与互利合作，促进落实可持续发展议程。联合国可持续发展峰会通过的《2030 年可持续发展议程》的 17 项可持续发展目标中有 3 项与旅游直接相关。第三，发挥旅游的和平桥梁作用，为促进各国人民友好交往、和睦相处、开放包容做出贡献。❶

（二）中国人出境游 10 年涨 3 倍

2017 年 7 月 5 日，全球化智库（CCG）与携程旅行网在京联合发布了《从出入境旅游看中国全球化发展》报告，2005 年至 2015 年，中国大陆居民出境人数的增幅高达 312.9%，10 年增长了 3 倍。2016 年，中国大陆游客占比全球已登记游客人数近 10%，稳坐世界旅游大国位置。2016 年，中国大陆游客境外消费总额达 2610 亿美元，是美国游客境外消费总额的两倍多，占全球旅游总消费额的 20.9%，以全球第一的排名拉动着世界旅游经济和旅游目的国的发展。数据显示，中国游客的海外消费连续 12 年保持两位数增长。

来自人民网——人民日报海外版 2017 年 5 月 19 的信息，据测算，中国与"一带一路"沿线国家和地区双向旅游交流规模超过 2500 万人次，中国已成为许多"一带一路"沿线国家和地区的重要客源市场。据预测，"十三五"期间，我国将为"一带一路"沿线国家和地区输送 1.5 亿人次游客、2000 亿美元旅游消费，

---

❶ 李克强. 让旅游成为世界和平发展之舟 [EB/OL]. (2016-05-20) [2018-12-16]. http://news.xinhuanet.com/politics/2016-05/20/c_1118898593.htm.

同时将吸引沿线国家和地区 8500 万人次游客来华旅游，拉动旅游消费约 1100 亿美元。

据 2017 年 5 月 15 日人民网—人民日报海外版的信息，2016 年中国赴"一带一路"沿线国家出游总人次是 2015 年的 2.7 倍，高于中国出境游整体水平。东南亚目前仍是"一带一路"沿线最火爆的出境游目的地区域；而俄罗斯、中东欧等新兴旅游目的地增速较快，未来有望成为中国游客出游的热门选择。

在"一带一路"沿线 65 个国家中，2016 年中国游客到访人数最多的前十名国家依次为泰国、菲律宾、越南、新加坡、印度尼西亚、马来西亚、马尔代夫、阿联酋、柬埔寨、斯里兰卡；中国游客同比增速较快的前十名国家依次为俄罗斯、文莱、波兰、捷克、匈牙利、尼泊尔、埃及、塞尔维亚、土耳其、斯洛伐克。在白俄罗斯免签、"中哈旅游年"的举办、中蒙边境首次启动跨境铁路一日游等政策利好的刺激下，吸引了越来越多的中国游客。

中国与沿线国家已建立一系列"一带一路"旅游合作交流机制。2015 年中国举办丝绸之路旅游部长会议，通过《丝绸之路国家旅游部长会议西安倡议》，各国旅游部长一致认为要"共同打造'丝绸之路'旅游品牌""推动沿线各国的市场互换和客源互送，努力扩大人员互访规模"。先后建立中国—东盟、中国—中东欧、中俄蒙等一系列双边多边旅游合作机制，举办首次中国—东盟旅游部门会议、首次中国—中东欧国家旅游合作高级别会议、首届中俄蒙旅游部长会议、首届中国—南亚旅游部长会议等活动，为深化旅游"一带一路"工作提供机制保障。中国还成立了海上丝绸之路旅游推广联盟、陆上丝绸之路旅游推广联盟、"万里茶道"国际旅游推广联盟等，推动"一带一路"沿线国家、地区、省市在客源互送、线路共建、目的地共推等方面加强横向合作。❶

国家旅游局发布的 2016 年上半年旅游统计数据报告显示，2016 年上半年，我国旅游市场规模稳步扩大，继续领跑宏观经济。其中，入出境旅游 1.27 亿人次，增长 4.1%。2016 年 1—6 月，入境旅游人数 6787 万人次，比上年同期增长 3.8%。其中：外国人 1347 万人次，增长 9.0%；香港同胞 4003 万人次，增长 2.2%；澳门同胞 1158 万人次，增长 3.5%；台湾同胞 279 万人次，增长 5.8%。入境过夜旅游人数 2887 万人次，增长 4.3%。其中：外国人 1036 万人次，增长 6.8%；香港同胞

---

❶ 赵珊."一带一路"旅游 3 年热度翻 3 倍 [EB/OL].（2017-05-15）[2018-12-16].http：//world.people.com.cn/n1/2017/0515/c1002-29274862.html.

1369万人次,增长 2.3%;澳门同胞 236 万人次,增长 3.5%;台湾同胞 246 万人次,增长 6.0%。2016 年 1—6 月,国际旅游收入 570 亿美元,比上年同期增长 5.3%。中国公民出境旅游人数 5903 万人次,比上年同期增长 4.3%。

在 2015 年举办的丝绸之路旅游部长会议上,各国旅游部长一致认为要"共同打造'丝绸之路'旅游品牌""推动沿线各国的市场互换和客源互送,努力扩大人员互访规模"。我国与"一带一路"重点国家合作,先后举办中俄、中韩、中印、中美、中国—中东欧、中澳、中丹、中瑞、中哈、中国—东盟 10 个旅游年,覆盖国家 34 个。❶

(三)"一带一路"旅游合作发展规划与高峰论坛期间的签约

在"一带一路"互联互通中,旅游具有先联先通的天然优势。《丝绸之路经济带和 21 世纪海上丝绸之路旅游合作发展战略规划》确定 2015—2018 年行动计划,先后组织召开丝绸之路旅游部长会议、中俄蒙三国旅游部长会议,与"一带一路"沿线国家举办多个旅游年,成立"丝绸之路"海外推广联盟,构建了丝绸之路宣传推广体系,连续三年以"美丽中国—丝绸之路旅游年"为主题开展全球宣传推广活动。以通航为切入点,开通了我国与中东欧有关国家的直航,协调相关方面持续简化签证政策。2017 年 9 月,国家旅游局与联合国世界旅游组织共同举办了"一带一路"国家旅游部长圆桌会议,倡议成立"一带一路"国家和地区旅游合作共同体。2018 年上半年,首届上合组织旅游部长会议将在华举行。

2017 年 5 月 14 日至 15 日,举世瞩目的"一带一路"国际合作高峰论坛在北京成功举办。习近平主席指出,旅游以其独特的综合带动优势,完全可以大展身手,大有作为。联合打造具有丝绸之路特色的旅游产品和遗产保护。丝绸之路是世界最精华旅游资源的汇集之路,汇集了 80% 的世界文化遗产;丝绸之路也是世界上最具活力和潜力的黄金旅游之路,涉及 60 多个国家,44 亿人口。

"一带一路"国际合作高峰论坛期间,签署了《中华人民共和国国家旅游局与乌兹别克斯坦共和国国家旅游发展委员会 2017—2020 年旅游合作发展纲要》《中华人民共和国国家旅游局与智利共和国经济、发展和旅游部关于加强旅游合作的谅解备忘录》《中华人民共和国政府和波兰共和国政府旅游领域合作协议》

---

❶ "一带一路"催热沿线人文互通 旅游外交成效显著[EB/OL]. (2017-05-13)[2018-12-16]. http://travel.people.com.cn/n1/2017/0513/c41570-29272700.html.

《中华人民共和国国家旅游局和柬埔寨王国旅游部关于旅游合作的谅解备忘录实施方案（2017—2020）》。旅游合作成为"一带一路"国际合作高峰论坛重要成果之一。

2019年，入境旅游市场基础更加牢固。全年入境旅游人数14531万人次，比上年同期增长2.9%；出境旅游人数15463万人次，比上年同期增长3.3%。❶

2019年，以文化和旅游双边交流机制及中俄、中南（非）、中印、中日、中欧、中英、中法、中德等高级别人文交流机制为抓手，深化推动与世界各主要国家的文化和旅游交流与合作。积极推动中文成为联合国世界旅游组织官方语言，成功连任联合国世界旅游组织执委会成员（2019—2023年）。在金砖合作机制、G20机制、上合组织等多边合作机制框架下开展广泛合作。一是2019年"欢乐春节"在133个国家和地区的396座城市开展近1500场活动，成功举办"葡萄牙中国文化节""中老（挝）旅游年""中柬（埔寨）文化旅游年""中国—太平洋岛国旅游年""中国—新西兰旅游年""中赞（比亚）文化年""中国—克罗地亚文化和旅游年""俄罗斯文化节""2019越南文化日""跨越太平洋—中国艺术节""中葡文化节"等形式丰富的文化交流和旅游推介活动。二是与芬兰签署设立中国文化中心协定，在马来西亚、罗马尼亚、卢森堡新设3家中国文化中心。截至2019年年末，海外中国文化中心数量达到40家，驻外旅游办事处20家。指导驻外机构联动举办"中国旅游文化周"等品牌活动，组织各类活动379场次，参与公众累计194万余人次，中外媒体报道1100余篇，有效覆盖超过5000万人次。三是积极参与"一带一路"建设。推动丝绸之路国际剧院、博物馆、艺术节、图书馆、美术馆等联盟建设，共有来自90个国家和地区的475家国内外文化艺术机构加入。举办第4届丝绸之路（敦煌）国际文化博览会和第9届敦煌行·丝绸之路国际旅游节。推进"全球汉籍合璧工程"，推动海外中华古籍数字化回归和重点古籍保护工作。遴选扶持45个"一带一路"文化产业和旅游产业国际合作重点项目，在俄罗斯、越南等十多个国家陆续实施。

（四）影视精品和出版业交流

近年来，我国已经与沿线16个国家和地区签订了互译出版协议，翻译出版了

---

❶ 中华人民共和国文化和旅游部2019年文化和旅游发展统计公报［EB/OL］．(2020-06-20)[2020-09-07].http://zwgk.mct.gov.cn/auto255/202006/t20200620_872736.html?keywords=.

近 100 种优秀图书,和 15 个国家签订了电影合拍协议,与一些国家签订了电视合拍协议。中外媒体机构合作推出了一批影视精品,如中印合拍电影《功夫瑜伽》、中捷合拍动画片《熊猫和小鼹鼠》、中俄合拍电视剧《晴朗的天空》、中英合拍纪录片《孔子》等。

"国家还在加强影视剧的译制播出工作,用对象国观众熟悉的语言,用对象国喜爱的演员完成中国影视作品的配音。"国家新闻出版广电总局副局长童刚表示,将来会用适当的方式引进沿线国家的作品译成汉语播出。

2018 年出版物进出口。图书、报纸、期刊 1696.07 万册(份)、进口 4088.02 万册(份),音像制品、电子出版物与数字出版物 5.29 万盒(张)、进口 8.84 万盒(张)。引进版权 16829 项,其中,图书 16071 项,录音制品 125 项,录像制品 192 项,电子出版物 214 项。输出版权 12778 项,其中,图书 10873 项,录音制品 214 项,电子出版物 743 项。(说明:统计数据未包含中国港澳台地区有关统计数据。)❶

对比 2015 年与 2005 年全国新闻出版业相关状况,可发现 10 年来增长成就突出。

2015 年全国新闻出版业相关情况(统计数据未含港、澳、台有关统计机构数据)❷如下。

出版物进出口:图书、报纸、期刊,出口 2112.45 万册(份)、7942.60 万美元,进口 2811.75 万册(份)、30557.53 万美元。音像制品、电子出版物与数字出版物,出口 11.98 万盒(张)、2542.97 万美元,进口 11.62 万盒(张)、24207.67 万美元。

出版物版权贸易:引进 16467 种,其中图书 15458 种,录音制品 133 种,录像制品 90 种,电子出版物 292 种。输出 10471 种,其中图书 7998 种,录音制品 217 种,录像制品 0 种,电子出版物 650 种。

2005 年全国新闻出版业基本情况❸出版物进出口:图书、报纸、期刊,出口 1194815 种次、732.41 万册(份)、3287.19 万美元,进口 599589 种次、1429.25 万册(份)、16418.35 万美元。音像制品、电子出版物,出口 32129 种次、75.18 万

---

❶ 2018 年全国新闻出版业基本情况[EB/OL].(2019-08-29)[2020-09-12].http://media.people.com.cn/n1/2019/0829/c40606-31325579.html.

❷ 国家新闻出版广电总局.2015 年全国新闻出版业基本情况[EB/OL].(2016-09-01)[2018-12-16].http://www.sapprft.gov.cn/sapprft/govpublic/6677/875.shtml.

❸ 国家新闻出版广电总局办公厅.2005 年全国新闻出版业基本情况[EB/OL].(2006-08-02)[2018-12-16].http://www.sapprft.gov.cn/sapprft/govpublic/6677/298.shtml.

盒（张）、211 万美元，进口 31638 种次、14.86 万盒（张）、1933 万美元。

出版物版权贸易：引进 10894 种，其中图书 9382 种，期刊 749 种，录音制品 90 种，录像制品 114 种，电子出版物 155 种，软件 401 种，电视节目 3 种；输出 1517 种，其中图书 1434 种，期刊 2 种，录音制品 1 种，录像制品 2 种，电子出版物 78 种。

四、智库交流❶

2017 年 5 月 14 日，"一带一路"国际合作高峰论坛高级别会议"智库交流"平行主题会议于北京举行，会议发布了"一带一路"与全球治理、贸易投资指数、大数据库建设等研究成果。据不完全统计，中国科研机构和高等院校相继成立的"一带一路"研究平台已达 300 家，参与"一带一路"研究的外国知名智库已有 50 多家，中亚、东南亚和欧美国家智库纷纷组织研究小组、开展"一带一路"专题研究，一批智库研究成果陆续面世。目前，中国智库出版了 400 多本"一带一路"图书，国外知名智库发表了 100 多份专题研究报告。

2019 年 4 月 25 日，作为第二届"一带一路"国际合作高峰论坛的 12 场分论坛之一，"智库交流"分论坛也于上午在国家会议中心举行。分论坛由中共中央宣传部主办，以"共享人类智慧，共促全球发展"为主题。与会嘉宾围绕"共商""共建""共享""共同努力"4 个分议题展开交流。在本届分论坛后，还分别举办了智库、媒体两个平行会议。包括外国前政要、"一带一路"国际智库合作委员会参与方等在内的 300 人参加分论坛。❷

五、2020 年新冠疫情的考验

2020 年，新冠肺炎疫情在全世界蔓延，意想不到的传染病严重地滞缓了中国实施"一带一路"倡议的步伐。尽管我国的疫情管控非常高效，体现出了社会制

---

❶ 一带一路"沿线国家在华留学生已达 20 多万 [EB/OL]．(2017-05-12) [2018-12-16]．https：//www.yidaiyilu.gov.cn/xwzx/gnxw/12752.htm．

❷ 第二届"一带一路"国际合作高峰论坛智库交流分论坛召开 [EB/OL]．(2019-08-29) [2020-09-12]．http：//china.cnr.cn/xwwgf/20190425/t20190425_524591106.shtml．

度的优势，人民群众的健康和生命受到最大限度的保护，受到了绝大多数国家和相关科学家群体的高度赞扬，但是，我国的对外旅游业还是受到了重创，留学教育受到很大影响，文化、教育、科技等线下的对外人文交流严重滞缓，成为我国改革开放以来对外交流遭受严重考验的一年。

中国在力图从各个角度，通过各种渠道来恢复和拓展相关交流，弥补疫情带来的损失。例如，2020年6月15日，第127届广交会通过互联网举办国际贸易的"云交易"盛会。再如，2020年9月4日，中国国际服务贸易交易会开幕。采用国外线上、国内线下的"线上下"结合方式积极开展文化以及在线教育产品交流。习主席通过视频方式致辞。这也是疫情发生以来，习主席第五次在此类重要国际活动上致辞或发表讲话。习主席在本次大会致辞中说："中国克服重重困难，举办这样一场重大国际经贸活动，就是要同大家携手努力、共克时艰，共同促进全球服务贸易发展繁荣，推动世界经济尽快复苏。"

第七章 展　望

进入本书的结尾章节——展望，笔者再回过头来，反思本书的标题《21世纪中外文化教育的交流与融合发展》，笔者想：在21世纪这崭新的人类社会，中国要怎样加大改革开放，进一步扩大与世界各国人民的文化教育交流频率？只有进一步坚持学习之心、理解之心、包容之心、和平发展之心、共建共享之心、共同致富之心、共同幸福之心，才有可能从文化教育交流走到文化融合。

第一节 "一带一路"倡议下文化教育交流的发展原则

我国在"一带一路"倡议下开展文化教育交流，必须坚持3个基本原则：一是坚持和平发展，构建人类命运共同体；二是坚持推进中国特色社会主义文化；三是循序渐进，稳步推进，注重实效。只有这样，才能唤起世界各国的合作热情，才能保持中国自身的优势与特色，才能不断进步和可持续发展，达到人类社会共同富裕和幸福的伟大目标。

一、坚持和平发展，构建人类命运共同体

"一带一路"的文化教育交流应高举和平、发展、合作、共赢的旗帜，恪守维护世界和平、促进共同发展的外交政策宗旨，坚定不移地在和平共处五项原则基础上发展同各国的友好合作，推动建设相互尊重、公平正义、合作共赢的新型国际关系。

中国应坚持对外开放的基本国策，坚持打开国门搞建设，积极促进"一带一路"国际合作，促进文化教育交流。中国应努力实现政策沟通、设施联通、贸易畅通、资金融通、民心相通，打造国际合作新平台，增添共同发展新动力的理念下，加强与世界各国的文化教育交流，加大对发展中国家特别是最不发达国家援助力度，促进缩小南北发展差距。

中国人民的梦想同各国人民的梦想息息相通，实现中国梦离不开和平的国际环境和稳定的国际秩序，也必然伴随着文化教育交流。必须统筹国内国际两个大局，始终不渝走和平发展道路、奉行互利共赢的开放战略，坚持正确义利观，树立共同、综合、合作、可持续的新安全观，谋求开放创新、包容互惠的发展前景，促进和而不同、兼收并蓄的文明交流，构筑尊崇自然、绿色发展的生态体系，始

终做世界和平的建设者、全球发展的贡献者、国际秩序的维护者。

二、坚持推进中国特色社会主义文化

文化自信是一个国家、一个民族发展中更基本、更深沉、更持久的力量。必须坚持马克思主义，牢固树立共产主义远大理想和中国特色社会主义共同理想，培育和践行社会主义核心价值观，不断增强意识形态领域主导权和话语权，推动中华优秀传统文化创造性转化、创新性发展，继承革命文化，发展社会主义先进文化，不忘本来、吸收外来、面向未来，更好构筑中国精神、中国价值、中国力量，为人民提供精神指引。

文化兴国运兴，文化强民族强。没有高度的文化自信，没有文化的繁荣兴盛，就没有中华民族伟大复兴。要坚持中国特色社会主义文化发展道路，激发全民族文化创新创造活力，建设社会主义文化强国。

中国特色社会主义文化，源自于中华民族五千多年文明历史所孕育的中华优秀传统文化，熔铸于党领导人民在革命、建设、改革中创造的革命文化和社会主义先进文化，植根于中国特色社会主义伟大实践。要坚持为人民服务、为社会主义服务，坚持百花齐放、百家争鸣，坚持创造性转化、创新性发展，不断铸就中华文化新辉煌。

三、坚持循序渐进，稳步实施，注重成效

"一带一路"倡议提出以来，推进速度很快，受到世界各国的关注和重视，百余国家陆续参与相关的会议和活动，走访和签约不断，我国主流媒体频频传播出大好消息，形势喜人。

但是，我们也要看到，大批协议的落实和大量实质性成果的显现还面临很多困难。特别是在许多沿线国家还处于政治局势不稳定，或经济上很困难，或宗教极端分子横行，或国家间利益博弈僵持不下等状态下，特别是2020年蔓延世界的新冠肺炎疫情挑战了全人类，尚未知何时能得到遏制。所以，"一带一路"文化教育交流要以实事求是的态度，按照"循序渐进、稳步实施、注重成效"的原则开展交流。

循序渐进就是文化教育交流的项目由易到难，由简到繁，由知晓到了解，由沟通到理解，由信息交换到人员走动，由尝试合作到深化合作，从亚洲走向欧洲、非洲以及美洲和澳洲，由有长期友好关系的国家开始扩展到一般关系国家等。不能急于求成，而是要坚持一张蓝图绘到底的精神。

稳步实施就是文化教育交流的项目从活动流程上按照国际惯例、签约条款认真执行，关注和尊重不同国家和地区、种族和民族的文化风俗习惯，一步一落实，使每步的良好运行获得信心和信任的积累。从规则意识和诚信意识上体现出我国、机构和人民新时代的优秀文化素养和品质。

注重成效就是要兼顾政治、经济、社会多方面效果，同时也要在文化产业、文化贸易、教育产业、留学来往中尊重经济规律、市场规律，文化教育交流中的无偿援助、传播与对等交换均衡发展，使其人力、物力、资金真正发挥应有的作用。

第二节 "一带一路"倡议下文化交流的发展对策

建立"一带一路"倡议下文化交流的发展对策的过程中,一定要重点关注交流机制的建设,主要关注长远利益,兼顾近期效果,一定要注重文化多样化的交流与发展,构建完整体系,一定要寻找与各国文化的交汇点,满足共同的认同和需要,一定要注重文化中各领域交流的平衡发展,民间交流是基础,加大开放力度是措施,民心相通是目标。

一、在"一带一路"进程中构建文化交流机制[1]

构建文化交流机制是"一带一路"各国资源共享的基本前提,是不同文明交互发展的迫切要求,是为"一带一路"争取国际合作群众基础的必由之路。当前"一带一路"进程中构建文化交流机制面临的挑战是:沿线国家文化发展产业基础薄弱使文化交流沟通不畅,沿线国家间互信体系根基不牢导致文化交流范围受限,我国对外文化输出工作缺乏健全的发展与管理机制,缺少与"一带一路"沿线各国加强交流的共同文化。因此,要通过以下方法与途径建立"一带一路"建设中文化交流机制:一是通过有各国政府部门参加的周期性大型国际会议、论坛形式,保持与"一带一路"沿线国家之间的文化教育信息交流和对话;二是与各国政府部门建立定期或不定期会晤制度,协调和增加文化教育交流信息和政策上的沟通;三是通过与各国政府部门间签订双边或多边协议规范和增加文化教育项目或活动的实施;四是制定政策鼓励企业和各类组织主动与"一带一路"沿线国家开展文化教育交流活动;五是加大旅游、留学、个人商务活动等方面的开放政策、简化

---

[1] 郑士鹏."一带一路"建设中文化交流机制的构建[J].经济学研究,2015(12).

签证手续，鼓励国民出境和吸引外国人入境开展旅游、探访、留学访学、商务等活动，促进民心相通。

二、构建国际互信体系，营造友好交流环境

相互信任、互相了解是文化交流的前提，在世界舞台上国际互信是国与国合作的基础，构建国际互信体系，营造友好环境是促进文化交流的保障。中国身为"一带一路"倡议发起国，并且是正在崛起的经济大国，为了使更多国家参与到战略中去，就有义务从自身做起，为构建国际互信体系贡献力量。首先，中国应用真诚的语气进行沟通，让对方放下戒备之心，增强交流意愿，积极主动参与区域经济合作；其次，中国要使沿线国家了解"一带一路"倡议真正的目的是实现各国经济共同进步，为各国人民谋福利，增加人民福祉，最终实现互利共赢；最后，中国作为大国，必须主动维护国际和平，反对霸权主义，积极反对恐怖主义，拒绝一切违背国际安全与社会道义行为。构建并完善国际互信体系，营造友好环境与氛围，为"一带一路"倡议文化交流奠定基础。

三、多种文化融合与文化多样化平衡发展

（一）多种文化融合发展

这里所指的多种文化融合是强调大国的文化包容性。我们要鼓励和引导已有的文化沟通交融，包括大到世界范围内各种族、各民族以及各个国家之间不同文化，小到各地区、各领域、各行业之间的文化交融，目的就是要达到相互理解和相互包容。

作为世界人口第一大国、占世界经济第二位的大国、世界上的制造大国、旅游大国、五千年文明不断线的传统古国，中国在世界上具有很大的文化影响和责任，理应在世界文化交流、融合和包容方面做出贡献和表率。

了解西方和"一带一路"沿线国家的文化，理解外来文化和包容外来文化，吸纳外来文化中的优秀因子，使其与东方以及我国文化中优秀因子嫁接和融合发展，这将成为"一带一路"文化发展远景中的关键点和美丽风景线。

（二）文化多样化发展

这里所指的文化多样性是强调在世界各种族、各民族和各国多种文化的基础上，如何拓展出更加丰富的文化。在便利的交通使得世界各国人民的往来非常频繁、世界经济一体化、生态环境相互依存的现实下，地球真是像一个村庄了，全球人类从来没有像今天这样必须成为一个相互依存的整体。随之而来，传统文化的交流、包容和融合使原有的文化差异缩小，甚至趋同。例如，目前世界上有许多国家，包括西方国家也跟着中国过春节，开展丰富多彩的民俗活动。同样，中国也有许多年轻人（或商家为了促销）过圣诞节等西方节日。

表面上看，或许有人认为，某些文化的趋同似乎导致了特定范围文化的单一化，其实不然。一方面，对每个种族、民族或国家而言，学习到他人的文化，是丰富了文化认知和文化活动；另一方面，文化的沟通、理解和融合，将会产生出新的文化。例如，美国文化的产生就是最突出的大案例。美国建国时间不长，美国文化从无到有，逐步衍生成为近一百多年来影响人类世界传统国家文化发展的一种新兴文化。

（三）多种文化与文化多样化平衡发展

由上可见，"一带一路"建设能够促进东西方和沿线国家、民族的多种文化融合发展，也能够促进文化多样性的发展。更重要的是，"一带一路"所致力的文化发展不仅仅是并行的，而且应该是两种文化活动衍生的平衡发展。

文化融合和文化多样性形成之间的速度要有平衡性。如果文化融合速度过快，会使本种族、民族和国家的人民以及政府有受到"外来文化侵略"之感。如果新的文化多样性速度过快，会使人们感到失去了传统的根基，感到迷失了方向，感到不知文化发展将走向何方的莫名恐惧。因此只有两者的发展速度保持一定的平衡，才会使种族、民族、国家和人民真实地感觉自身文化的存在和创新文化的发展，使信心与喜悦同在，才能美美地享受时代发展所带来的幸福感。

四、在推进"一带一路"建设中提高文化开放水平

《中华人民共和国国民经济和社会发展第十三个五年规划纲要》在推进"一带一路"建设章节中强调共创人文交流新局面。一是要办好"一带一路"国际高峰

论坛，发挥丝绸之路（敦煌）国际文化博览会等作用。二是要广泛开展教育、科技、文化、体育、旅游、环保、卫生及中医药等领域合作。三是要构建官民并举、多方参与的人文交流机制，互办文化年、艺术节、电影节、博览会等活动，鼓励丰富多样的民间文化交流，发挥妈祖文化等民间文化的积极作用。四是联合开发特色旅游产品，提高旅游便利化。

在提高文化开放水平方面强调，一是拓展文化交流与合作空间。推动政府合作和民间交流互促共进，增进文化互信和人文交流。推进国际汉学交流。完善海外中国文化中心建设运营机制。支持海外侨胞开展中外人文交流。二是加强国际传播能力建设。拓展海外传播网络，丰富传播渠道和手段。打造旗舰媒体，推进合作传播，加强与国际大型传媒集团的合资合作，发挥各类信息网络设施的文化传播作用。[1]

相信我国在"十四五"规划中，必定会对"一带一路"倡议下的文化提出新的更高的目标、任务和更加务实有效的方法、途径、政策措施。

五、寻找文化交叉点，发展各国共性文化

"一带一路"倡议沿线国家拥有复杂多样、各具特色的文化，文化交流要在弘扬本国文化的同时吸收国外优秀文化，相互借鉴，共同发展。为促进战略沿线国家文化交流，必须寻找各国文化交叉点，发展共性文化。从人类发展精神文化方面看，宗教是"一带一路"倡议沿线文化交叉点最多的文化类型，通过同一宗教的共同语言与信仰促进文化交流是可行性最高的方法之一。例如，佛教和伊斯兰教是"一带一路"倡议沿线分布最广的两大宗教，佛教国家主张的"兼容并包、和平和谐"特质与我国核心价值理念如出一辙，这为我国对外文化交流奠定了坚实基础。另外，艺术也是文化交叉范围最大的文化形式，音乐不分国界，舞蹈不分地域，绘画等美术作品超越了语言障碍，民族的就是世界的，无须语言文字的交流是最近距离的文化交流。此外，要发展各国共性文化，还需继续寻找和探索其他文化交叉点。

---

[1] 中华人民共和国国民经济和社会发展第十三个五年规划纲要[EB/OL].（2016-03-17）[2018-12-16].http://news.xinhuanet.com/politics/2016lh/2016-03/17/c_1118366322_18.htm.

六、提供必要支持与援助，推进文化协同发展

"一带一路"倡议顺利实施不是一方努力的结果，而是沿线国家共同奋斗的目标。然而沿线国家经济发展不平衡，要推进各国文化协同发展，经济较为发达国家就要为落后国家提供必要的支持与援助。第一，要加大对经济发展滞后国家的资金支持，提供必要的物质保障，使其拥有充足资金进行基础设施建设；第二，要提供先进技术援助，协助落后国家文化基础设施建设，如网络体系与通信系统的建设与升级，为"一带一路"倡议文化交流创造良好的物质条件；第三，要积极为落后地区输送优秀人才，通过人才输送交流文化发展经验，同时也应为落后地区培养社会需要的优秀人才，帮助该地区进行经济与社会建设，推进"一带一路"倡议沿线文化协同发展，促进文化进一步交流。

七、完善文化产业发展机制，扩大文化产品输出

我国文化产业发展机制薄弱，市场秩序混乱。为进一步发展我国文化产业，增加文化产品输出力度，促进文化交流发展，必须首先完善文化产业发展机制。一是要维护文化产业市场正常秩序，完善相关法律法规，加强知识产权保护，监督文化企业生产优质、绿色、健康的文化产品。二是要引进并培育创新型文化人才，为文化产业发展提供智力支持，积极研发创新型文化产品并推向国际市场。三是要搭建文化产品输出平台，扩大宣传力度，营造良好的舆论环境，保障文化产品的输出畅通无阻，为"一带一路"倡议文化交流创造条件。四是打造具有民族性与艺术性的文化产品。提供真正具备中国文化内核的优质文化作品。要按照市场规律把我们的文艺作品送进国外主流视野，让中国文化的魅力通过票房体现出来。五是通过国际化的运营机构进入对方的"文化围城"。借助互联网、金融和高新科技，整合多方力量，实现与国外顶尖平台的对接。特别强调通过市场实现文化产品有尊严地"走出去"，让别的国家尊敬地把我们的艺术产品"请进去"。六是加强顶层设计，开展多方交流。从全国高度制定文化发展的国际战略，把电影、电视节目、动漫、网游、图书出版等有序合理地构建成体系。

第三节 "一带一路"倡议下教育交流的发展对策

2019年2月,中共中央、国务院印发的《中国教育现代化2035》中强调:开创教育对外开放新格局。全面提升国际交流合作水平,推动我国同其他国家学历学位互认、标准互通、经验互鉴。扎实推进"一带一路"教育行动。加强与联合国教科文组织等国际组织和多边组织的合作。提升中外合作办学质量。优化出国留学服务。实施留学中国计划,建立并完善来华留学教育质量保障机制,全面提升来华留学质量。推进中外高级别人文交流机制建设,拓展人文交流领域,促进中外民心相通和文明交流互鉴。促进孔子学院和孔子课堂特色发展。加快建设中国特色海外国际学校。鼓励有条件的职业院校在海外建设"鲁班工坊"。积极参与全球教育治理,深度参与国际教育规则、标准、评价体系的研究制定。推进与国际组织及专业机构的教育交流合作。健全对外教育援助机制。

由此,可以考虑以下对策。

一、加大教育输出、引进、合作办学三管齐下的力度

(一)加大教育机构和教学活动输出力度

自改革开放以来,我国的教育输出主要体现在留学生出国学习。近些年,教育机构的输出表现比较突出的是孔子学院以及个别高校在国外办分校。前者主要是开展中国文化的大众化传播,后者涉及一些专业和学历教育的输出。今后的发展重点应该是在开展中国文化大众化传播的基础上,对一些发展中国家和欠发达国家输出以大中专院校为主导的专业技术和学历教育的职业教育与专业技能培训。把中国制造、农业发展、交通运输、计算机互联网等技术和管理能力传播到"一带一路"沿线的发展中国家和欠发达国家,促进他们的人力资源素质提升,提高

他们对与中国合作项目的执行能力和效率。

（二）扩大留学生来华学习规模

在教育引进方面，改革开放以来，我国吸引了大量的日韩和发展中国家以及欠发达国家的外国留学生来中国留学，同时也引进了西方发达国家的高校办学资源和教师资源。今后，教育引进的重点应放在扩大留学生来华学习的生源上。对于西方发达国家的留学生，重点在于吸引和培养语言文化方面的留学生；对于发展中国家和欠发达国家的留学生，应在扩大学习中国语言文化留学生的基础上，重点发展来中国学习其他相关专业的留学生。逐步提升专业学习的留学生，逐步形成与发达国家齐肩的来华留学大国。

（三）逐步加大"一带一路"沿线国家职业教育合作办学力度

作为合作办学，重点应放在中国办学机构到发展中国家和欠发达国家去开展有组织有规模的合作办学上。鼓励国有和民办的中、高等职业院校到"一带一路"沿线发展中国家和欠发达国家去合作办学，在制作业、农业、服务业、物流等行业、专业等中高等职业教育方面发挥重要的作用。

二、认真贯彻落实《国家教育事业发展"十三五"规划》有关"一带一路"教育交流的规划[1]

2017年，我国公布了《国家教育事业发展"十三五"规划》，其中以"六、统筹推动教育开放"为题专门阐述了以下11项交流领域或项目。这将在"十三五"期间甚至今后很长一段时间内有力地推进"一带一路"的教育交流。

一是实施共建"一带一路"教育行动。积极倡议"一带一路"沿线各国构建教育共同体，开展教育互联互通、人才培养培训、丝路合作机制建设等方面重点合作，对接沿线各国意愿，互鉴先进教育经验，共享优质教育资源。设立"丝绸之路"中国政府奖学金。对接"一带一路"沿线国家和地区，遴选一批具备一定学科专业、国际交流和人才培养、国别研究基础的高校和职业学校，建设一批"一

---

[1] 国务院关于印发国家教育事业发展"十三五"规划的通知[EB/OL]．（2017-01-10）[2018-12-16]．http://www.moe.edu.cn/jyb_xxgk/moe_1777/moe_1778/201701/t20170119_295319.html．

带一路"人才培养基地，专门培养高素质复合型人才，从"一带一路"沿线国家和地区高校吸引研究相关国家经济、文化、法律等领域的专家学者来华任教，开展"一带一路"国别教育、语言文字、经济、法律、文化、政策等决策咨询研究。实施"一带一路"建设外语非通用语种人才培养专项，支持具备条件的高校开设一批外语非通用语种新专业，培养外语非通用语种人才。加强与"一带一路"沿线国家学校学历互认、师生互换，建立更加密切的教育合作交流机制。支持有条件的高校和职业学校配合企业走出去，建立办学机构、研发机构。

二是分类推进教育国际合作交流。加强与大国、周边国家、发展中国家教育务实合作，形成重点推进、合作共赢的教育对外开放局面。以优质资源请进来为重点，深化与发达国家教育合作交流；以教育走出去为重点，扩大与发展中国家教育合作交流。加强与东南亚、非洲国家教育合作。增进新欧亚大陆桥、中国—中亚—西亚、中巴、孟中印缅、中蒙俄等重要廊道及澜湄合作机制下的区域教育合作交流。加强与有关国家语言人才培养合作，加快培养各类非通用语种人才。

三是打造区域教育对外开放特色。支持东部地区整体提升教育对外开放水平，率先办出中国特色、世界水平的现代教育。加大政策倾斜力度，支持中西部地区、东北地区不断扩大教育对外开放的广度和深度。引导沿边地区利用地缘优势，推进与周边国家教育合作交流。

四是提高留学教育质量。优化出国留学服务工作，健全留学人员信息化管理服务机制，完善留学人员管理服务体系。加强统筹规划，完善派遣政策，充分发挥国家公派留学对高端人才培养的调控补给作用，加快培养国家战略急需人才。实施留学中国计划，打造"留学中国"品牌。建立来华留学质量标准和保障体系，提高师资和课程的国际化水平，加强来华留学管理与监督，提升来华留学服务水平，稳步扩大来华留学规模。更好地发挥中国政府奖学金的引领作用，创新奖学金管理模式，加强精英人群培养。做好来华留学校友工作。

五是深化中外学校间交流与合作。支持有条件的中小学校与国外学校建立友好学校关系，开展多渠道对外文化教育交流，拓展国际视野。支持职业学校和应用型高校引进国（境）外高水平专家和优质课程资源，鼓励中外职业学校教师互派、学生互换。支持研究型大学与世界一流大学和学术机构开展高水平人才联合培养及科学联合攻关，依托优势学科举办高水平国际学术论坛，打造高端国际学术交流合作平台。完善高校教师和科研人员出国交流、国际会议、外事接待等管理制度，开展大中小学校长和骨干教师海外研修培训，鼓励支持教师更广泛更深入地参加国际学术交流与合作。

六是提升中外合作办学质量。加强中外合作办学管理，完善准入制度，简化审批程序，完善评估认证，强化退出机制，加强信息公开，健全质量保障体系。建立合作办学成功经验共享机制，突出合作办学对学校教学改革的推动作用。重点围绕国家急需的自然科学与工程科学类专业建设，引进国外优质教育资源，建设一批示范性合作办学机构和项目，鼓励和支持职业学校与国外一流职业学校开展合作办学，培养高水平技术技能人才，鼓励研究型大学与世界一流大学在优势学科领域合作举办非独立设置的二级学院，共建研究机构，建设一流学科，推动国内高校和职业学校提升办学水平。

七是深化多边教育合作。推动与联合国教科文组织建立高层定期磋商机制，巩固提升合作水平。完善上海合作组织、亚太经合组织等多边教育部长会议机制，完善金砖国家教育合作机制，拓展亚太经合组织等平台的教育合作空间，以学分互认为重点，推动学生交流，深入参与相关多边教育行动。完善国际组织人才培养机制，有计划地培养推荐优秀人才到国际组织任职。

八是深度参与国际教育规则制定。加强对各类国际重大教育规则的研究，充分利用国际组织平台，主动在全球教育发展议题上提出新主张、新倡议和新方案。创新方式，推广我国教育评估认证标准和教育改革发展的经验，强化我国在国际教育治理中的负责任形象。

九是开展教育国际援助。进一步做好教育对外援助，重点投资于人、援助于人、惠及于人。统筹利用国家和民间资源，加快对外教育培训中心和教育援外基地建设，为发展中国家培养培训管理人员、教师、学者和各级各类技术技能人才。积极开展优质教学仪器设备、整体教学方案、配套师资培训一体化援助。结合我国对外援助项目，鼓励教师与青年学生到发展中国家参与项目建设和提供志愿者服务。

十是完善中外人文交流机制。发挥人文交流在国家对外工作大局中的支柱作用，深化中俄、中美、中英、中欧、中法、中印尼人文交流，加强部门间协同，整合凝聚社会力量，打造一批中外人文交流品牌项目，推动形成机制多层次和区域全覆盖的人文交流良好格局。整合搭建政府间教育磋商、教育领域专业人士务实合作、教师学生友好往来平台。拓展政府间语言学习交换项目，联合更多国家开发语言互通共享课程，推进与世界各国语言互通，提升讲好中国故事、传播中国理念的能力。

十一是办好孔子学院。坚持相互尊重、友好协商、平等互利，完善孔子学院布局。大力加强中方合作院校支撑能力建设，建立健全汉语国际教育学科体系，着力打造一支高素质院长和教师专职队伍，大力培养各国本土汉语师资。办好孔子学院院长学院、示范孔子学院、网络孔子学院，鼓励中资机构、社会组织等参与孔子学院建设，不断提升孔子学院（课堂）的办学质量和水平。深入实施"孔子新汉学计划"，深化与世界各国语言文化交流，支持各国将汉语纳入本国国民教育体系，更加广泛地学习和使用汉语。

三、认真贯彻落实两届《"一带一路"国际合作高峰论坛》的教育交流签约

在 2017 年和 2019 年两届《"一带一路"国际合作高峰论坛》上，我国政府、部委、企事业单位和社会团体与"一带一路"沿线各国政府和组织签订了大量的长期和具体的文化教育合作、交流项目，认真、扎实地落实和圆满地完成这些任务，将成为近几年我国对外文化教育交流的重点。

第四节 "一带一路"倡议下的旅游发展

"一带一路"跨越了东西方四大文明，跨越了世界四大宗教发源地，跨越了发达国家、发展中国家、欠发达国家三类经济体，也连接了全球主要旅游客源地与目的地。"一带一路"沿线国家旅游资源丰富，拥有几百项世界自然和文化遗产，该区域国际旅游量占全球旅游总量的 2/3 以上，发展"一带一路"旅游前景广阔。结合"一带一路"倡议，未来中国应重点从以下几方面考虑发展出入境旅游。

一、扩大和优化旅游环境和条件、促进民心相通

民心相通的基础是广大民众的广泛交往，使其相互了解、相互理解、相互包容，并取得互信。今后要更大规模的开发、设定、公布中国公民国外旅游目的地，扩大建设来华邮轮停泊港和吨位容量，增加境外直飞目的地和航行班次，延长国际列车运行里程和增加不同档次的旅游专列。国家文化与旅游部和相关部门进一步制定有利于外国人来华旅游的相关政策，创设更适合外国人文化和习惯的旅游设施和氛围。

二、优化"一带一路"国际旅游发展环境

推动旅游保险国际合作，建立"一带一路"沿线国家旅游安全合作机制，通过国际再保险的方式衔接保险体系。加强开展旅游市场联合监管的合作，共同应对扰乱旅游市场秩序的问题。大力推动跨境旅游合作区和边境旅游试验区设立工作，逐步打通"一带一路"沿边各节点。

随着"一带一路"沿线出入境旅游增长，未来航空可能像欧盟和美国那样实

现单一欧洲天空乃至开放天空，同时整合航空、铁路、公路、水路交通，实现"一带一路"旅游交通互联互通与无缝对接。此外，沿线国家可以共建旅游信息中心，创建"一带一路"智慧旅游目的地，并建立一体化旅游推广与营销机制，让"丝绸之路"旅游品牌共建共享。甚至是提升结算、安全、投诉旅游公共服务，实现"一带一路"旅游无障碍。

三、加快"一带一路"旅游产业转型升级步伐

推动"一带"旅游向特色旅游转型，大力发展文化体验、探险旅游、商务旅游等旅游新业态，持续提升以西安为代表的丝绸之路经济带国内段旅游接待水平；推动"一路"旅游向休闲度假升级，稳步推进三亚、海口、青岛等地邮轮母港、游艇码头和海洋主题公园建设，推进低空飞行、邮轮游艇等新型旅游产品蓬勃兴起。

可以预测，在未来5年左右，乘坐游轮旅游沿着"一路"驶出亚洲将成为许多人的旅游路线和工具的新选择。可以预测，在未来10年左右，随着中东安全局势的好转和国人思想的更加开放，自驾汽车经过中东或俄罗斯到西欧旅游，将圆梦更多勇敢的中国"驴友"。

第五节 "一带一路"倡议下的科技创新发展

一、落实"一带一路"科技创新行动计划

科技成果是人类共同的财富,我国要把世界上最先进的科研成果作为起点,以世界先进水平为起点,学习一切先进的科学技术。要深化基础研究国际合作,落实"一带一路"科技创新行动计划,全面提升科技创新合作层次和水平,打造"一带一路"协同创新共同体。深化政府间科技合作,分类制定国别战略,开展科技人文交流,建立国际创新合作平台,联合开展科学前沿问题研究,共建联合实验室、科技园区合作、技术转移等行动。设立生态环保大数据服务平台,倡议建立"一带一路"绿色发展国际联盟,并为相关国家应对气候变化提供援助。以优异的科技创新成果惠及"一带一路"沿线国家。

二、全面落实《关于全面加强基础科学研究的若干意见》

2018年,国务院印发了《关于全面加强基础科学研究的若干意见》(以下简称《意见》)。依据该《意见》,到2020年,我国基础科学研究整体水平和国际影响力显著提升,在若干重要领域跻身世界先进行列,在科学前沿重要方向取得一批重大原创性科学成果,解决一批面向国家战略需求的前瞻性重大科学问题,支撑引领创新驱动发展的源头供给能力显著增强,为全面建成小康社会、进入创新型国家行列提供有力支撑。

到2035年,我国基础科学研究整体水平和国际影响力大幅跃升,在更多重要领域引领全球发展,产出一批对世界科技发展和人类文明进步有重要影响的原创性科学成果,为基本实现社会主义现代化、跻身创新型国家前列奠定坚实基础。

到 21 世纪中叶，把我国建设成为世界主要科学中心和创新高地，涌现出一批重大原创性科学成果和国际顶尖水平的科学大师，为建成富强民主文明和谐美丽的社会主义现代化强国和世界科技强国提供强大的科学支撑。

三、中国的高科技企业与产品立志为各国服务

我国以华为为典型的高科技企业和 5G 技术，以阿里巴巴和腾讯为代表的线上支付技术与产品，以中铁企业为典型的高铁建设技术和产品，以中交建等优秀企业为典型的填海、建桥、隧道建设技术都在世界上名列前茅。这些企业和各行各业的优秀企业将在我国政府和相关部委的支持下，积极投身于"一带一路"沿线国家特别是发展中国家的建设中去，以市场机制为主导，以人文交流为桥梁，实现科技创新的合作。

第六节 "一带一路"远景

展望"一带一路"倡议愿景，21世纪的文化教育交流与合作：一是和平文化教育；二是共建共享文化教育；三是包容性文化教育；四是稳健可持续发展文化教育。其中，最重要的是包容，包括政治制度的相互包容、发展道路与方式的相互包容、生活方式的相互包容、宗教信仰的相互包容。

中国的"一带一路"倡议被写入联合国大会决议。2016年11月17日，第七十一届联合国大会协商一致通过第A/71/9号决议。决议欢迎"一带一路"等经济合作倡议，敦促各方通过"一带一路"倡议等加强阿富汗及地区经济发展，呼吁国际社会为"一带一路"倡议建设提供安全保障环境。自联合国安理会2016年3月通过包括推进"一带一路"倡议内容的第S/2274号决议后，联合国大会第A/71/9号决议首次写入"一带一路"倡议，得到193个会员国的一致赞同，体现了国际社会对推进"一带一路"倡议的普遍支持。[1]

联合国大会之所以能将中国的"一带一路"倡议通过表决写入联合国的决议，就是广大的联合国成员国都认同中国的观点，支持中国的做法，要将世界建成一个人类命运共同体，要建立人类同一个生存环境中的共同文化。

一、建立同一个生存环境的文化

人类社会和国家实现可持续发展不能单靠技术措施、政治调控，或金融工具。我们需要改变思考和行动的方式。开展可持续发展教育能够让人类在应对当今和未来的全球挑战时具有建设性和创造性，同时构建出更多可持续发展的弹性社会。

---

[1] 十件大事见证"一带一路"[EB/OL]．(2017-05-14)[2018-12-16]．http：//world.people.com.cn/n1/2017/0514/c1002-29273598.html．

（一）同一个太空、贯通的海洋和有限的陆地

人类拥有同一个太空，应建立保护蓝天的文化。世界各国都有自己的领土、领空，有的国家还有领海。但是，站在太空看，我们没有边界可划分，我们共有一个太空。保卫蓝天，拥有清新空气，避免大气温室效应，保护地球的生物多样性和人类生存空间是人类发展的基本任务。2018年12月3日联合国召开了气候变化大会暨《联合国气候变化框架公约》第24届缔约国大会。我国强调，国际社会合作应对气候变化的决心不能变。各国应该要恪守政治承诺，展现责任担当，牢牢把握合作应对气候变化的大方向。中国已提前3年落实《巴黎协定》部分承诺，将在2020年百分之百兑现承诺。

少数有能力开发使用太空资源的大国和强国，在本国和平使用太空资源的基础上，更应该为各国共同使用太空资源造福人类做出贡献。让全球定位系统（GPS）、全球导航定位系统（GLONASS）、伽利略卫星导航系统（GNSS）、北斗卫星导航系统COMPASS以及航天探索的技术与成果为世界各国发展和人民幸福服务。并且要为子孙后代便利、高效、绿色地使用太空资源留有余地做出楷模。

海洋是诸多生物的家园，是人类已有食物的重要供给地和未来食物、居住的潜力基地，应建立保护海洋的文化。和睦地管控沿海各国领海边界需要世界各国遵守国际规则，合理地可持续地开发海洋资源需要各国的合作。各沿海国家应和睦相处，与内陆国家一道提高领海、公海的利用率和加强对海洋环境、生物的保护。

地球有限的陆地面积已经承载了70多亿人口，不堪重负，但人口还在不断地增加。百余年来形成的快速便捷的交通使世界各地的人们日内即可约会，地球"小"得成了一个村。地球村文化的建立将帮助人类认识到每一个人如何与世界上不同种族、民族、国家的人相处。

2018年1月26日，我国国务院新闻办公室发表了《中国的北极政策》白皮书，并举行新闻发布会，介绍白皮书和北极政策有关情况。白皮书强调，中国在地缘上是"近北极国家"，是陆上最接近北极圈的国家之一。北极的自然状况及其变化对中国的气候系统和生态环境有着直接的影响，进而关系到中国在农业、林业、渔业、海洋等领域的经济利益。北极的未来关乎北极国家的利益，关乎北极域外国家和全人类的福祉，北极治理需要各利益攸关方的参与和贡献。

作为负责任的大国，中国应本着"尊重、合作、共赢、可持续"的基本原则，与有关各方一道，抓住北极发展的历史性机遇，积极应对北极变化带来的挑战，共同认识北极、保护北极、利用北极和参与治理北极，积极推动共建"一带一路"倡议涉北极合作，积极推动构建人类命运共同体，为北极的和平稳定和可持续发展做出贡献。

中国可以依托北极航道的开发利用，与各方共建"冰上丝绸之路"。鼓励我国企业参与北极航道基础设施建设，依法开展商业试航，稳步推进北极航道的商业化利用和常态化运行。中国应重视北极航道的航行安全，积极开展北极航道研究，不断加强航运水文调查，提高北极航行、安全和后勤保障能力。切实遵守《极地水域船舶航行安全规则》，支持国际海事组织在北极航运规则制定方面发挥积极作用，在北极航道基础设施建设和运营方面加强国际合作。

（二）同一个生存文化，学会共处

身处当今日益多元化的社会，需要帮助人们相互理解与合作以构建持久的和平，但此时增加的全球性挑战和威胁破坏了人类的凝聚力。当新形式的不平等、不包容、暴力以及宗派主义因当地的紧张局势和冲突而加剧时，不同的社会之间单靠并肩共存来维系和平显然已远远不够。我们必须学会共同生活、联合行动，本着促进多元化和相互理解的价值观来做好准备以应对冲突。国际社会的所有成员之间学会在一起生活，变得比以往任何时候都更重要。

人类学会和睦共处的最基本点是避免杀戮，避免种族、民族或国家之间的战争。领地文化至今还是战争和大规模杀戮的主要原因之一。人类应学会和睦共处还要学会相互关心，相互帮助，一起抵御疾病、自然灾害等人类的共同敌人。中国历来坚持"和平共处五项原则"，不干涉别国内政，国家不分大小，一律平等对待，与邻国及世界各国搞好关系。睦邻友好、外交至上是国家间避免战争的妙方。

食物是人类生存的基础。人类的自然种植和养殖产品不足以满足70多亿人的食物需求，农药和激素的使用又污染环境和大气或带来动植物食品的不安全。转基因技术虽能使农作物防虫增产，但其安全性受到社会关注。中国也在谨慎地研发和推广转基因农作物产品，美国已研制出人造肉企图一次来减少动物养殖产生的二氧化碳大气污染和饲料消耗。农业技术发达国家和粮食富裕国家应帮助缺粮和支持农业技术落后国家，使人类共渡饥饿难关。近些年来，中国在对非洲援助中做了大量的农业技术推广工作。

疾病自古以来就是人类的共同威胁。特别是在人们密切交往的当今社会，恶性传染病一旦发生，一夜之间可能会传遍世界各个角落，2020年新冠肺炎在世界各国快速蔓延就是例证。医疗技术和条件优越的国家应尽力支持贫穷落后的国家，这不仅是保护他国民众健康，也是在保护本国的健康安全和保护人类的健康安全。中国从20世纪70年代以来就做了大量支援非洲医疗事业的工作，现在正在积极研制新冠肺炎疫苗，产品将在年底问世，并已承诺对世界的公益性贡献。

恐怖主义是人类心灵的创伤，是进入新世纪以来生长的人类毒瘤，已经在世界蔓延。特别是在"一带一路"沿线国家，中东国家饱受恐怖主义的危害，美国也遭到了"9·11"袭击，连欧洲也未能幸免，中国也遭到"东突"分子的骚扰。极端主义成为恐怖主义文化的温床。在"一带一路"的发展过程中，中国应将肃清恐怖主义文化和打击恐怖组织和恐怖分子作为扫清障碍的重要任务之一。

二、传播文化教育是人类使命

（一）构建幸福社会

"一带一路"建设的长期美好愿景，不仅仅是要联合每个有意愿的国家建设一个政治民主、经济富足、社会稳定、文化繁荣的大同世界，还要共同建设人民身体健康长寿，个人幸福快乐，人人平等的美好社会。

传播以中国特色社会主义核心价值观为基础的文化教育观，将成为"一带一路"愿景中民心相通的重要桥梁之一。

（二）构建知识社会

知识社会必须建立在四个支柱之上：言论自由、信息与知识普遍可及、尊重文化与语言多样性、全民优质教育。

信息的普遍可及对于建设和平、可持续经济发展和跨文化对话至关重要。联合国教科文组织提倡通过提升意识、政策制定和能力建设实现内容、技术和程序的"开放"。这些解决方案包括开放科学信息，开放教育资源，免费开放源软件，开放培训平台以及开放和远程学习。

鼓励网络空间的多语言主义和文化多样性，提倡不同语言生成地方内容。

中国是多民族国家,民族文化种类丰富,完全可以以多种语言形式向"一带一路"国家展示。

为了在这个瞬息万变的环境中取得成功,在生活的各个层面有效解决问题,个人、社区和国家应该拥有获取信息、批判性评价信息和创造新的知识信息的一整套关键能力。

(三)科学创造可持续未来

通过科学创造知识,使我们能够找到应对当今尖锐的经济、社会与环境挑战的措施,以及实现可持续发展与构建绿色社会的方法。由于一国无法单独实现可持续发展,国际科学合作不仅协助发展科学知识,还致力于构建和平。

光有科学政策还不够。应当开展不同层次的科学和工程教育、提升研究能力,从而让国家因地制宜地解决各自面临的问题,并在国际科技领域中发挥各自的作用。

在科学与社会层面,公众对科学的理解以及公众的科学参与度是至关重要的,因为二者能构建出人民拥有必要的知识以做出专业、个人和政治抉择的社会,也能让人民参与探索这个振奋人心的世界。当地的知识体系在与自然环境进行长期而紧密的联系中发展,而其他的知识体系则应建立在现代科学的基础上。

科技赋予了社会和公民力量,却也涉及了伦理选择。联合国教科文组织就希望与成员国一道,努力在科技运用方面,尤其是在生物伦理领域中做出明智的抉择。

仅仅打击暴力极端主义是不够的——我们需要预防它,这便需要利用各种形式的"软实力",对经过曲解的文化、仇恨和无知带来的威胁加以预防。没有人是天生的暴力极端分子,他们都是受到蛊惑煽动、被培养发展出来的。解除激进化武装,必须从人权和法治开始,开展冲破一切界线的对话,增强所有青年男女的权能,尽早从学校课堂抓起。

(四)保护人类的遗产,促进创造力的发展

在如今这个相互交融的世界,文化无疑拥有改变社会的力量。文化有诸多表现形式——从我们珍视的历史遗迹、博物馆,到传统习俗以及当代艺术形式,它以众多方式丰富了我们的日常生活。遗产是身份认同的来源之一,也为遭到突发变化和经济波动影响的社区注入了凝聚力。创造力能够协助构建开放、包容和多

元的社会。遗产与创造力均为一个有活力、创新、繁荣的知识社会奠定了基础。

没有充分的文化元素就没有可持续发展。只有采用以人为本的发展方式，以不同文化之间的相互尊重和公开对话为基础，才能实现持久、包容与公平的发展成果。

为确保文化在发展战略与发展过程中的合理地位，要在世界范围内率先倡导文化与发展；协同国际社会制定明确的政策与法律框架；同时脚踏实地的支持政府与当地利益相关方保护遗产、促进创意产业的发展，以及鼓励多元文化。

由联合国教科文组织制定的文化公约为国际合作提供了一个世界平台，创建了一套文化治理体系。该国际条约力图保护世界文化与自然遗产，其中包括久远的考古遗址、非物质遗产、水下遗产、博物馆藏品、口头传统，以及其他形式的遗产，此外，条约旨在支持创造、创新，以及催生充满活力的文化产业。改革开放以来，特别是进入21世纪以来，中国政府和联合国教科文组织积极配合，命名和保护了大量在中国的世界文化遗产。

三、"互联网+"时代

（一）互联网信息通信技术飞速发展

一是互联网信息通信技术突飞猛进，进一步带来了人与人之间交流的便捷和信息种类、形式的丰富；二是大众信息平台如雨后春笋，公共信息的制造，使信息传输和再传播的覆盖面将更加广泛和实现更多内容实时化、定制化；三是各国国民信息技术使用量暴增，将进一步使得信息终点设备需求量暴增，相关产业市场前景更加光明。

（二）"互联网+"文化发展融合创新

一是文化交流载体因互联网而不断创新，新的文化现象将不断产生；二是文化交流速度加快和总量暴增，各种族、民族、国家的新文化将进一步加速融合；三是互联网文化将进一步丰富，网络文化将独树一帜。

（三）"互联网+"教育发展融合创新

一是MOOC已经使高深的学院教育直接与世界各国民众直接免费见面，一人教、万人学的壮观场面已经跨越了国界，进一步创造了新的教育交流历史；二是网络学院等远程教育为亿万学习者带来福音，大学不仅没有了围墙，还增加了多种学习方式，将与传统高校比肩；三是数字化学习资源的日益丰富，将进一步为世界创造公平优质的教育环境和建成人人、时时、处处可以学习的学习型社会提供了良好的基础条件。

（四）"互联网+"旅游发展融合创新

一是航空与高铁的飞速发展已经使得普通人日行全球各地的梦想成为现实，时速更高的飞机和火车的研发和生产，将进一步拉近世界各国以及普通人之间的距离；二是互联网的发展使得飞机上、高铁上、汽车上利用网络连接世界，处处办公、时时通信成为可能，将进一步增加各国人民之间沟通与交流的愿望；三是共享汽车、共享单车、网上购物、点餐外卖、资金转付、网络地图、网上订票订宿都因互联网的发育而便捷旅行于世界各地，推动了旅游方式的创新，将进一步使旅游成为中国城市居民的新爱好，使旅行更加成为新时代文化教育传播的好帮手。

四、联合国成立 70 周年可持续发展峰会

2000 年 9 月，世界各国通过为期 15 年的千年发展目标，团结协作，应对贫困问题。中国在实现减贫目标等多项千年发展目标上发挥了重要作用。

2015 年 9 月，在联合国成立 70 周年和千年发展目标的收官之年，各国领导人齐聚纽约，共商发展大计，在联合国峰会上通过了《2030 年可持续发展议程》，该议程涵盖 17 个可持续发展目标和 169 项具体目标。

（一）国家主席习近平出席大会并讲话

习近平主席出席了大会，并做了题为"谋共同永续发展　做合作共赢伙伴"的重要讲话。习主席强调，要共同走出一条公平、开放、全面、创新的发展之路，努力实现各国共同发展。提出公平、开放、全面、创新 4 个发展理念。强调要争取公平的发展，让发展机会更加均等；要坚持开放的发展，让发展成果惠及各方；要追求全面的发展，让发展基础更加坚实；要促进创新的发展，让发展潜力充分

释放。他提出四点倡议：第一，增强各国发展能力；第二，改善国际发展环境；第三，优化发展伙伴关系；第四，健全发展协调机制。

（二）可持续发展与 17 项目标

可持续发展是指在不损害后代人满足其自身需要的能力的前提下满足当代人的需要的发展。可持续发展要求为人类和地球建设一个具有包容性、可持续性和韧性的未来而共同努力。要实现可持续发展，必须协调三大核心要素：经济增长、社会包容和环境保护。这些因素是相互关联的，且对个人和社会的福祉都至关重要。消除一切形式和维度的贫穷是实现可持续发展的必然要求。为此，必须促进可持续、包容和公平的经济增长，为所有人创造更多的机会，减少不平等，提高基本生活标准，促进社会公平发展和包容性，推动自然资源和生态系统的综合和可持续管理。

新目标呼吁所有国家，包括穷国、富国和中等收入国家，共同采取行动，促进繁荣并保护地球。在致力于消除贫穷的同时，需实施促进经济增长、满足教育、卫生、社会保护和就业机会等社会需求并应对气候变化和环境保护的战略。

17 项目标具体要点如下。

目标 1：在世界各地消除一切形式的贫穷。

目标 2：消除饥饿，实现粮食安全，改善营养和促进可持续农业。

目标 3：让不同年龄段的所有的人过上健康的生活，提高他们的福祉。

目标 4：提供包容和公平的优质教育，让全民终身享有学习机会。

目标 5：实现性别平等，保障所有妇女和女孩的权利。

目标 6：为所有人提供水和环境卫生并对其进行可持续管理。

目标 7：每个人都能获得价廉、可靠和可持续的现代化能源。

目标 8：促进持久、包容性和可持续经济增长，促进充分的生产性就业，促进人人有体面工作。

目标 9：建造有抵御灾害能力的基础设施、促进具有包容性的可持续工业化，推动创新。

目标 10：减少国家内部和国家之间的不平等。

目标 11：建设包容、安全、有抵御灾害能力的可持续城市和人类社区。

目标 12：采用可持续的消费和生产模式。

目标 13：采取紧急行动应对气候变化及其影响。

目标 14：养护和可持续利用海洋和海洋资源以促进可持续发展。

目标 15：保护、恢复和促进可持续利用陆地生态系统，可持续地管理森林，防治荒漠化，制止和扭转土地退化，提高生物多样性。

目标 16：创建和平和包容的社会以促进可持续发展，让所有人都能诉诸司法，在各级建立有效、负责和包容的机构。

目标 17：加强执行手段，恢复可持续发展全球伙伴关系的活力。

（三）教育、和平与正义、伙伴关系目标

以上 17 项目标中，与文化教育和人文交流直接相关的有教育、和平与正义、伙伴关系这 3 个目标。其主要内容如下。

"目标 4：确保包容和公平的优质教育，让全民终身享有学习机会。"为"一带一路"倡议下发展教育交流提供了各国的共同兴奋点，有了共同的话语。获得高质量的教育是改善人民生活和实现可持续发展的基础。各国在增加各级教育机会、提高入学率尤其是女童入学率方面取得了重大进展。基本的读写算技能大幅提高，但还需要更多的努力和更大的步伐，来实现普及教育的目标。世界在初级教育阶段已经实现了男女平等，但在所有教育阶段都实现这个目标的国家很少。

"目标 16：创建和平、包容的社会以促进可持续发展，让所有人都能诉诸司法，在各级建立有效、负责和包容的机构。"致力于为实现可持续发展建设和平和包容的社会，为所有人提供司法救济途径，以及在各级建立有效和问责的体制。

"目标 17：加强执行手段，重振可持续发展全球伙伴关系。"这些包容性伙伴关系基于原则和价值观、共同的愿景和共同的目标：把人民和地球放在中心位置。不论在全球层面，地区层面抑或国家层面，地方层面，这些包容性伙伴关系都不可或缺。

五、新冠肺炎影响期的展望

新冠肺炎疫情在全球 10 个月的蔓延以及在多国的暴发，使我们至少体会到 3 个重大新情况的出现。

一是在有效的新冠肺炎疫苗上市之前，人类社会必须做好与该疾病相处一段

时间的思想准备和物资准备。这段时间的长度还难以准确预测。防疫需要减少人际在现实空间的交往，从而限制和减少了各国人民之间文化与教育的交流机会，特别是对我国的对外交流负面影响还是很大的，首当其冲的是出国旅游和出国留学两个领域。为了人民群众的健康和生命安全，暂时的等待和观望不可避免。积极拓展互联网上交流活动将成为我国未来增加文化与教育对外交流机会的重要渠道之一。

二是由于美国 2017 年以来一直奉行"美国优先""以实力求和平""有原则的现实主义"，突出大国竞争，频繁"退群"、毁约（《中导条约》、"跨太平洋伙伴关系协定""伊核问题协议"、联合国教科文组织、联合国人权理事会、世界卫生组织以及《巴黎协定》《武器贸易条约》《开放天空条约》等多边机制和条约），特别是 2019 年以来对华贸易政策的改变，2020 年新冠肺炎疫情以来对我国实施战略打压，并纠集少数西方国家干涉我国内政，在经济、科技、教育交流方面人为制造障碍，使得我国对美国等部分发达国家的文化与教育交流会走下坡路，将滞缓我国"一带一路"倡议和构筑人类命运共同体观点的落实。中国出国留学教育交流的重心一段时间内将可能从北美转向欧洲。

三是中国承办的 2022 年冬季奥运会将成为新冠肺炎疫情以来，中国面临的最近的最大的主场世界体育与文化交流活动。通过这届冬奥会，中国将向世人展示一个抗击疫情获得伟大成绩的大国形象，将通过世界体育界、新闻界人士的传播，为世界人民文化与教育交流树立信心。

再次引用国家主席习近平 2019 年 4 月 26 日在第二届"一带一路"国际合作高峰论坛开幕式上的主旨演讲"齐心开创共建'一带一路'美好未来"中的一句话：让我们携起手来，一起播撒合作的种子，共同收获发展的果实，让各国人民更加幸福，让世界更加美好！

主要参考资料

[1] 胡文臻．"一带一路"与文化产业［M］．北京：社会科学文献出版社，2016.

[2] 李培浩．中国通史讲稿（中）［M］．北京：北京大学出版社，1983.

[3] 李伟．"一带一路"文化交流的差异性与包容性［J］．人民论坛，2019（8）．

[4] 李兴业，王淼．中欧教育交流的发展［M］．济南：山东教育出版社，2010.

[5] 廖晓丹．搭建文化经济交流平台 全方位推动一带一路倡议实施［N］．中国社会科学报，2020-08-13.

[6] 吕文利．丝路记忆一带一路历史人物［M］．北京：人民出版社，2016.

[7] 冉春．留学教育管理的嬗变［M］．济南：山东教育出版社，2010.

[8] 田正平．中外教育交流史［M］．广州：广东教育出版社，2004.

[9] 王桂等．中日教育关系史［M］．济南：山东教育出版社，1993.

[10] 王辉，贾文娟．国外媒体看一带一路［M］．北京：社会科学文献出版社，2016.

[11] 王义桅．"一带一路"机遇与挑战［M］．北京：人民出版社，2015.

[12] 王赞．一带一路文化的传承与传播［M］．北京：中国美术学院出版社，2018.

[13] 卫道治. 中外教育交流史 [M]. 长沙：湖南教育出版社，1998.

[14] 余子侠，刘振宇，张纯. 中俄（苏）教育交流的演变 [M]. 济南：山东教育出版社，2010.

[15] 张奇谦. 中国通史讲稿（下）[M]. 北京：北京大学出版社，1984.

[16] 赵霞. 中日教育交流的变迁 [M]. 济南：山东教育出版社，2010.

[17] 左熹. "一带一路"背景下文化交流的意义及对策研究 [J]. 名作欣赏，2020（8）.

后 记

2017年元月组建的"'一带一路'与文化发展研究系列丛书"编委会称："'一带一路'与文化发展研究系列丛书"，已列入"'十三五'国家重点出版物出版规划项目"，现面向中国传媒学经管学部公开征集丛书著作者。

那时，我正准备过了春节就按照62岁办理退休手续，该告老还乡了。或许这本书写与不写不关乎我的职业生涯业绩榜了，但在中国传媒大学经管学部部长兼文化发展研究院院长范周教授的鼓励下，还是参与了立项，并于3月开始写作，力争按时完成书稿。后来，出版日期推迟了，我的初稿于2018年5月形成，年底修改完毕呈交。2020年8月，丛书的出版又被提上议事日程，时过两年，"一带一路"大事新事多多，补充新事件、新资料、新数据成为必然。

通过学习近两年的文献，在完善书稿的过程中，进一步体会到"一带一路"倡议的英明伟大，体会到几年来"一带一路"成果的丰硕，体会到中国在世界上强起来的例证。由此，感悟至深！

"一带一路"倡议有了很好的起步，展现了强大的生命力，对21世纪中国和世界的和平发展起到巨大的推动作用。构建人类命运共同体的崇高理想从"一带一路"建设过程中初见端倪。

"一带一路"的民心相通更多地要依靠文化、教育、旅游、科技等方面的交流，中国正在传承和发扬古丝绸之路的优秀文化精神，新时代的中国和人民已经向世界各国和人民伸出友谊之手，民心相通的美景就在眼前。

本书内容的时间跨度很长，导致收集资料困难较大。因此，在编写上采用了由远至近的五分法：一是从丝绸之路交流开始的中外文化教育交流史；二是中华人民共和国成立以来的中外文化教育交流重新起步；三是改革开放以来中外文化教育交流规模迅速扩大；四是21世纪以来中外文化教育交流的频度、多样性及质量的提升；五是"一带一路"构想提出以来的中外文化教育交流的辉煌成就。从而解决了历史文献相对不足和不易获取的难题。

笔者虽然从事教育研究和实践工作近40年，但涉足文化领域也就10余年，相关的知识储备、水平和能力有限，是本着边学习边撰写的态度加入丛书创作团队的，因此本书中一定存在着许多不足之处，在此，敬请各位读者批评指正。

杨树雨

2020年10月15日于北京定福庄